高等学校学前教育专业系列教材

# 学前教育学

主　编　官瑞娜
副主编　段伟红　肖　婷
　　　　薛　媛　王斯文
参　编　郭　蕾　李　洁
　　　　钱海娟　南姣鹏

南京大学出版社

图书在版编目(CIP)数据

学前教育学 / 官瑞娜主编. -- 南京：南京大学出版社，2024.8
ISBN 978-7-305-28087-0

Ⅰ.①学… Ⅱ.①官… Ⅲ.①学前教育－教育理论 Ⅳ.①G610

中国国家版本馆 CIP 数据核字(2024)第 100251 号

| | |
|---|---|
| 出版发行 | 南京大学出版社 |
| 社　　址 | 南京市汉口路 22 号　　邮　编　210093 |
| 书　　名 | 学前教育学<br>XUEQIAN JIAOYU XUE |
| 主　　编 | 官瑞娜 |
| 责任编辑 | 丁　群　　　　　　　编辑热线　025-83597482 |
| 照　　排 | 南京南琳图文制作有限公司 |
| 印　　刷 | 南京人文印务有限公司 |
| 开　　本 | 787 mm×1092 mm　1/16　印张 13　字数 292 千 |
| 版　　次 | 2024 年 8 月第 1 版　2024 年 8 月第 1 次印刷 |
| ISBN | 978-7-305-28087-0 |
| 定　　价 | 46.00 元 |

网址：http://www.njupco.com
官方微博：http://weibo.com/njupco
微信服务号：NJUyuexue
销售咨询热线：(025) 83594756

\* 版权所有，侵权必究
\* 凡购买南大版图书，如有印装质量问题，请与所购图书销售部门联系调换

# 前 言

百年大计,教育为本。教育大计,教师为本。学前教育是高质量教育体系的起始阶段,教师是学前教育高质量发展的核心要素。通过多年来的不断发展,我国学前教育已经走过了总量增长和规模扩张的外延式发展,越来越集中到促进公平、提高质量等内涵式发展方面。为了适应学前教育改革发展的新形势和新要求,进一步提高学前教育专业的人才培养质量,为建设高质量的幼儿教师队伍奠定基础,我们编写了这本《学前教育学》。

本教材在编写过程中,主要呈现以下特点:

一是贯彻《幼儿园工作规程》《幼儿园教育指导纲要(试行)》《3—6岁儿童学习与发展指南》《幼儿园保育教育质量评估指南》中的基本精神,强化立德树人的根本任务,注重吸收先进的教学思想、理念和最新的学前教育研究成果,促进学生建立科学的教育观、教师观与儿童观,树立职业自豪感。

二是注重教育理论和实践的相互融合。注重在理论知识的基础上,通过扩展阅读或案例分析引发学生思考,提高学生学习的积极性和主动性。本教材配有线上资源课程,帮助学生深化理论知识和扩展学习内容,进一步把握学前儿童发展规律和学前教育机构的工作规律。

三是注重课程内容的内在逻辑性联系。在教材的各章节内容中,1～4章主要阐述了学前教育的发展,学前教育与社会、儿童发展的关系,学前教育的目标与任务,幼儿园教师的劳动特点和职业素养,让学生在掌握基础知识和基本原理的基础上逐步形成对专业的认同感和使命感;5～8章阐述了幼儿园课程及各类活动,让学生能够全面了解幼儿园的保教活动,初步具备幼儿园生活、游戏、教学等活动的设计和组织能力;9～10章阐述了幼儿园与小学、家庭、社区的合作与衔接,幼儿园环境,让学生能够从宏观角度认识学前教育的发展,为后续的学习与发展打好基础。

本教材在编写过程中,参加大纲讨论及教材编写的有:官瑞娜、段伟红、肖婷、薛媛、王斯文、郭蕾、李洁、钱海娟、南姣鹏。最后由官瑞娜、段伟红审定定稿。

本教材的出版得到了南京大学大学出版社的悉心指导和编者所在单位的大力支持,在此对所有关心教材成稿、审定和出版工作的单位及个人致以诚挚的谢意。在编写过程中,我们参阅了学前教育学界有关专家、学者的研究成果,在此表示诚挚的感谢。

由于编写人员水平有限,不足之处在所难免,敬请各位专家学者和广大读者批评指正。

编　者

2024 年 7 月

# 目 录

第一章 绪 论 ................................................................... 1
  第一节 学前教育学概述 ...................................................... 2
  第二节 学前教育学的形成与发展 .............................................. 4

第二章 学前教育概述 ........................................................... 18
  第一节 学前教育的概念与特点 ................................................ 19
  第二节 学前教育的目标与任务 ................................................ 21
  第三节 学前教育的原则 ...................................................... 25

第三章 学前教育的基本规律 ..................................................... 31
  第一节 学前教育与社会发展 .................................................. 32
  第二节 学前教育与儿童发展 .................................................. 39

第四章 幼儿园教师 ............................................................. 51
  第一节 幼儿园教师的角色定位与劳动特点 ...................................... 52
  第二节 幼儿园教师的专业素养 ................................................ 57
  第三节 幼儿园教师的专业发展 ................................................ 61

第五章 幼儿园课程 ............................................................. 65
  第一节 幼儿园课程概述 ...................................................... 66
  第二节 幼儿园课程目标的确定 ................................................ 70
  第三节 幼儿园课程内容的选择与组织 .......................................... 76
  第四节 幼儿园课程的实施与评价 .............................................. 81
  第五节 幼儿园典型课程方案 .................................................. 87

## 第六章　幼儿园日常生活活动 ························· 101
### 第一节　幼儿园日常生活活动的内涵与特点 ············ 102
### 第二节　幼儿园日常生活活动的环节 ·················· 103
### 第三节　幼儿园日常生活活动的组织 ·················· 109

## 第七章　幼儿园游戏活动 ··························· 114
### 第一节　游戏概述 ································ 115
### 第二节　游戏的条件 ······························ 124
### 第三节　游戏的观察 ······························ 129
### 第四节　游戏的指导 ······························ 133

## 第八章　幼儿园教学活动 ··························· 140
### 第一节　幼儿园教学活动概述 ······················ 141
### 第二节　幼儿园领域活动 ·························· 148
### 第三节　幼儿园主题活动 ·························· 153
### 第四节　幼儿园区域活动 ·························· 159

## 第九章　幼儿园教育的衔接与合作 ··················· 172
### 第一节　幼儿园与小学的衔接 ······················ 173
### 第二节　幼儿园与家庭的合作 ······················ 178
### 第三节　幼儿园与社区的合作 ······················ 184

## 第十章　幼儿园环境 ······························· 188
### 第一节　幼儿园环境概述 ·························· 189
### 第二节　幼儿园环境创设 ·························· 192

## 参考文献 ········································· 200

# 第一章 绪 论

## 学习目标

1. 了解学前教育学的研究对象及研究任务,理解学习学前教育学的意义。
2. 了解学前教育学的产生和发展历程,理解不同发展阶段的特征。
3. 掌握学前教育学各发展阶段代表教育家的思想,树立科学的教育理念。

## 内容结构图

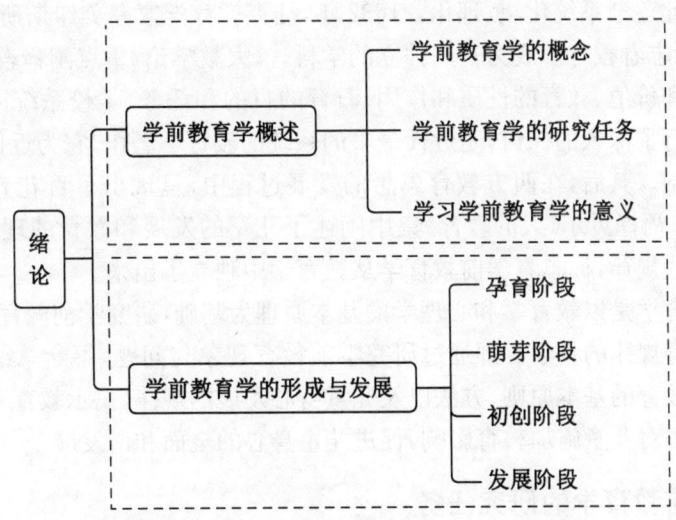

## 问题导入

有了人类就有了学前教育,学前教育作为一种社会现象,伴随人类的历史发展不断呈现新的形态。但是,学前教育学的建立经历了一个漫长的发展过程,直到19世纪,学前教育学才成为一门独立的科学。那么,什么是学前教育学?学前教育学是如何建立和发展起来的呢?本章我们将带领大家探索这些问题。

## 第一节　学前教育学概述

### 一、学前教育学的概念

任何社会的发展,都离不开对人的培养和教育。按照教育对象的不同,人们将教育分为学前教育、初等教育、中等教育、高等教育等几个阶段。而各个阶段的教育任务、教育内容和教育方法又各有不同,具有各自的特点和规律,这就需要我们分别进行研究。

学前教育学是教育学的分支。教育学是以教育现象、教育问题为研究对象,归纳总结人类教育活动的科学理论与实践,探索解决教育活动产生、发展过程中遇到的实际教育问题,从而揭示一般教育规律的一门科学。它伴随着教育的产生而产生,最初表现为对教育探索而形成的教育认识、教育思想。随着社会的发展和教育实践的发展,尤其是学校的产生和发展,对教育实践和理论探索的自觉性不断提高,人类对教育的认识因此逐渐系统化、哲理化。1632年,捷克教育学家夸美纽斯所著的《大教学论》的出版标志着教育学成为一门独立的学科。《大教学论》重点阐释教学理论问题,对人的本性和价值、教育的性质和作用、教育的目的和任务、学校系统以及课程设置等问题都进行了深入的探讨,是近代最早的系统的教育学著作,它为近代教育学的建立打下了基础。其后,在西方教育思想的发展过程中,呈现出了百花齐放的发展态势。1826年,福禄贝尔《人的教育》集中阐述了儿童的发展和教育的理论,揭示了儿童教育的某些规律,标志着学前教育学从教育学中独立了出来。

学前教育学是以教育学和心理学的基本原理为基础,研究学前教育现象与问题,揭示学前教育规律的科学。即通过研究学前教育现象与问题,不断总结学前教育的任务、内容,教育的基本原则、方法以及儿童身心发展的规律,揭示教育者可以通过何种手段和方法对儿童施加教育影响,促进儿童身心的全面和谐发展。

### 二、学前教育学的研究任务

学前教育学主要涉及学前教育学的形成与发展,学前教育的基本规律,幼儿园课程,幼儿园生活活动、游戏活动、教学活动等各类教育活动的设计、组织与指导,学前教育机构与家庭、社区的合作以及与小学的衔接等内容。通过对学前教育理论和实践的不断探究,不仅可以提高学前教育机构和家庭的教育质量,也可为国家和有关部门制定学前教育的政策、措施以及进行教育改革提供理论依据和策略思想。我国学前教育学的研究任务主要有以下几点。

#### (一)探究学前教育工作的规律

认识和把握学前教育工作规律,可以增强我们对学前教育工作的内在认识,形成科学的学前教育观念,从而促进学前教育的科学化与规范化。因为规律反映了事物内部发展的必然联系,制约学前教育工作的发展变化及其效果。对学前教育工作规律的正确认识,将更好地促进学前教育实践的发展和学前教育理论的进一步提高。因此,学前教育学的重要任务之一就是搜集和整理客观事实,总结古今中外的各种现象,探索教育问题,发现学前教育的基本规律,形成学前教育的基本原理。

#### (二) 建构学前教育理论

丰富和发展学前教育理论,建构科学的具有中国特色的学前教育理论是学前教育学的重要任务。学前教育学是指导和推动学前教育实践不断发展的重要理论基础,学前教育实践的开展不仅客观上要求学前教育理论的指导,同时也要求学前教育理论不断更新完善。另外,虽然学前教育学在历史发展过程中积累了丰富的研究成果,但是与其他社会科学相比,理论化和科学化程度还有待进一步提高,特别是研究内容的更新和发展缓慢,不能及时反映时代和学前教育实践的要求。因此还需要有更积极、更活跃的教育理论研究,理论建构的任务还很艰巨。

#### (三) 指导学前教育改革与实践

学前教育有着强烈的实践性特征。学前教育学的理论来源于学前教育实践,是在学前教育活动不断发展、工作经验不断丰富的基础上发展起来的。同时,学前教育理论的构建也是为了更好地指导学前教育实践。在当今社会,学前教育越来越受到社会与家庭的高度关注,学前教育在适应时代发展的需要而进行的改革中,会不断遇到各种新的问题,发生新的教育现象,因此学前教育学必须关注学前教育实践的发展,不断发现新问题、研究新情况,为实践中问题的解决提供必要的理论指导。

### 三、学习学前教育学的意义

学前教育学主要是通过总结学前教育的实践经验,研究学前教育的基本理论,探讨学前教育的规律及今后的发展趋势。通过这门课程的学习,有助于职前教师形成对学前儿童与学前教育的正确认识,建立科学的教育观与儿童观;增强对学前教育基本理论的理解,进一步把握学前儿童发展规律和学前教育机构的工作规律,增强运用理论分析学前教育实践问题的能力,逐步形成对专业的认同感和使命感。

#### (一) 树立科学的学前教育理念

学习学前教育学,可以帮助教师树立科学的学前教育理念,正确认识学前儿童的身心发展特点,树立科学的教育观,促进学前儿童的良好发展。在现实中,许多的教师和家长,都把孩子会算数学题、会写汉字、会背古诗词等作为孩子发展状况的衡量标准,并以此为孩子发展的目标。这种错误的认识恰恰违背了学前儿童的成长规律和学前教育规律。单纯地、简单地对学前儿童进行机械的学业知识的传授和技能的训练,不但损害了学前儿童的学习兴趣、学习积极性和内在的学习动机,降低其自我效能感,而且会使其逐渐丧失独立思考的能力和创新精神,从而对儿童的长远发展产生消极影响。因此,教师只有树立科学的学前教育理念,才会避免上述错误的教育方式。教师应充分尊重学前儿童的天性和认知规律,珍惜学前儿童生活的独特价值。

另外,学前教育学的学习,可以使教师了解和掌握职业特点,深刻认识所从事工作的价值以及工作的艰巨性和责任性,并在此基础上树立良好的职业价值观和坚定的职业信念,增强教育工作的自觉性和积极性。

### (二)建构合理的知识结构

要成为一名优秀的幼儿教师,不仅需要热爱儿童,热爱教师工作,具有良好的职业道德,也要有深厚的专业知识和良好的教育方法。学前教育学以生理学、心理学和教育学等学科为基础,系统阐明学前教育的基本原理、教育过程、教育方法,是一门研究学前教育工作规律的科学。学习学前教育学,可以让教师树立正确的儿童观与教育观,增强对学前教育基本理论的理解,了解学前教育机构的工作规律和学前儿童的身心发展规律,明晰学前教育的任务,掌握观察幼儿、分析幼儿的基本能力及初步的保育和教育的能力,掌握教学活动、游戏活动、生活活动等活动的组织和指导要点,从而具备更加优化的知识结构,促进儿童的全面和谐发展。

### (三)提升专业实践能力

一方面,学习学前教育学可以提高教师的教育理论水平。学前教育理论是学前教育实践的指南,教师凭借学前教育学的理论睿智,才能敏锐地观察到幼儿在教育活动过程中的学习行为和心理反应,才能恰当地运用客观条件和教育方法,集中幼儿的注意力,激发他们的积极性,把教育教学过程组织得既生动活泼又富有成效。这与只会让幼儿"鹦鹉学舌"般的背诵古诗、做算术题有着天壤之别。另一方面,学习学前教育学,可以进一步提高教师的教育实践能力。学前教育学的学习,可以让教师进一步明晰学前教育的任务、学前儿童的身心发展特点、学前教育机构的性质和特点,以及学前教育机构活动的组织与开展,这些都可以促进教师实践能力的提高,帮助他们不断积累经验,形成独特的教学风格。因此,学前教育学中学前教育理论的掌握可以帮助教师进一步指导实践,提高实践能力。

## 第二节 学前教育学的形成与发展

学前教育作为一种社会活动,其历史可以说与人类社会的历史一样久远。对学前儿童的教育进行研究,并使之成为一门独立的学科也经历了一个漫长的发展过程。直到19世纪中叶,随着生理学与心理学的发展、学前教育机构的建立和发展以及学前教育理论的建立,学前教育学才逐步形成与发展。研究学前教育学的形成和发展的过程,可以明确学前教育的理念,明晰学前教育学的研究方向。

### 一、孕育阶段

在15世纪以前,学前教育学尚未独立,许多教育家、思想家的有关学前教育的思想和主张散见在他们的政治、哲学、伦理学等著作中,其论述是零散的、经验性的,缺乏系统性和完整性。

国外一些哲学家、思想家很早就提出了关于学前教育的看法和主张。古希腊哲学家柏拉图在他的著作《理想国》中，不仅指出了学前教育的重要性，而且第一次提出了学前社会教育的主张，提出儿童出生后交国家特设的养育所，由专门的保姆抚养，母亲喂奶。3—6岁的儿童集中到神庙附近的儿童游戏场，国家派优秀的女公民进行教育。柏拉图还认为学前儿童的活动应该以游戏和讲故事为主，不能强迫儿童学习。

古希腊哲学家亚里士多德在《政治学》中，提出了根据人的身体成熟状况划分年龄阶段的构想。从出生起每七年为一个年龄段，每一阶段要根据儿童年龄特点施以相应的教育。0—7岁是第一个阶段，主要以身体锻炼为主，要让儿童有充分的活动，其中5岁前不应要求儿童学习课业，以免妨碍发育。

古罗马教育家昆体良在《雄辩术原理》中提出人的教育应从摇篮开始，"婴儿时期的所得就是青年时期的收获，凡是每个幼儿应该学习的东西就应早点开始。"

这些教育家、思想家们提出的关于学前教育的观点，虽然没有形成体系，但也为后来的学前教育思想的发展奠定了良好的基础。

在我国，有关学前教育思想的论述最早可以追溯到西周时期。我国是世界上第一个重视胎教的国家。据刘向《列女传》记载，周文王之母太任在妊娠期间，"目不视恶色，耳不听淫声，口不出敖言，能以胎教。""文王生而明圣，太任教之以一而识百，君子谓太任为能胎教。"西汉时期的贾谊也非常重视早期教育，他认为人的教育应该从胎教开始，早期形成的道德品行对人的影响非常深远。

《礼记》的《内则》篇中提出关于小儿出生后选择保姆的要求和及早进行教育的思想："择于诸母与可者，必求其宽裕、慈惠、温良、恭敬、慎而寡言者，使为子师，其次为慈母，其次为保母，皆居子之室。他人无事不往。"另外，这时期已经能够按照儿童年龄大小来制定循序渐进的学前教育实施计划。《礼记·内则》曾记载："子能食食，教以右手；能言，男唯女俞。男鞶革，女鞶丝。六年，教以数与方名。七年，男女不同席，不共食。八年，出入门户及即席饮食，必后长者，始教之让。九年，教之数日。十年，出就外傅……"

魏晋南北朝的颜之推在《颜氏家训》中提出，对幼儿应从"婴稚"时期"便加教诲"，强调了"环境熏陶""严慈并济""以身作则""均爱无偏"等教育原则。宋代朱熹也重视幼儿入学以前的教育，主张"生子必择乳母"，"乳母之教，所系尤切"，必须选择品德良好的乳母，才有利于婴幼儿的保教。他在《童蒙须知》中对儿童的日常生活和学习的各个方面做了非常详细的规定，内容涉及"衣服冠履""言语步趋""洒扫涓洁""读书写字"及"杂细事宜"等。以"洒扫涓洁"为例，其中有一条云："凡为人子弟，当洒扫居处之地，拂拭几案，当令洁净。文字笔砚，凡百器用，皆当严肃整齐，顿放有常处。取用既毕，复置元所。"

> **拓展阅读**
>
> ### 《颜氏家训》教子篇(节选)
>
> 上智不教而成,下愚虽教无益,中庸之人,不教不知也。古者,圣王有胎教之法:怀子三月,出居别宫,目不邪视,耳不妄听,音声滋味,以礼节之。书之玉版,藏诸金匮。生子咳提,师保固明,孝仁礼义,导习之矣。凡庶纵不能尔,当及婴稚,识人颜色,知人喜怒,便加教诲,使为则为,使止则止。比及数岁,可省笞罚。父母威严而有慈,则子女畏慎而生孝矣。吾见世间,无教而有爱,每不能然;饮食运为,恣其所欲,宜诫翻奖,应诃反笑,至有识知,谓法当尔。骄慢已习,方复制之,捶挞至死而无威,忿怒日隆而增怨,逮于成长,终为败德。孔子云:"少成若天性,习惯如自然"是也。俗谚曰:"教妇初来,教儿婴孩。"诚哉斯语!
>
> 凡人不能教子女者,亦非欲陷其罪恶;但重于呵怒,伤其颜色,不忍楚挞惨其肌肤耳。当以疾病为谕,安得不用汤药针艾救之哉?又宜思勤督训者,可愿苛虐于骨肉乎?诚不得已也。
>
> 父子之严,不可以狎;骨肉之爱,不可以简。简则慈孝不接,狎则怠慢生焉。

我国古代的学前教育主要在家庭中进行,因此关于学前儿童的教育观点主要是以家庭为背景总结了关于学前儿童的教育实践,提出了宝贵的学前教育思想。

## 二、萌芽阶段

欧洲自5世纪进入中世纪时期,思想文化领域受教会严格的控制与禁锢,教育处于停滞和衰退阶段。直到14—16世纪,欧洲兴起了文艺复兴运动,出现了前所未有的文学艺术和科学结合的繁荣,教育科学才得到发展。这一时期教育学从哲学中分离出来,成为一门独立的学科。教育实践和教育理论都有了很大的发展,许多著名的教育家纷纷发表论著阐述自己的主张,学前教育理论也比前一阶段更加具有系统性和完整性。

夸美纽斯是17世纪捷克著名教育家,也是研究学前儿童教育最早的理论家之一。他的代表作《大教学论》所传递的教育思想对后世影响很大。夸美纽斯在《大教学论》的第二十八章中概述了学前教育的内容,这部分内容被后人命名为《母育学校》和《世界图解》。

《母育学校》可以说是世界上第一部系统地论述了在家庭教育形式下学前儿童教育的专门著作。在这本著作中,夸美纽斯提出家庭是一所学校,母亲是主要的教师。他全面地论述了儿童出生后头六年教育的意义、内容和方法,提出了学前家庭教育的体系。

《世界图解》是西方教育史上第一本附有插图的儿童百科全书,一经出版就引起了很大的轰动。该书构思新颖,内容包罗万象,包括自然(宇宙、地理、植物、动物、人体等)、人类活动(手工业、农业、交通、文化等)、社会生活(国家管理、法院)和语言文字等方面。全书附插图二百幅,均出自作者之手,图画逼真生动、形象鲜明。插图和文字对应相配,引人入胜,激发读者兴趣,使读者对所学内容印象深刻。这就使儿童在自然快乐的情境中逐步获取了知识,并且在掌握知识的同时发展了思维,得到了美的陶冶。从《世界图解》中,可以窥视到夸美纽斯的教育思想和教学原则,夸美纽斯把知识、绘画和美感融为一体,代表了那个时代教育的进步潮流。

夸美纽斯在学前教育方面的主要思想有:

第一,尊重儿童、热爱儿童,按照儿童的特点发展儿童个性,学前教育应有特殊的内容和方法。

第二,教育必须适应自然,使儿童的一切内在能力和谐地发展起来。

第三,感官教育是学前儿童教育的基础。

除了夸美纽斯,在这一时期影响较大的教育家还有英国教育家洛克、法国教育家卢梭以及瑞士教育家裴斯泰洛齐等。

洛克在《教育漫话》一书中,用大量的篇幅分析了儿童的各种需要、行为表现及生理特征,并在西方教育史上第一次将教育分为体育、德育、智育三部分来进行论述。他还根据培根的"经验论"提出了"白板说"。他认为,人生来就如一块白板,观念和知识都来自后天,并且得出结论:"人类之所以千差万别,便是由于教育之故。"他的这一观点,肯定了环境和教育对人的巨大影响,但忽视了儿童的遗传素质和主观能动性对个人发展的影响,没有意识到环境、教育、遗传和个人主观能动性之间的辩证关系。

卢梭被认为是自然教育理论的集大成者。在《爱弥儿》一书中,卢梭对封建的旧教育进行了猛烈的批判。他在《爱弥儿》中表示,自然教育的最终培养目标是"自然人"。在自然的秩序中,所有的人都是平等的,自然人是能独立自主的人,是自由的人,能独自体现出自己的价值。他认为,儿童的天性是好的,教育应遵循儿童发展的自然规律,顺应儿童的天性,以儿童本身为教育的主体。卢梭确立的以儿童为本位的教育观,唤起了人们对儿童天性的关注和尊重。

大自然希望儿童在成人以前就像儿童的样子。如果我们打乱了这个次序,他们就成了一些早熟的果实,既长不丰满也不甜美,而且很快就会腐烂,我们就会造成一些年轻的博士和老态龙钟的儿童。

——卢梭

裴斯泰洛齐的主要思想反映在其教育小说《林哈德与葛笃德》中,该著作不但被认为是非常重要的学前教育理论著作,而且被认为是重要的教育心理学的先驱著作。裴斯泰洛齐特别重视孤儿和贫民儿童的教育,被誉为"孤儿教育之父"和"贫民教育家"。他的教育思想与夸美纽斯、卢梭是一脉相承的,但又有独到的发展。就自然教育思想而言,夸美纽斯强调的是客观的大自然,并且认为教育应该模仿大自然的外部发展顺序;卢梭发展了夸美纽斯的思想,提出在自然的条件下发展人的自然本性;到了裴斯泰洛齐,则把人的本性理解为人的心理发展,并且提出教育和教学过程应与儿童的心理过程相一致或相和谐的教育主张。

同一时期,我国也有一些教育家提出了可贵的学前教育思想。例如,明代的王守仁十分重视学前教育,他认为,儿童教育的目的是培养儿童的品德,即儒家所提倡的孝、悌、忠、信、礼、义、廉、耻,这是儿童教育的起点和根本,也是儿童教育的终点和归宿。他反对传统的儿童教育方法和粗暴体罚等教育手段,要求顺应儿童的性情和自然发展的身心特点进行教育。教育儿童要"必使其趋向鼓舞,中心喜悦,则其进自不能已。譬之时雨春风,沾被卉木,莫不萌动发越,自然日长月化;若冰霜剥落,则生意萧索,日就枯槁矣"。他主张教育的形式是"习礼""诗歌""读书",以吟咏诗歌来激发他们的志趣,以学习礼仪来端庄他们的仪表,以劝勉读书来开发他们的心智。又如明代著名学者吕坤及其父亲吕得胜,著有《小儿语》和《续小儿语》。主张儿童学习知识时,要进行正确教育,最好用儿歌形式,便于传习和儿童记诵,让儿童终身受益。"儿之有知而能言也,皆有歌谣以遂其乐。群相习,代相传……夫蒙以养正,有知识时,便是养正时也……余不愧浅末,乃以立身要务,谐之音声。如其俚鄙,使童子乐闻而易晓焉……童时习之,可为终身体认,庶几有小补云。"

**拓展阅读**

### 《小儿语》(节录)

一切言动,都要安详。十差九错,只为慌张。沉静立身,从容说话。不要轻薄,惹人笑骂。先学耐烦,快休使气。性躁心粗,一生不济。能有几句,见人胡讲。洪钟无声,满瓶不响。自家过失,不须遮掩,遮掩不得,又添一短。

### 三、初创阶段

伴随资本主义机器大工业生产的发展,从18世纪后期到20世纪前半期,专门的学前教育机构开始出现,学前社会教育的实践极大地促进了学前教育理论的发展,一些具有较完整体系的学前教育著作相继问世。学前教育学从普通教育学中分化出来,开始形成一门独立的科学并初步发展起来。对此做出巨大贡献的是德国教育家福禄培尔。

福禄培尔在夸美纽斯和卢梭的影响下,又接受了裴斯泰洛齐的儿童教育思想,于1837年在布兰肯堡创设了一所收托4—7岁幼儿的教育机构,1840年将其命名为"幼儿园"。这是世界上最早的幼儿园,从此,"幼儿园"这一名称被世界各国采用。福禄培尔的代表作《人的教育》主要论述了关于婴儿期、幼儿期及少年期的发展和教育,展示了其学前教育思想,标志着学前教育学成为一门独立的科学。福禄培尔本人被尊称为"幼儿教育之父"。他的学前教育思想有以下几点。

第一,教育应当适应儿童的发展。教育要遵循儿童的自然本性,促进儿童的天然发展。学前儿童不是成人的缩影,幼儿园的教育内容应和学校教育不同,因此,福禄培尔的幼儿园是一种不用书本的学校。

第二,教育以儿童的自我活动为基础。福禄培尔认为儿童天生是向善的,儿童通过自我活动实现内部的发展。教师只需为儿童提供条件,不能对儿童进行干预,只有必要时才可以要求儿童服从一定的要求。他还认为儿童生活在社会中,要重视儿童与他人的交往及应有的品德。

第三,游戏有重要的教育价值。福禄培尔在幼儿园的教育方案中把游戏作为主要活动。恩物是福禄培尔为儿童设计的一系列活动玩具材料,是根据自然界的法则、性质、形状等用简明的物体制成的,可用于儿童了解自然、认识自然的初步训练。

**拓展阅读**

### 福禄贝尔的游戏材料——恩物(部分)

第一种:包括红、黄、蓝、橙、紫、绿等六种颜色组成的柔软圆球。
第二种:木制的圆球、立方体和圆柱体。
第三种:木制大立方体,可以分成8个体积相等的小立方体。
第四种:木制大立方体,纵向分成8个体积相同的小长方体。
第五种:木质立方体,可以分成27个小立方体。
第六种:木质立方体,可以分成27个体积不等的小长方体(见图1-1)。

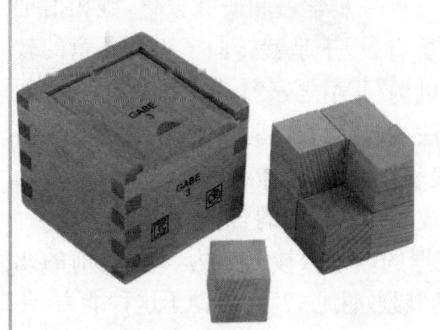

图 1-1　恩物

作为世界上第一所幼儿园的创立者,福禄培尔是近代幼儿教育理论与实践的奠基人。尽管他的理论与实践带有宗教神秘主义和形式主义色彩,但是他推动了世界范围内幼儿园运动的兴起和发展。在 20 世纪初期,他所制定的幼儿园教育体系也是国际上最流行的。他创立的幼儿园作为一种教育机构的形式一直沿用到现在,他的幼儿园教育理论至今仍对世界各国的幼儿教育工作者具有启迪作用。

意大利幼儿教育家蒙台梭利是继福禄培尔之后对学前教育理论有重大影响的代表人物。被誉为 20 世纪初"幼儿园改革家"的蒙台梭利原是意大利一名精神病学医生,主要从事智力落后儿童的治疗工作,后来经过进一步学习和研究教育,她相信把自己的方法和经验用于正常儿童的教育一定会更有效,于是就转向了正常儿童的教育,并于 1907 年在罗马贫民区建立了学前教育机构"儿童之家"。她用生理学和心理学的知识及系统观察法和实验法等科学研究方法,进行教育实验,提出了自己的学前教育理论,推进了学前教育学的发展。她的代表著作有《蒙台梭利教学法》《蒙台梭利儿童教育手册》《有吸收力的心灵》《儿童的自发成长》《教育中的自发活动》等。

蒙台梭利的教育思想是以她的儿童观为依据的。蒙台梭利认为,6 岁之前的儿童本身具有一种吸收知识的自然能力,即所谓的"吸收性心智"。借助于这种能力,儿童能通过与周围环境的密切接触和情感联系,于下意识、不自觉中获得各种印象和文化,从而塑造自己,形成个性和一定的行为模式。另外,蒙台梭利认为儿童对于环境刺激有一定的敏感时期,这种敏感时期与生长环境密切相关,并和一定的年龄相适应。如0—5岁是幼儿语言、感觉发展的敏感期;2—3岁是幼儿秩序感发展的高峰期;2.5—5岁,幼儿开始对社会团体生活感兴趣,希望被别人接纳、肯定,也开始学习与人相处的方法。在儿童心理发展的敏感期对儿童进行教育、引导和帮助,能促进儿童心理的正常发展,并避免延误时机带来的儿童心理发展障碍。因此,蒙台梭利认为教育者应该遵循以下主张:

第一,重视教育环境的作用。蒙台梭利认为儿童的发展是个体与环境交互作用的结果,儿童必须依赖与周围环境的交流,才能了解自己、了解环境,发展完整的人格。因此教师的任务在于提供一个合适的环境。合适的环境应该是有秩序的、真实的、愉快的,并且有助于幼儿创造自我和实现自我的。

第二,强调幼儿的主体地位和自我教育。蒙台梭利认为,教育应遵循自我教育的原则,提倡幼儿能根据自己的能力和需要去自由选择教具,独立操作,自我矫正。她相信没有一个人是由别人教育出来的,必须自己教育自己。所以她设计的教具中设有专门的"错误控制"系统,如果幼儿没有按照正确的方法去操作,那么她搭的"塔"就会因头重脚轻而倒塌,嵌套材料就会因尺寸不合而嵌不进孔中。

第三,注重感官训练。蒙台梭利的教育内容包括日常生活教育、感官教育、数学教育、语言教育与科学教育。其中,感官教育是重心。蒙台梭利认为,儿童正处于发展各种感觉的敏感期,在这一时期如不进行充分的感官活动,长大以后不仅难以弥补,而且还会使其整个精神受到损伤。因此她设计了发展感官的一套教具和活动,每种教具和活动着重训练幼儿某种特殊感觉。蒙台梭利教具主要是通过鼓励、引导幼儿循序渐进地、有针对性地分步骤反复操作,使感官教育同读、写、算等教学活动有机联系起来,使幼儿手脑并用,各种感官协调配合,在没有心理压力的情况下,按自己的发展进度自然而然地、不知不觉地进入初步的读、写、算阶段,从感觉走向概念。

蒙台梭利学前教育理论的基本精神,特别是重视儿童身心发展特点、重视儿童的自主性和自我学习、重视环境的作用,以及她对教师作用的观点阐述等,无论在蒙台梭利的时代还是今天,都具有不衰的生命力。当然,蒙台梭利的教育理论也受到不少批评,主要是指责教育偏重智能而忽视儿童的社会化活动,其感官教育教具也过于狭隘、呆板,操作方法过于机械。尽管如此,蒙台梭利教育的伟大功绩及其对世界学前教育的巨大贡献还是不可否认的。

这一时期对世界学前教育影响较大的还有美国教育家杜威。杜威的著作主要有《我的教育信条》《学校与社会》《民主主义与教育》《经验与教育》等。杜威的教育理念是20世纪早中期儿童教育的重要理论基础,对世界许多国家的学前教育实践产生了极其深远的影响。他提出"儿童中心论",认为"教育即生长","教育即生活","教育即经验的不断改造"。教育就是促进儿童的自然生长,遵循儿童的自然生长规律;教育的过程就是儿童的生活过程,而不是为未来的生活做准备;教育就是促进儿童经验的不断获得。他主张将学校办成一个小型的社会,学校生活要与儿童的实际生活紧密联系,让儿童从"做中学"。

20世纪以后,儿童心理学的研究推动着学前教育理论的不断发展,其中最具有代表性的人物是瑞士著名的心理学家、哲学家和教育家皮亚杰。他在不断观察儿童和进行相关实验研究的基础上,形成了儿童认知发展阶段理论。皮亚杰提出,儿童的认知发展是从感知运动阶段(0—2岁)过渡到前运算阶段(2—7岁)、具体运算阶段(7—11,12岁),最后到形式运算阶段(11,12岁—成人)。皮亚杰的教育思想主要有:

第一,强调活动的重要性。"知识来源于动作,而非来源于物体。"儿童通过自发地参与各种具体活动,才能获得真实的知识。

第二,强调儿童兴趣和需要的重要性。皮亚杰曾指出,如果一个教师试图脱离儿童各年龄阶段的发展特点去加速儿童发展,这是浪费时间和精力。

第三,强调智力发展是儿童积极主动的建构过程。皮亚杰认为教育的目的在于培养儿童的创造力和批判力,知识是从学习者内部建构而成的,思想就是内化了的行动,儿童的学习是一个主动的过程,因此,教育必须重视发挥儿童的主动性。

上述教育家提出的学前教育思想对学前教育学的初创做出了重要的贡献。其中有些理论对建立和发展我国的学前教育学也起到了十分重要的借鉴作用。

我国学前教育学的建立和发展有着自己的道路。19世纪中叶以后,随着反帝反封建的旧民主主义革命运动的兴起及西方资产阶级思想的传入,传统的封建主义教育不能适应当时社会的要求,因此在主张改革旧教育制度、提倡西学、设立学校的同时,也提出了实施学前社会教育的思想。在清末维新运动中,康有为在《大同书》中第一次提出实施学前社会教育的主张。民主教育家蔡元培在对学校教育进行一系列改革时,也提出了学前社会公共教育体系,主张设立胎教院、乳儿院、幼稚园等一套养育机构。20世纪初期,福禄培尔、蒙台梭利以及杜威的教育思想相继传入我国,对当时学前教育产生了一定的影响。在借鉴西方先进教育理论的同时,一些教育家也致力于研究和创立适合我国国情的学前教育理论,其中代表人物有陈鹤琴、陶行知、张雪门、张宗麟等。

陈鹤琴是我国著名的儿童教育家,其主要著作有《儿童心理之研究》《家庭教育》。他于1923年创办我国最早的幼儿教育实验中心——南京鼓楼幼稚园,对幼稚园的课程、设备等方面进行了实验研究。此外,他还创立了"活教育"理论,一生致力于探索中国化、平民化、科学化的幼儿教育道路,开创了我国儿童心理的科研工作,是我国最早以观察实验法研究儿童心理发展的学者之一。他的主要观点有:

第一,提倡适合国情的中国化幼儿教育。陈鹤琴批评当时的幼儿园不是抄袭日本就是模仿欧美,生搬外国的教材、教法,全然不顾中国国情。"抄来抄去,到底弄不出什么好的教育来。"他坚决主张"处处以适应本国国情为主体,那些具有世界性的教材教法也可以采用,总以不违反国情为唯一的条件"。

第二,反对"死教育",提倡"活教育"。陈鹤琴反对埋没人性的读死书的死教育,抱着实验新教育的使命,创建了"活教育"理论。

活教育的目的论:"做人,做中国人,做现代中国人。""做人"是"活教育"的出发点,也是"活教育"的归宿;"做中国人"体现了"活教育"的民族特征,必须热爱自己的祖国,为国家的繁荣富强而努力奋斗;"做现代中国人"体现了"活教育"的时代特征,教育所培养的人应是既承继民族传统文化又具有科学头脑、民主思想的现代中国人。"现代中国人"要有健全的身体、建设的能力、创造的能力、服务的精神,还要能合作。

活教育的课程论:"大自然、大社会都是活教材。"陈鹤琴的"活教育"理论批判了把书本知识作为教育的唯一来源,提倡大自然、大社会才是"活的书",即"大自然、大社会都是活教材"。由于大自然、大社会及儿童的生活都是整体的、有联系的,因而活教育的课程体系设计也是整体和连贯的。陈鹤琴把课程内容划分为五项,即健康活动、社会活动、科学活动、艺术活动、文学活动,并认为这五项活动是一个整体,如人的手指与手掌,手指只是手掌的一部分,其骨肉相连,血脉相通,因此被称为"五指活动"。

活教育的方法论:"做中教,做中学,做中求进步。"陈鹤琴认为"做"是"活教育"的出发点,强调了儿童在学习过程中的主体地位和在活动中直接经验的获取。"活教育"的教学原则是:"凡是儿童自己能做的,就应该让他自己去做;凡是儿童自己能想的,应当让他自己想;你要儿童怎样做,就应当教儿童怎样学;鼓励儿童去发现他自己的世界。"

第三,重视幼儿园与家庭的合作。陈鹤琴十分重视家庭对幼儿的影响,积极主张幼儿园与家庭合作,认为只有两方配合,儿童教育才会有更好的效果。

陈鹤琴及其丰富的学前教育思想和实践是我国学前教育的宝贵财富。在我国学前教育深入改革的今天,学习和研究他的教育思想和理论,继承和发扬他为幼儿教育事业奋斗的精神,对我们建设有中国特色的学前教育理论体系具有重大的意义。

**拓展阅读**

### 陈鹤琴活教育思想的实践——南京鼓楼幼稚园

陈鹤琴(1892—1982),浙江上虞人,著名教育家、儿童心理学家,中国现代幼儿教育和幼儿师范教育奠基人。早年毕业于清华大学、哥伦比亚大学,回国后任南京高等师范学校教授、中央大学师范学院院长和南京师范学院(现南京师范大学)校长等。陈鹤琴先生是我国现代幼儿教育的开拓者,他是我国最早运用观察和实验的方法来研究儿童心理发展的学者,是我国最早运用儿童心理研究的成果系统地提出家庭教育原则的学者,也是我国现代最先创办实验幼稚园,实地研究中国化幼儿教育的学者。

1923年,陈鹤琴创立了南京鼓楼幼稚园,他的幼稚园包含三大方面改变,一是建筑中国化的幼稚园园舍;二是改造西洋玩具使之中国化;三是创造中国幼稚园的全部活动。

陈鹤琴事事亲力亲为,布置园地,种植花卉,定制课桌椅,添置秋千、摇船、摇马、积木、沙盘等运动器具。他将园地布置成草坪,四周种上冬青,俨然是个小公园。在这里,老师春天带孩子们放风筝,去池塘里采菱角,重阳节带孩子们爬北极阁,音乐课既学钢琴也学民族乐器,把木偶戏开创性地引入儿童教育。给孩子们讲的故事,既有岳飞精忠报国,也有花木兰从军。

在南京鼓楼幼稚园实验成功后,陈鹤琴继而在燕子矶、晓庄等乡村幼稚园实验自己的教育实践。这些教育成就,让陈鹤琴被公认为中国学前教育的奠基人。

陶行知是我国伟大的人民教育家,他著有《创设乡村幼稚园宣言书》《幼稚园之新大陆》《如何使幼稚教育普及》等书。在教育救国思想的影响下,他毕生从事对旧教育的改革,推行生活教育、大众教育,为我国教育发展做出了重大贡献。在学前教育方面,他的主要贡献和观点如下:

第一,开创农村幼儿教育。陶行知猛烈地批判旧中国幼儿教育的弊端,坚决主张改革外国化的、费钱的、富贵的幼儿园,建立适合中国国情的、省钱的、平民的幼儿园。他积极宣传中国幼儿教育的新发展方向,认为工厂、农村是幼儿园的新大陆。特别难能可贵的是,身为留美归来的大学教授,他身体力行地积极推行平民的、乡村的教育,在南京郊区首创了中国第一所乡村幼儿园——南京燕子矶幼儿园。

第二,提出生活教育理论。生活教育理论包含三个方面:"生活即教育""社会即学校""教、学、做合一"。首先,"生活即教育。"这是生活教育理论的核心。陶行知认为,有什么样的生活便受什么样的教育,教育离不开生活,生活离不开教育。其次,"社会即学校。"这是生活教育理论的重要组成部分。"整个社会是生活的场所,也是教育的场所。"他提出以幼儿园周围的社会生活、自然现象、家乡生产、风土人情为内容,让儿童在真实的生活场景中进行学习,培养具有"生龙活虎的体魄、活活泼泼的心灵的儿童来"。最后,"教、学、做合一。"这是生活教育理论的方法论。陶行知坚决反对教、学、做分家,他"看见国内学校里先生只管教、学生只管学的情形,就认定有改革之必要"。他说:"教学做是一件事,不是三件事。我们要在做上教,在做上学。"

第三,提出"六大解放"来培养儿童的创造力。针对传统教育扼杀儿童创造力的现象,陶行知提出了"六大解放":解放儿童的头脑,把他们的头脑从迷信、成见、曲解和幻想中解放出来;解放儿童的双手,给儿童自己动手的机会;解放儿童的嘴,给儿童说话的自由,尤其是要让他们发问;解放儿童的眼睛,让他们能看,能主动观察周围的生活;解放儿童的空间,让他们接触大自然;解放儿童的时间,给他们自己学习、活动的时间,有时间做自己喜欢和感兴趣的事。

陶行知的教育实践是在当时民族危亡、国难当头的社会环境中进行的,因此他的教育实践是与民主爱国的活动相伴而行的。他提出的"生活即教育""社会即学校""教学做合一"三大主张,对现代教育发展仍有重要意义。

拓展阅读

### 陶行知：捧着一颗心来，不带半根草去

陶行知(1891—1946)，安徽歙县人。陶行知先后在南京汇文书院、金陵大学求学，1915年赴美国伊利诺伊大学和哥伦比亚大学求学，主修教育学，1917年回国，先后在南京高等师范学院和国立东南大学任教。回国后陶行知先生看到国家发展的满目疮痍，决意要贡献自己的力量改变祖国积弱积贫的教育面貌。他说道："这个国家以农立国，人们十之八九生活在乡下，所以中国的教育就是到农村去的教育，就是到乡下去的教育，如果农村没有改观，那么国家就没有希望。"

他这么说，然后就这么做。为了改变中国农村的教育，陶行知脱下西装，舍弃自己大学教授的待遇，推广平民教育。他移居到南京郊外的晓庄，创办南京晓庄师范学院，"如果能为中国培养100万个合格的乡村教师，将会改变100万个乡村。"陶行知认为当时的幼稚园存在外国病、花钱病与富贵病的问题，进而提出应建设中国的、省钱的、平民的幼稚园的想法。1927年，他建立了第一个乡村幼稚园——南京燕子矶幼稚园。这所幼儿园帮助农村妇女解脱农忙时幼儿的拖累，并使小学生不会因在家带领弟妹而缺课，办成了中国化、平民化、省钱的幼稚园。1928年初，陶行知又创办了南京晓庄中心幼稚园。这两所幼稚园试验研究开办农村幼稚园各方面的方法，并成为幼稚师范学院学生教学做的试验场所。1929年3月，继燕子矶、晓庄幼稚园后，尧化门、万寿庵、和平门等幼稚园都办了起来，几所幼稚园合并为蟠桃学园，专门试验乡村幼稚教育。陶行知在发表的《如何使幼稚教育普及》一文提道："必须唤醒国人明白幼年生活是最重要的生活，幼年教育是最重要的教育。"

1946年，由于长期劳累、身体损耗，陶行知先生在上海病逝。陶行知将自己的一生都奉献给了教育事业，就像他曾说过的，捧着一颗心来，不带半根草去。

张雪门曾在北平主办香山慈幼院的幼稚师范学校，并著有《幼稚园教育概论》《新幼稚教育》《幼稚园的课程》《幼稚园组织法》等，与陈鹤琴并被称为"南陈北张"。张雪门将当时的幼稚教育分为四类：以培养士大夫为目标的幼稚教育，以培养宗教信徒为目标的幼稚教育，以发展儿童个性为目标的幼稚教育，以改造中华民族为目标的幼稚教育。张雪门认为当时的中国处于民族兴亡的重要时刻，教育是改造中国的关键，因此他倡导创办以改造中华民族为目标的幼稚教育。张雪门针对当时的幼稚园以教材为中心的状况，提出"行为课程"理论，强调生活在儿童课程中的价值，强调儿童是通过亲身活动来获得直接经验的。

张宗麟是我国第一位男性幼稚园教师，1925年他受陶行知、陈鹤琴教育救国主张的影响，决心投身于新兴的幼稚教育。他在南京、苏州、杭州、绍兴、宁波5个城市的16所幼稚园和两所育婴堂进行调查，研究了当时新兴的幼稚教育。经过调查以后，他毅然决定到陈鹤琴创办的南京鼓楼幼稚园当教师，一面教学一面研究，探索适合中国国情的幼稚教育。他协助陈鹤琴研究学前教育,出版了不少学前教育著作,如《幼稚教育》《调查江浙幼稚教育后的感想》《幼稚园的演变史》,这些著作为建立中国学前教育学奠定了深厚的基础。

综上所述,这一时期我国众多的教育家和教育工作者致力于中国学前教育的本土化与科学化,积累总结了很多学前教育经验,促使我国学前教育理论初步建成。

### 四、发展阶段

20世纪中叶以来,人类社会不断发展,哲学、人类学、生态学、教育学、心理学、脑科学等学科的发展,不断丰富了学前教育的理论基础,提高了学前教育学的理论化和科学化水平,学前教育学进入发展阶段。意大利的瑞吉欧教育,美国的发展适宜性教育理论、多元智能理论是这一时期的代表。

1. 发展适宜性理论

发展适宜性理论是全美幼儿教育协会在1987年提出的理论。发展适宜性教育主要包含以下观点:第一,教育适宜于年龄。所谓适宜于年龄就是教育要和儿童的年龄特点相适宜,教育必须根据儿童的年龄阶段的特点以及认知发展的顺序进行。第二,教育适宜于个体的需要。教育必须考虑每个儿童的特殊需要,不能无视个体间存在的差异性和多样性。第三,教育适宜于文化。即教育要与儿童所在的文化背景相适应,教师要尊重儿童的社会文化背景差异,并将其纳入日常课程设计的考量中。

2. 瑞吉欧教育体系

瑞吉欧是意大利东北部的一座城市,自20世纪60年代以来,瑞吉欧教育体系的创始人马拉古齐和当地的幼教工作者一起兴办并发展了该地的学前教育。瑞吉欧教育的核心理念是"一切皆有可能",认为儿童是有创造性和想象力的,儿童有一百种语言,他们可以通过文字、绘画、动作、音乐、戏剧、图像、雕塑等表达自己的想法,只要不被过多地限制,他们可以呈现丰富多彩的表达,因此儿童应该在一个充满探索、发现和体验的环境中学习。教师是儿童成长的观察者、倾听者和记录者。在瑞吉欧课程中,没有固定的教材,没有提前编制好的课程,绝大部分课程内容来自生活。因此,教师要善于观察儿童,发现课程的"主题"。

3. 多元智能理论

20世纪80年代美国著名的发展心理学家、哈佛大学教授加德纳提出了一个全新的理论——多元智能理论。该理论在当前美国教育改革的理论和实践中产生了广泛而积极的影响,并且已经成为许多西方国家20世纪90年代以来教育改革的重要指导思想。加德纳提出了人发展的八种智能,即语言智能、数理逻辑智能、音乐智能、空间智能、身体运动智能、人际关系智能、自我认识智能及自然观察智能。他认为这八种智能是相对独立的,各自有着不同的发展规律并使用不同的符号系统,各种相对独立的智能以不同的方式和程度有机地结合在一起,使得每个人的智能结构各具特点,同一种智能在每个个体身上的表现形式也是不一样的,每一种智能在人类认识世界和改造世界的过程中都发挥着独特的作用,而且具有同等的重要性。

新中国成立后,我国学习和借鉴苏联社会主义学前教育的思想与策略,颁布了《幼儿园暂行规程(草案)》,明确了幼儿园的双重任务和教养并重方针,强调学前教育的目的性、计划性以及各科教学的思想性、系统性和科学性,逐步形成了受苏联社会主义学前教育理论影响的,反映新中国成立后我国社会主义建设时期的社会主义学前教育理论体系。改革开放以来,我国逐步摆脱苏联"学前教育学"的束缚,从我国学前教育理论的研究现实和学前教育实践的基本特征出发,注重吸收和借鉴西方学前教育的理论研究成果,以及与学前教育相关领域的理论研究成果,建构了我国学前教育理论的基本构架。随着科学技术的发展和社会上对学前教育的重视,我国学前教育理论的研究有很大进展,学前教育学的发展开始出现了如下特点:① 扩大了研究对象,对学前儿童的年龄研究延伸到 3 岁以前;② 进一步重视运用儿童发展的理论和进行实验研究,探讨学前儿童学习的过程和道德品质形成的过程;③ 从学前儿童是教育的主体的观点出发,改革教育内容和教育教学方法,培养儿童的主动性和创造性;④ 关注幼儿园与小学的衔接,与家庭、社区的合作,促进学前儿童的和谐发展;⑤ 重视研究农村学前教育的特点等。

1. 学前教育学的研究对象和研究任务是什么?
2. 分析学前教育学不同发展时期的主要特征。
3. 选择一位你最感兴趣的教育家,并对他的教育思想进行评述。

请总结比较陶行知的生活教育理论与杜威的教育理论的异同点。

1. 唐淑,王雯.学前教育思想史[M].苏州:苏州大学出版社,2004.
2. 蒙台梭利.童年的秘密[M].北京:人民教育出版社,2005.
3. 白洁.陈鹤琴"活教育"目的论的思想内蕴与现实启示[J].教育评论,2024(2).
4. 虞永平.生活化的幼儿园课程[M].北京:高等教育出版社,2010.

# 第二章　学前教育概述

## 学习目标

1. 了解学前教育的概念,理解学前教育的特点。
2. 了解学前教育的目标与任务,理解学前教育阶段的人才培养目标。
3. 理解学前教育的原则,能够运用学前教育的原则分析学前教育的实践。

## 内容结构图

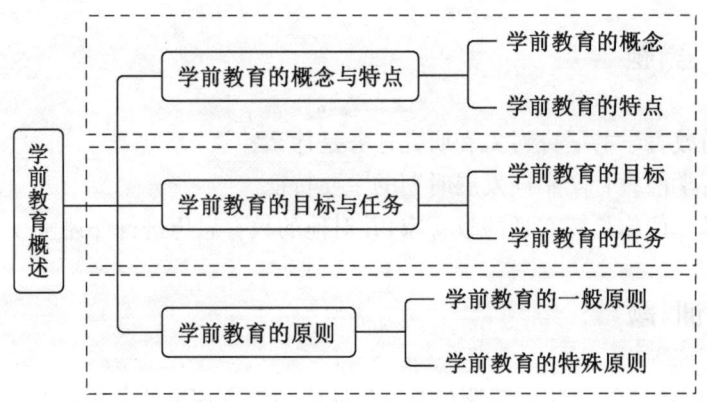

## 问题导入

随着对学前教育的不断关注,"不能让孩子输在起跑线上"成为家长的普遍心态。很多幼儿园为了迎合家长的需求,教孩子识字、写字、计算。因此有人发出疑问,学前教育的目标和任务到底是什么呢?

## 第一节　学前教育的概念与特点

### 一、学前教育的概念

从时间维度上看,由于各国的经济发展、教育制度、教育传统不同,关于学前教育阶段的年龄划分也有所不同。有的国家是指从出生至五六岁儿童的教育,有的国家则是指从二三岁开始到六七岁入学前的教育。过去各个国家更多关注3—6岁幼儿的教育,我国也曾把学前教育单指为3—6岁儿童的教育。随着社会的进步和教育事业的发展,学前教育关注的年龄范围不断向前延伸。人们普遍认为,对儿童的教育从出生的时候就应该开始。因此,我国学前教育是指从出生到六七岁阶段的教育。从出生到3岁前为婴儿教育阶段,3—6岁为幼儿教育阶段,由此构成了相互连接、密切联系的完整的学前教育阶段。首先,婴儿期是人的一生中生长和发展最迅速、变化最大的阶段。这一时期,其动作、语言特别是大脑和神经系统,需要外界不断给予合理丰富的营养和刺激,进行相应的教育和训练,才能得以良好发展。如果婴儿出生后缺乏教育和训练,婴儿的大脑发育就会受到阻碍,潜在的智力也将无法开发。因此我们应该充分认识婴儿教育的重要意义。其次,幼儿期是儿童身心发展的关键期,这一时期幼儿不仅身体的发展很快,更重要的是思维和心理水平较之以前有了很大的提高。因此幼儿期的良好教育,可以培养幼儿良好的卫生习惯和生活习惯,培养幼儿对社会、对集体、对别人、对自己的正确态度,激发幼儿对学习的浓厚兴趣和对创造的强烈愿望,更为将来成为有知识、有能力、有理想、有修养的新一代公民奠定良好的基础。

从空间的角度分析,学前教育可以分为学前家庭教育、学前教育机构教育和学前社区教育。学前家庭教育是指在家庭中由父母或其他家庭成员对学前儿童进行的教育。学前教育机构教育是指由专业人员在学前教育机构中对学前儿童实施的有目的、有计划的教育。学前社区教育是指以社区为依托,在社区内实施的非正式的教育形式,是对学前家庭教育和学前教育机构教育的有力补充,社区的图书馆、博物馆、少年宫等,是学前社区教育的主要场所和机构。首先,家庭教育是一种亲密的、个性化的教育方式。父母是孩子的第一任老师,与孩子的情感联系最为紧密而持久,父母的言行举止、家庭的氛围与环境等都是影响孩子发展的重要因素。正如我国教育家蔡元培先生所说:"家庭者,人生最初之学校也。一生之品性,所谓万变不离其宗者,大抵胚胎于家庭之中。"其次,学前教育机构的教育是有组织、有计划的教育方式。当代学前教育机构的类型多样,如幼儿园、托育中心、学前班、儿童活动中心、早教中心等,其中幼儿园是我国学前教育的最主要机构,根据《幼儿园工作工程》的规定,"幼儿园是对3周岁以上学龄前幼儿实施保育和教育的机构。"幼儿园的教师经过专门的培训,根据教育目的和幼儿的兴趣及发展水平,循序渐进、有目的、有计划地组织各类活动,促进儿童的发展。最后,学前社区教育是一种广泛的、实践性的教育方式,它通过周围的自然环境、社会环境潜移默化地影响学前儿童,让学前儿童在实践中获得经验和自我成长。这三种教育,既有联系又有差异。学前教育机构的教育是正式的、系统的,为家庭教育和社区教育提供了基础知识和技能,同时也需要家庭教育和社区教育的支持和配合。家庭教育则是私人的、非系统的,是学前教育机构教育的重要补充。而社区教育则是开放的、实践的,是学校教育和幼儿园教育的重要实践场所。如果三方发挥各自优势和特长,充分进行合作,就会更好地促进儿童的成长。

因此从广义上说,凡是能够影响和促进从出生到六七岁儿童身体成长及认知、情感、意志、性格、行为等方面发展的活动都是学前教育。如父母的教养方式、社区的资源影响等都是教育。从狭义上讲,学前教育主要是指学前教育机构对从出生到六七岁的儿童施以的有目的、有计划、有系统的教育活动。其中,婴儿教育主要在家庭中实施,同时还可以在托儿所和早教机构中实施。幼儿教育主要在幼儿园中实施。

## 二、学前教育的特点

### (一) 非义务性

虽然学前教育是我国基础教育的重要组成部分,但是学前教育不属于义务教育。我国义务教育包括小学和初中阶段,是国家法律规定的必须接受的教育阶段。多年来,学前教育的普及和发展得到了政府的重视和推动,但学前教育并没有纳入义务教育范畴,不属于强制性教育阶段。因此学前儿童到学前教育机构接受教育是自愿的而非强迫的,家长完全可以根据孩子和自己的情况,综合考虑是否送孩子进托儿所或者幼儿园,以及送孩子进哪所托儿所或者哪所幼儿园。学前儿童在学前教育机构的学习可以很自主和自由,因故未上学前教育机构,事后家长和教师不得强迫他们进行课程补习。但是需要强调的是,非义务性并不是说幼儿园教育是不需要的,它作为启蒙教育具有不可替代性。与幼儿园教育机构中的专业教师相比,家长在教育能力方面相对较弱,而幼儿园教育恰好能补其不足,更好地促进儿童的全面发展。

### (二) 保教结合性

学前期是儿童生长发育十分迅速而旺盛的阶段,也是身体各种器官、各个系统还未发育成熟和完善的时期。在生理上,学前儿童骨化没有完成,骨骼坚固性差,容易受损,容易变形;他们的肌肉柔嫩、力量弱、耐力差、容易疲劳。在心理上,由于学前儿童年龄小,生活经验少,活动能力、自我控制能力、生活自理能力都比较差,对成人的依赖性很强。在法律上,他们虽然具有同成人一样的权利,但他们无相应行为能力和责任能力。按我国《民法典》规定,8周岁以下儿童属于完全无民事行为能力的公民,他们亦不对自己的行为承担相应的责任。因此,对幼儿的一切教育活动都是在保育的前提下进行的。另外,学前期是儿童生理发育、心智发展、个性萌芽的初级阶段,这一时期的教育为学前儿童今后的发展打下良好的根基。因此要在保育的同时重视教育,使学前儿童德、智、体、美等方面都得到发展,为他们升入小学后较快地适应正式学习生活及未来的发展打下基础。

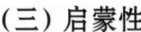

### (三) 启蒙性

学前儿童对客观世界的认识尚处于初级阶段,还不能分门别类地接受系统科学的知识。因此,学前教育的启蒙性是指,对学前儿童的教育要与他们的现实发展需要联系起来,要启于未发、适时而教、循序渐进,为学前儿童的长远发展奠定良好的基础。启蒙性的特点主要表现在:首先,学前儿童认识的内容应是幼儿周围生活环境中所常见的、有代表性的、具体形象的、浅显易懂的自然知识和社会知识,初步培养幼儿的数量、时空等概念,发展语言表达能力与审美能力等;其次,学前儿童的学习方式应该是形象、具体、直观的,并要求多种形式、手段、方法合理结合,综合运用,创设立体、开放的教育环境;最后,学前教育不以传授知识的多少为主要目标,而是以促进学前儿童身心和谐发展为目标。总之,把握学前教育的启蒙性,在于严格区别于小学教育,防止小学化倾向,使学前教育目标确实建立在学前教育工作规律的基础上。

### (四) 直接经验性

在学前教育阶段,由于学前儿童的认知水平比较低,知识经验欠缺,他们认识事物主要是通过感官和动作,与周围生活环境中的事物直接接触来获取经验,从而构建自己的知识。只有在获得丰富的感性经验的基础上,他们才能理解事物,对世界形成相对抽象概括的认识。对学前儿童来说,只有在活动中的学习才是有意义的学习,只有以直接经验为基础的学习,才是理解性的学习。所以,学前教育具有直接经验性。在学前教育中,要注意为学前儿童提供丰富的实物材料和真实的生活情境,帮助他们获取直接经验。

## 第二节 学前教育的目标与任务

### 一、学前教育的目标

#### (一) 学前教育目标的含义

教育目的是一个国家或民族对培养人才的质量和规格的总体要求。但由于社会所需要的人是多层次、多规格的,教育对象的身心发展水平不同且各有特点,所以国家对各级各类教育提出了各自具体的要求,即各级各类教育的目标(包括学前教育、初等教育、中等教育、高等教育)。学前教育是一种启蒙教育,是我国社会主义教育事业的重要组成部分。制定学前教育目标是学前教育实施的首要环节。学前教育目标就是根据国家提出的教育目的,结合学前儿童身心发展水平而提出的培养人的具体质量和规格要求,它是教育目的在学前教育阶段的具体体现。

#### (二) 学前教育目标制定的依据

1. 教育目的

教育目的是国家人才培养的总要求,是确定各类各级学校培养目标的依据。教育目的一般由两部分组成,一是人的身心素质的规定性,即提出受教育者在知识、能力、品德、审美、体质等诸方面的发展要求;二是人的社会价值的规定性,即培养的人为什么社会、什么阶级服务。《中华人民共和国教育法》规定了我国的教育目的:"教育必须为社会主义现代化建设服务,为民服务,必须与生产劳动与社会实践相结合,培养德、智、体、美等方面全面发展的社会主义的建设者和接班人。"学前教育目标就是根据统一的教育目的,结合学前儿童身心发展水平,对培养的学前儿童规格做出规定,是对学前教育最终结果的预期。

2. 社会发展的客观要求

社会的发展对各级各类教育不断提出新的要求,学前教育是教育体系的基础环节,自然要直接或间接地反映社会发展需求,为培养合格的社会成员做出应有的贡献。在不同的社会发展阶段,学前教育对人才的需求是有所不同的。如19世纪末20世纪初,学前教育关注的是儿童的安全与健康,保育占据比较大的分量。20世纪60年代以后,学前教育关注儿童智力的开发。20世纪80年代以后,学前教育更加关注儿童的全面发展和完整发展。进入21世纪以后,学前教育强调培养学前儿童的创新精神和实践能力,这些都反映了社会需求在学前教育培养目标之中的体现。

3. 学前儿童的身心发展规律

教育的本质是促进人的发展,因此学前教育目标的制定必须依据学前儿童的身心发展规律,使教育目标的制定符合学前儿童的身心发展需求。如果对学前儿童提出过高、过难,或者过低、过易的要求,就不可能最大限度地促进学前儿童的发展。此外,学前教育目标还要符合学前儿童身心发展的时代特点,不同时代儿童的身心发展具有其独特性,这种独特性在教育目标中应有所体现,才能满足时代发展的要求。

(三) 学前教育目标的内容

幼儿园是对三至六七岁的幼儿进行保育和教育的机构,结合教育目的、社会发展需求和儿童身心发展规律,2016年,教育部根据学前教育改革发展的新形势在1996年《幼儿园工作规程》的基础上,修订了《幼儿园工作规程》(以下简称《规程》),明确幼儿园的保教目标是:"实行保育与教育相结合的原则,对幼儿实施体、智、德、美诸方面全面发展的教育,促进其身心和谐发展。"

1. 体育目标

《规程》中体育方面的目标是:"促进幼儿身体正常发育和机能的协调发展,增强体质,培养良好的生活习惯、卫生习惯和参加体育活动的兴趣。"幼儿体育有着不同于中小学的特点,这是由幼儿身心发展的规律决定的。由于幼儿抵抗力差、骨骼和肌肉发育不成熟、动作不协调等,需要设计适合幼儿的体育活动,不宜进行爆发性肌肉活动;需要为幼儿提供合理的膳食营养;需要把良好的生活、卫生习惯的培养放在重要位置,创设安全、卫生的生活环境和条件等。同时还要注意培养幼儿积极参加体育活动的兴趣,增强幼儿参加体育活动的主动性。

2. 德育目标

《规程》中德育方面的目标是:"萌发幼儿爱家乡、爱祖国、爱集体、爱劳动、爱科学的情感,培养诚实、自信、好问、友爱、勇敢、爱护公物、克服困难、讲礼貌、守纪律等良好的品德行为和习惯,以及活泼、开朗的性格。"由于幼儿年龄小、经验少,幼儿阶段的德育主要是从情感入手,由近及远、由此及彼、由具体到抽象地进行,这样才符合幼儿品德形成和发展的规律,以及幼儿的年龄特点。幼儿品德教育内容主要包括发展幼儿的社会性与发展幼儿的个性两个方面。社会性在很大程度上反映了社会对人的道德行为、人际关系方面的要求。为了让儿能适应集体生活、社会生活,我们要培养幼儿"爱家乡、爱集体、爱祖国、爱劳动、爱科学的情感",使其养成良好的行为规范,如文明礼貌、守纪律、讲卫生、爱护公物等,并在此基础上发展他们的人际交往能力,逐渐熟悉、认识周围的人与事,了解自己与别人,学会处理与同伴、教师、父母和其他人的关系。我们发展幼儿社会性的同时也要培养幼儿的良好个性品质,如活泼开朗的性格、自信心、主动性、独立性、诚实、勇敢、意志坚强,等等,这些个性品质对幼儿成长为一个真正的人有重大意义。

3. 智育目标

《规程》中智育方面的目标是:"发展幼儿智力,培养正确运用感官和运用语言交往的基本能力,增进对环境的认识,培养有益的兴趣和求知欲望,培养初步的动手能力。"幼儿学习兴趣主要包括探究的兴趣、求知的兴趣、创造的兴趣以及动手的兴趣。发展幼儿正确运用感官的能力,也就是发展幼儿正确运用视觉、听觉、触觉等感觉器官来感知外部世界的能力。因此教师要利用和创造大量的机会,引导幼儿运用多种感官和语言去感知周围的世界。

4. 美育目标

《规程》中美育方面的目标是:"培养幼儿初步的感受美和表现美的情趣和能力。"美育是对灵魂的教育、对心灵的教育,它的目标是灵魂的丰富,是体验美和爱的能力。培育幼儿的审美感知,就是积极引导幼儿去亲身感受和体验现实生活和周围自然环境中的美,使其通过感知活动对美变得敏感起来,并能在平常的事物和生活中发现美、感受美。幼儿在感受美的基础上,在情感的驱动下,会产生表现美的欲望和行动。幼儿表现美的核心是幼儿的想象力和创造力,即幼儿以自己的方式,带着自己的特点,表现自己对美的独特体验和理解,创造出新的形象、新的想法。因此,幼儿美育的方法是:通过活动,用具体鲜明的形象去引导幼儿直接感受美,而不要求对美的形象从逻辑上进行过多的理解和分析;以培养幼儿审美的情感、兴趣为主,而不以培养审美观念、概念为主;以培养表现美的想象力、创造力为主,而不以训练技能、技巧为主。

需要注意的是,幼儿园的教育目标是和谐统一的,共同促进幼儿在体、智、德、美四个方面和谐发展。这既反映了幼儿身心发展特点的内在要求,也反映了时代要求未来的建设者和接班人应该具有的素质结构。幼儿各方面的发展是一个有机整体,幼儿园教师既不能偏重也不能偏废某一方面,这样才能促进幼儿整体的协调发展,为

幼儿一生的发展打下良好的基础。

## 二、学前教育的任务

学前教育的任务主要是指学前教育机构应承担的任务,它由学前教育的性质和社会需求所决定。不同的社会学前教育的性质及社会需求不同,学前教育的任务也就不同。在现代社会,幼儿园作为我国学前教育机构的主要形式,是社会主义教育事业的组成部分,是我国基础教育的重要组成部分,是我国学校教育和终身教育的奠基阶段。《幼儿园工作规程》中明确规定:"贯彻国家的教育方针,按照保育与教育相结合的原则,遵循幼儿身心发展特点和规律,实施德、智、体、美等方面全面发展的教育,促进幼儿身心和谐发展。幼儿园同时向幼儿家长提供科学育儿指导。"

### (一)促进幼儿身心和谐发展

保育与教育是实现学前儿童身心和谐发展的基本途径,保教质量的提升使学前儿童在体、智、德、美等方面能够整体协调发展。这就需要切实遵循学前教育工作规律和学前儿童身心发展规律,充分尊重学前儿童的学习方式,尊重学前儿童的个体差异和需求,保护学前儿童的好奇心和学习兴趣,提供多样化的教育活动和资源,为其长远发展奠定良好的基础。

### (二)为家长提供家庭教育指导

幼儿教育是一项民生事业,关系到广大人民群众的根本利益。由于幼儿年龄小,缺乏自理、自立的能力,需要成人的照顾,幼儿园的建立有助于解决家长的工作和学习与年幼子女无人照顾之间的矛盾。因此,幼儿园不仅是一个教育机构,也是一个社会服务机构。随着社会观念的变化,"知识改变命运,教育成就未来"的理念深入人心。广大家长不仅希望自己的孩子可以在学前教育机构得到良好的保育,也希望孩子能受到良好的教育。同时,他们还期望能从幼儿园方面得到科学育儿的知识,以便更好地教育子女。因此,幼儿园在为家长服务方面,已经不单纯是为了家长安心工作消除后顾之忧,而且还要担负起指导家庭教育的重任。

目前,有很多幼儿园肩负起了引导、帮助家长学习科学育儿的知识,共同提高育儿水平的任务。他们以举办教育讲座、设置家长信箱等多种形式向家长宣传科学的保育、教育知识,共同商讨、总结经验和解决幼儿教育中遇到的困难和问题。他们设立家长委员会,举行家长会,邀请家长来园,听取幼儿园的工作计划和要求。他们还举办家长开放日,邀请家长参观、参与孩子们的活动。此外,很多发达地区的幼儿园已走出园区、走向社区,配合社区的精神文明建设,向社区群众宣传优生、优育、优教的科学知识。有的幼儿园还利用双休日,开放幼儿园的一些设施,为社区儿童提供活动条件和机会。

### (三)为提高基础教育打好基础

《规程》明确指出,学前教育是"基础教育的有机组成部分,是学校教育制度的基础阶段"。这就决定了幼儿园必然承担着为学校教育打基础的任务。《规程》第二十九条明确规定:"幼儿园与小学应密切联系,互相配合,注意两个阶段的相互衔接。"因此,做好幼小衔接工作,为幼儿入小学做好准备是幼儿园的重要任务。不过,幼儿园在实施幼小衔接的过程中,要防止走入"小学化"的倾向,避免出现片面性,例如:重知识准备而轻能力培养,只关注幼儿认识了多少字,会做多少算术题,不关注幼儿的学习兴趣、学习习惯、学习能力,以及独立生活能力、交往能力和挫折的承受能力;只关注幼儿的生理健康,忽视了幼儿的心理健康。有一些幼儿园的幼小衔接工作只停留在表面上,如在幼儿园大班,课桌的摆放形式按照小学的要求,课堂时间延长,游戏时间、活动数量减少,还请小学老师授课,以迎合家长的要求,但这违背了幼儿的身心发展规律。还有一些幼儿园只组织幼儿到小学参观一下,而幼儿的适应能力、有意注意的持久性、学习的主动性和积极性等常常被忽略。因此,如何实现从幼儿园向小学的平稳过渡也是目前幼儿园的主要任务之一。

结合以上几点我们可以看出,幼儿园在幼儿的人生发展中承担着重要的角色,教师需要不断探索教育现象和规律,以便使幼儿园的教育更加科学化和规范化。

## 第三节 学前教育的原则

学前教育的原则是教师在向儿童进行教育时必须遵循的基本要求。这些要求是根据学前教育的目标、任务和儿童身心发展的特点,并在总结长期的学前教育实践经验的基础上提出的。学前教育原则应始终贯穿于学前教育工作的全过程,主要包括两个部分,一方面是学前教育的一般原则,是学前教育机构、小学、中学教师都应遵循的,它反映了对所有教育者的一般要求;另一方面是学前教育的特殊原则,是根据学前教育的特点提出的特殊要求。

### 一、学前教育的一般原则

#### (一) 尊重儿童的人格尊严和合法权益原则

儿童是具有独立个性的人,只有尊重儿童,才能促进儿童的发展,实现教育的最终目的。所以,教师要将儿童作为具有独立人格的个体来对待,尊重他们的思想感情、兴趣爱好、要求、愿望、能力和隐私等。不能有差别性地对待儿童,差别性对待儿童会使教育不可避免地在尊重和关怀某一部分儿童的同时,歧视和侮辱了另外一部分儿童。如果教师的言行中处处体现对儿童的尊重,注意倾听儿童的想法,尊重他们的意愿,就会使儿童意识到自己是有价值、有能力、不可缺少的,从而建立起自信心,获得良好的自我认知,为自身的发展奠定基础。反之,教师如果随意呵斥、责备、惩罚儿童,让儿童常常感受到委屈、羞辱,他们便会认为自己是无能的、被人看不起的,从而丧失基本的自尊与自信。这种消极的自我认知一旦形成,将会影响儿童终身的发展。同时,儿童也是稚嫩、弱小的个体,他们对自己权利的行使还必须通过成人的教育和保护才能实现。家庭、学校、社会应当保障未成年人的合法权益不受侵犯。因此，教师不仅是儿童的教育者，也应当是儿童权益的实际维护者。

### （二）发展适宜性原则

所谓发展适宜性，就是指学前教育方案在充分参考和利用现有儿童发展研究成果的基础上，为每一个儿童提供适合其年龄特点和个别差异的课程及教育教学实践。它包括两个层面的含义：一是年龄适宜性，二是个体适宜性。

一方面，大量的人类发展研究表明，人一生的发展存在着共同的可以预测的生长顺序和发展规律。这些可以预测的发展性变化存在于儿童发展的各个方面，包括生理、情绪情感、社会性以及认知等。儿童在各个方面发展的大量研究成果为教师提供了极具教育意义的参考资料，使他们能够据此为不同年龄阶段的儿童准备具备"年龄适宜性"的学习环境和活动。另一方面，每个儿童都是一个独一无二的个体，并有其独特的个体发展模式和发展进程，例如个性品质、学习方式、思维特点等均有所不同。学前教育应考虑幼儿的个体差异性，并为其提供具备"个体适宜性"的学习环境和活动。

### （三）主体性原则

所谓主体性，就是人作为主体的规定性。其本质内涵包括自主性、能动性和创造性。研究表明，主体性发展是人全面发展的核心和基础。学前期是一个充满活力、蕴藏巨大发展潜能并具有很强可塑性的生命阶段。学前儿童拥有与生俱来的学习潜能，他们渴望学习，喜欢探究，爱好活动，富于想象、表现和创造。所以学前儿童的学习应该是主动的、建构式的发现学习，而不是被动的、机械的接受性学习，应当是生活经验而非学科知识体系的建构。学前教育本质上不是灌输，而是创造一种轻松、愉快且富含有效刺激的环境，引导儿童在全身心参与的诸多活动中得到发展。然而，幼儿园里幼儿言行缺乏自主性、能动性、创造性的现象并不少见。如游戏活动中幼儿等待教师给予角色分配，学习活动中幼儿小心地按教师的意图进行思考、表达，甚至在生活活动中幼儿也表现出消极被动状态。所以，教师应该尊重幼儿，激发潜能，倡导主动活动，引导主体发展，在活动中培养幼儿的学习兴趣、习惯和能力，让幼儿从小学会学习、学会生活。

### （四）个体差异性原则

由于每个儿童的需要、兴趣、性格、能力、学习方式等各有不同的特点，因此，在教育过程中，教育者在关注全体受教育对象的同时，必须考虑每个儿童的特殊需要，因人而异地进行教育，有针对性地采取最有效、最合理的方式促进每个儿童的发展。根据每个儿童的具体情况扬长补短，充分发挥儿童各自的潜能，让不同的儿童在不同的方面能够实现自己有特色的发展。比如，面对喜欢自由创造的儿童，教师要给予支持和鼓励；面对经常处于两难境地的儿童，教师要巧妙引导，提出建议；面对容易灰心丧气的儿童，教师要加以安慰和引导；面对急于取得成功的儿童，教师要给予肯定和表扬。

### (五) 整合性原则

整合性原则是指将学前教育看作一个完整的系统,保证学前儿童身心整体健全和谐地发展。我国学前教育专家陈鹤琴早在 20 世纪 20 年代就提出"整个教学法",其基本的出发点就在于儿童对外界的反应是"整个的",儿童的发展也是整个的,外界环境的作用也是以整个的方式对儿童产生影响,所以为儿童设计、实施活动也必须是整个的、互相联系的,而不是互相割裂的。整合性原则包括活动目标的整合、活动内容的整合、活动资源的整合、活动形式与活动过程的整合几个方面。

首先,活动目标的确定不能单纯追求知识技能的获得而应全面考虑情感态度、行为习惯、知识经验、操作技能等综合素质的培养和提高,即教育活动的主要目标应该是整个人的发展;其次,儿童对于世界的认识是整体化的,因此学前儿童活动内容应该具有整合性,让幼儿进行综合性学习;再次,学前教育机构、家庭、社区都有丰富的教育资源,应充分地加以运用,并进行有机整合,使他们真正协调一致地对学前儿童的成长产生积极的、有效的影响;最后,教师在具体的活动中可以将集体活动、小组活动和个别活动整合,将教学活动、游戏活动和日常生活活动整合,这些都将对儿童的成长产生积极的影响。

## 二、学前教育的特殊原则

### (一) 保教结合原则

保教结合是全面发展教育方针在幼儿期的具体体现,也是我国幼教实践工作的总结。学前儿童的年龄特点决定了学前教育要做到保教结合。保育主要是为学前儿童的生存、发展创设有利的环境和提供物质条件,给予学前儿童精心的照顾和养育,促进其身心健康发展;教育则重在引导儿童学习必要的知识技能,发展学前儿童的认知、情感、态度与能力,培养学前儿童良好的行为习惯,保育和教育构成了幼儿园教育的全部内容。

虽然保育和教育有各自的主要职能,但保育和教育不是分别孤立地进行的,而是在统一的教育目标指引下,在同一教育过程中实现的。保教结合是一个整体概念,"保"指"保育",即保护幼儿的健康,包括身体、心理和社会适应方面。"教"指幼儿园的教育教学,按照学前教育的目标,有目的、有计划地对幼儿进行全面发展的教育,包括健康、语言、社会、科学、艺术等领域的教学、良好环境的创设、游戏的支持与引导等方面的整合。幼儿园的保教工作人员要在各项活动中做到保中有教、教中有保,并使二者互相联系、互相渗透,保教并重,从而使幼儿在得到细致周到照料的同时,获得德、智、体、美全面和谐的发展。对学前儿童实施保育的过程,实质上也是对学前儿童在体、智、德、美诸方面实施有效影响的过程。对儿童进行教育的过程,也是保护儿童身体、心理等各方面成长的过程。我们既不能在教育的时候忽视保育,也要在保育的同时随机地、有意识地实施教育。教师应从学前儿童身心发展的特点出发,在全面、有效地对学前儿童进行教育的同时,重视对学前儿童生活上的照顾和保护,保教合一,确保学前儿童真正健康、全面地发展。

**(二)以游戏为基本活动原则**

游戏是幼儿园的基本活动。基本活动是指在人生的某个阶段,其出现频率最高,对人生存发展最有价值,最适合某一年龄阶段的活动。比如,对学龄期儿童来说,集体教学是基本活动;对成人来说,工作、劳动是基本活动;而对幼儿来说,游戏就是他们的基本活动。游戏最符合儿童身心发展的特点,是儿童最愿意从事的活动,也最能满足儿童的需求,能有效地促进儿童的发展,具有其他活动所不能替代的价值。

《幼儿园教育指导纲要(试行)》指出:"幼儿园教育应尊重幼儿的人格和权利,尊重幼儿身心发展的规律和学习特点,以游戏为基本活动。"《幼儿园工作规程》也指出:"以游戏为基本活动,寓教育于各项活动之中。"

对于学前儿童来说,游戏也是一种学习,它是一种更重要、更适宜的学习。通过游戏,能够促进学前儿童身心发展的需要,促进他们身体、智力、道德、情感、创造性的发展。在游戏活动中易唤起儿童的学习兴趣,使儿童在玩中学,学中玩。正如蒙台梭利所指出的:"游戏就是儿童的工作。"因此,学前教育机构要以游戏为主导活动形式并将其贯穿在儿童的一日生活之中。可以说,游戏既是课程的内容,又是课程实施的背景,还是课程实施的途径。教师要充分发挥游戏对儿童发展的作用,保证游戏的时间和空间,提供丰富的游戏材料,使儿童充分自主、愉悦地游戏,通过游戏促进其身心发展。

**(三)教育的活动性和直观性原则**

教育的活动性原则要求学前教育以活动为主导,以活动贯穿整个教育过程,以活动促进幼儿身心健康发展,以活动作为学前教育的主要内容和形式。学前儿童认知的直觉行动性与形象性的方式和特点决定了他们不可能像中小学生那样,主要通过课堂书本知识的学习来获得发展,而必须通过活动去接触各种事物和现象,与人交往,实际操作物体,才能逐步积累经验,获得真知。皮亚杰认为,儿童是在活动中建构他们的认知结构,从而发展他们的智力和社会行为,离开了活动,就没有儿童的发展。因此对于儿童来说,只有在活动中的学习,才是理解性的学习。在活动的设计、组织和实施的过程中,教师要为儿童提供丰富的材料及充分的活动空间和时间,开展各种类型的活动,并鼓励儿童在活动中发挥积极性、主动性、创造性,使活动真正成为儿童发展的手段。

教育的直观性原则也是学前教育应该遵循的原则之一。学前儿童对知识的掌握是以感性认识为基础的,思维发展仍以具体形象思维为主,儿童只有在获得丰富的感性经验的基础上才能理解事物。学前儿童是通过直接感知认识周围事物,形成表象并发展为初级的概念的。因此,学前儿童的教育应该体现直观性原则。教师要根据不同年龄儿童的身心发展水平,通过具体的可操作的活动,运用演示、示范等直观教学手段变抽象为形象,同时辅以生动的、声情并茂的教学语言,从而使儿童更好地理解教学内容,更快地获得各种知识经验。

## （四）生活化和一日活动整体性原则

生活化包括两个方面，一个是指教育生活化，也就是说要将富有意义的生活内容纳入课程领域，加强教育同生活的联系，将学前儿童在各种情境中的经验进行整合；另一个是指生活教育化，也就是将学前儿童在生活中已经获得的原有经验，加以系统化、条理化，在生活中适时引导，促进学前儿童的发展。生活活动在幼儿期有特殊的意义。它不仅是学前儿童健康成长所必需的，也是学前儿童最重要的学习内容和学习途径。

大班某一幼儿掉了牙，哭着拿着掉了的牙去找老师。老师安慰他说这是正常现象，然后根据这一事例在全班组织讨论为什么会掉牙，并进行了一系列活动，如"我们要换牙了""如何保护牙"等。在日常生活中，老师不忘进行随机教育，使幼儿懂得了一些换牙、保护牙的卫生常识以及注意养成良好的饮食习惯。在这一案例中，教师能够把握生活中的教育契机展开教育，并在日常生活中强化，体现了课程组织生活化的原则。

一日活动整体性原则是指学前教育机构应充分认识和利用一日活动中各类活动的价值，将各类活动有机统一为一个整体，共同促进儿童的发展。学前教育机构的一日活动包括由教师组织的活动（如学前儿童的生活活动、劳动活动、教学活动等）和学前儿童的自主自由活动（如自主游戏、区角活动等）。无论是有组织的活动还是儿童自主自由的活动，都各具重要的教育作用，对儿童的发展都是不可缺少的。同时每种活动不是分离地、孤立地对儿童发挥影响力。一日活动必须统一在共同的教育目标下，形成合力，才能发挥整体教育功能。因此，学前教育机构应充分认识和利用一日生活中各种活动的教育价值，通过合理组织、科学安排，让一日活动发挥一致的、连贯的、整体的教育功能，寓教育于一日活动之中。

1. 学前教育的根本任务是什么？请谈谈你的看法。
2. 学前教育的基本原则有哪些？
3. 请你谈一谈对"游戏是幼儿园的基本活动"的理解。

在幼儿园实践中某些教师认为幼儿进餐、睡眠、午点等是保育，只有教学活动才是传授知识、发展智力的唯一途径。请谈一谈你对此观点的看法。

## 推荐阅读

1. [加]迈克尔·富兰.教育变革新意义[M].北京:教育科学出版社,2005.
2. 朱永新.生活与教育[M].北京:商务印书馆,2021.
3. 鄢超云.幼儿园游戏要走向高水平有质量[J].幼儿教育,2019(31).

# 第三章　学前教育的基本规律

## 学习目标

1. 了解社会发展对学前教育的影响作用,以及学前教育对社会发展的促进作用。
2. 理解影响学前儿童发展的因素,掌握学前儿童发展的一般规律。
3. 理解学前教育与儿童发展之间的关系,明确教育在儿童发展中的价值。

## 内容结构图

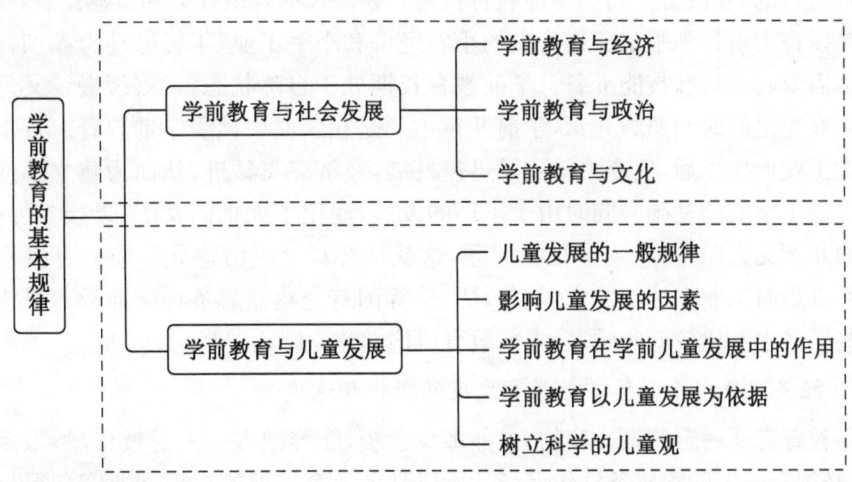

## 问题导入

美国心理学家华生曾经说:"给我一打健全的儿童,更给我一个特殊的环境,我可以运用特殊的方法,把他们加以任意改变,或者使他们成为医生、律师、艺术家、大商家或者使他们成为乞丐和盗贼。"你认为这种说法正确吗?儿童的发展到底遵循什么样的规律?本章将帮助大家解决这些问题。

## 第一节 学前教育与社会发展

教育要适应并促进社会的发展是教育的一条基本规律。教育作为人类的一种特有的社会现象,本身是社会大系统中的一个子系统,它与构成社会的其他因素之间有密切的联系。因此,学前教育的发展与政治、经济、文化等社会要素之间存在着千丝万缕的联系,受到社经济、政治、文化等方面的影响,并对这些因素产生反作用,促进其发展,以实现教育的社会功能。

### 一、学前教育与经济

#### (一) 经济对学前教育的影响

1. **经济的发展促进学前教育机构的产生与发展**

学前教育作为一种社会实践活动随着人类的产生而产生,但学前教育机构的发展历程并不漫长。在原始社会,生产力非常低下,学前教育主要是在日常劳动和社会生活中进行的,并没有专门的学前教育机构。在漫长的奴隶社会和封建社会,生产力主要是以畜力耕作和手工劳作为主的小农经济和小手工业,年轻劳动力参加社会劳动还不需要具备特殊技能准备。学前教育长期处于自然状态,发展缓慢。父母特别是母亲有充足的时间照顾儿童,学前儿童主要是在家庭中接受学前教育。资本主义机器大工业产生以后,生产力得到了迅速发展,经济突飞猛进,从而为建立学前教育机构提供了坚实的基础。同时由于工厂的发展,雇用了大批的女工,母亲参加劳动,幼小的儿童无人照看,产生了社会问题,这就从客观上提出建立学前教育机构的需要。所以当时工业发达的国家,如英、法、美等国首先建立起各种学前教育机构。而在一些经济水平比较低的国家,学前教育机构的建立则比较晚。

2. **经济发展水平制约学前教育发展的规模和速度**

办教育需要一定的人力和物力,办多少学校,能容纳多少人受教育,学习多长的时间,必须有一定的物质条件作保证。所以学前教育发展的规模和速度必须与本国经济发展水平相适应。经济发展水平高,就会为学前教育投入更多的资源,促进学前教育数量的增加和规模的扩大,学前教育的发展也就比较快。反之,经济发展水平比较低,学前教育的发展缺乏必要的经济支撑与保障,学前教育的发展规模就会比较小,发展速度也会比较慢。纵观世界各国,总的说来,经济发展水平较高的国家,教育经费在整个国民生产总产值中所占的比例也比较大。另外,如果不顾经济发展水平,盲目发展教育,也会影响教育的发展。

3. **经济发展水平影响学前教育的内容和手段**

随着社会经济的发展,学前教育的任务也不断发生变化。在学前教育发展的初期,学前教育的任务是帮助工作的母亲看护儿童,负担起儿童生活与安全方面的照顾。随着社会经济水平的提高,学前教育的任务开始注重学前儿童的教育,将任务定位为促进儿童身心的和谐发展。如美国在19世纪50年代最早设立的学前教育机构是为贫穷家庭的子女服务的,设备比较简陋,只是照看儿童。随着经济的发展,家长对学前教育机构的要求也逐步提高。美国从20世纪60年代开始实施"早期开端方案",对环境不利儿童进行补偿教育,促进其身体、社会性、情感及智力等多方面的发展。而我国在20世纪50年代初期的学前教育机构大多也是以照看儿童的安全为主要任务。但随着经济的发展,开始转向以教育儿童,促进他们德、智、体、美全面发展为任务,尤其是我国经济改革与发展到今天,将从小培养儿童的主动性、独立性和创造性作为学前教育的主要任务。

学前教育任务的变化,促进了学前教育内容的更新和学前教育手段的变化。在教育内容方面,扩大了认识社会环境和自然环境的内容和要求,注重学前儿童认识周围事物的兴趣和求知欲,注重发展学前儿童的创造力,培养学前儿童社会交往能力等。在教育手段方面,幼儿的游戏更为丰富多彩,寓教育于幼儿的日常生活,开发了各种观察、操作和实验活动,并运用了录音、幻灯、电视及计算机等现代化教学手段,不断提高学前教育质量。

**(二)学前教育对经济发展的影响**

随着知识经济的蓬勃发展,教育越来越成为推动经济增长的重要因素。一个国家的经济发展在很大程度上取决于科学技术和教育的发展水平,取决于劳动者的素质,这就需要通过教育来实现。学前教育是整个教育的基础阶段,它在促进经济发展方面也承担着重要的作用。发达国家的经验证明对于儿童的早期投入可以节省他们成年后用于补偿教育、医疗保障和社会保障等方面的费用,减轻国家的经济负担。通过早期教育开发儿童巨大的学习潜能有利于提高国民素质,能够促进经济和社会持续健康发展。学前教育还可以减轻家长养育幼小儿童的负担,使他们有充沛的精力投入工作和学习,从而为发展经济服务。同时,学前教育的发展影响国家经济发展的状况。当学前教育的发展规模和速度长时间落后于生产力发展的要求时,社会经济发展将会因人才的缺乏而受到阻碍;当学校教育的规模和速度超过生产力的发展,则会使生产力难以承担,给经济和社会的发展造成一定的影响。

## 二、学前教育与政治

**(一)政治对学前教育的影响**

1. 政治制约学前教育的性质

政治主要指国家性质、各阶级和阶层在政治生活中的地位、国家管理的原则和组织形式等。学前教育的性质受政治的影响,并为政治所决定。

首先,政治决定学前教育的领导权。在人类历史上的阶级社会里,哪一个阶级掌握政权,哪个阶级在教育上就居于统治地位,掌握着教育的领导权,为社会培养所需要的接班人。学前教育要对哪个阶级的子女进行教育,进行什么样的教育,要培养他们成为什么样的人,这些有关教育和学前教育的领导权、方针政策、目的任务及教育制度的问题主要由社会的政治制度所决定。

其次,政治决定学前教育的受教育权。在阶级社会中,谁有受学校教育的权利,以及受什么样的教育,不是由个人意愿所决定的,而是由掌握着生产资料所有权的阶级决定的,他们不仅决定着教育的领导权,也决定着受教育权。在原始社会,由于实行集体公有制,没有阶级差别,所以对所有儿童实行社会教育。只是由于男女分工不同,向男女儿童施行的教育内容有所区别。在奴隶社会,学校专为奴隶主子弟开设,只有奴隶主的子弟才有接受学校教育的特权,奴隶只是作为会说话的工具,根本无权接受教育,学校教育具有鲜明的阶级性。在封建社会,教育的阶级性与等级性十分明显,绝大多数劳动人民及其子弟被拒之学校门外。即使在统治阶级内部,受教育权也有严格规定的等级差别。例如唐朝官学体系中的崇文馆和弘文馆,专收皇帝和皇后的近亲及宰相大臣的子孙,国子学、太学、四门学分别招收文武三品、五品和七品以上官员子孙,书学、算学和律学招收文武八品及以下官员的子孙。

另外,政治影响学前教育的目标和内容。教育的根本任务是培养人。但培养什么样的人,特别是培养出来的人应具有什么样的政治方向和思想品德,为谁服务,则要体现社会政治制度的要求。

在不同形态的社会,由于社会的政治不同,学前教育的性质也不同。但同时也要看到,由于学前教育是启蒙教育,在幼儿日常生活的基本行为习惯和独立生活能力的培养、基本动作的发展、智力的发展和认识自然环境等具体教育任务、内容及方法方面,各国都有其相近的一面。

2. 政治影响学前教育的发展规模和速度

首先,政治权力机关及职能部门对学前教育的重视与领导,是发展学前教育的决定条件。纵观国际学前教育的发展历史,如果政治权力机关及职能部门重视学前教育,那么学前教育的发展速度就比较快。例如,新中国成立以后,党和政府高度重视学前教育事业的发展,促进了学前教育质量的不断提高。特别是进入21世纪后,学前教育取得了跨越式发展。2010年《国家中长期教育改革和规划纲要》设立"学前教育"专章,提出"普及学前教育";同年10月,《国务院关于当前发展学前教育的若干意见》颁布,提出要坚持学前教育的"公益性"和"普惠性","保障适龄儿童接受基本的、有质量的学前教育";党的十八大提出"办好学前教育",党的十九大要求"在幼有所育上取得新进展",党的二十大要求"强化学前教育普惠发展",推动了学前教育的持续发展,实现广覆盖、保基本、有质量的学前教育公共服务体系的建设。这些都充分说明一个地区或政府的权力机构及领导人对该地区学前教育的发展起着重要作用。

其次,政治对学前教育的财政起着重要的影响作用。一般表现为两个方面:一是政治决定教育经费份额的多少。统治阶级根据其政治发展及利益的需要,按照社会发展不断调整教育经费在整个社会总投入中的份额。二是政治决定教育经费的筹措。政府会根据其财政收支情况及政府需要而决定教育经费的筹措办法,或者是完全由政府财政支出,或者由民间集资、私人出资,或者三者兼而有之。

## 第三章 学前教育的基本规律

### (二)学前教育对政治的影响

学前教育对政治的影响作用,主要是通过培养人来实现的,首先,任何一种政治经济制度,要想得到维护、巩固和发展,都需要通过学校教育来培养人才。学前教育为社会培养一定的人才,他们长大后就会服务于社会的政治经济制度,维护统治阶级的利益。其次,学前教育是提高国民文化素质的基础,是推动社会政治民主化的重要力量和保障。一个国家要提高国民的民主意识,不断促进社会政治民主化,就要重视和普及教育,发挥教育的重要作用。学前教育作为教育体系的重要组成部分,为促进社会政治民主化发展起到了奠基的作用。此外,学前教育还能影响教育的均衡和教育公平,促进社会流动,实现社会的良好发展。因此,一定性质的学前教育既为一定社会的政治制度所决定,同时又影响着社会政治制度的发展。

**拓展阅读**

从幼有所育到幼有优育<br>——新时代我国学前教育跨越式发展

2010年以来的十多年,特别是十八大以来,党和政府高度重视学前教育,把建设普及普惠、安全优质的学前教育放在非常重要的位置,是我国学前教育跨越式发展、科学保教取得重大进展的时期。

**资源总量:** 2021年全国幼儿园数达到29.5万所,比2011年增加12.8万所,增长了76.8%,有力保障了不断增加的适龄幼儿入园需求。

**普及情况:** 2021年全国幼儿园在园幼儿数达到4 805.2万人,比2011年增加1 380.8万人,全国学前三年毛入园率由2011年的62.3%提高到2021年的88.1%,增长了25.8个百分点。

**普惠情况:** 2021年全国普惠性幼儿园(包括公办园和普惠性民办园)达到24.5万所,占幼儿园总量的83%,其中公办园12.8万所,比2011年增长了149.7%,充分发挥了公办园兜底线、保基本、平抑收费、引领方向的重要作用。普惠水平大幅提升,2021年全国普惠性幼儿园在园幼儿占比达到87.8%,比2016年增长20.5个百分点(2016年开始统计普惠性幼儿园在园幼儿占比),其中12个省份超过90%,有效保障了绝大多数幼儿享受普惠性学前教育。

**财政投入情况:** 中央财政支持学前教育发展资金从2011年的95亿元增长到2021年的200亿元,全国财政性学前教育经费从2011年的416亿元增长到2020年全国财政性学前教育经费为2 532亿元,比2011年增长5倍,财政性教育经费占比从2011年的2.2%提高到2020年的5.9%。

**教师队伍情况:** 2021年,全国开设学前教育专业的本专科高校有1 095所,毕业生达到26.5万人,分别比2011年增加591所、23.1万人,分别增长1.2倍、6.7倍,为持续补充幼儿园师资提供了有力支撑。教师配备基本达标,2021年,全国幼儿园园长和专任教师总数超过350万人，比2011年增加200万人，增长了1.3倍，生师比从2011年的26∶1下降到2021年的15∶1，基本达到了"两教一保"的配备标准，师资短缺问题得到有效解决。教师素质明显提高，学历结构进一步优化。

代表性政策法规颁布情况：

《国家中长期教育改革和发展规划纲要（2010—2020年）》

2010年7月29日，中共中央、国务院正式全文发布《国家中长期教育改革和发展规划纲要（2010—2020年）》，其中设立学前教育专章，提出国家到2020年基本普及学前教育的发展目标和任务，明确政府是发展学前教育的责任主体，要求把积极发展学前教育、着力解决"入园难"、重点发展农村学前教育作为突破口和紧迫任务，充分体现新时期、新阶段党和国家对推动学前教育改革和发展的高度重视。

《关于当前发展学前教育的若干意见》

2010年11月21日，国务院印发《关于当前发展学前教育的若干意见》，也称"国十条"。明确学前教育公益普惠的基本办园方向，明确提出扩大农村学前教育资源，明确要求各省（区、市）以县为单位编制实施学前教育三年行动计划，着力解决"入园难"问题，满足适龄儿童入园需求，促进学前教育事业科学发展。

《幼儿园教师专业标准（试行）》

2012年2月10日，教育部印发《幼儿园教师专业标准（试行）》，从"专业理念与师德、专业知识、专业能力"三个维度14个领域对幼儿教师的专业发展提出了62条标准，体现国家对合格幼儿园教师专业素质的基本要求，是幼儿园教师培养、准入、培训、考核等工作的重要依据。

《关于加强教师队伍建设的意见》

2012年8月20日国务院印发《关于加强教师队伍建设的意见》，从加强教师师德政治教育和师德建设、大力提高教师专业化水平、建立健全教师管理制度、切实保障教师合法权益和待遇、确保教师队伍建设政策措施落到实处等方面深入实施科教兴国战略和人才强国战略，进一步加强教师队伍建设，实现到2020年，形成一支师德高尚、业务精湛、结构合理、充满活力的高素质专业化教师队伍的总体目标。

《3—6岁儿童学习与发展指南》

2012年10月9日，教育部正式颁布《3—6岁儿童学习与发展指南》，从健康、语言、社会、科学、艺术五个领域描述幼儿学习与发展。涵盖32个学习与发展目标、87条教育建议，着重强调：幼儿是积极主动的学习者、珍惜童年生活的独特价值、尊重幼儿的学习方式和学习特点、尊重幼儿发展的个体差异、重视家园共育这些方面的教育理念。

《幼儿园工作规程》

2016年3月1日，教育部颁布了新修订的《幼儿园工作规程》。主要在坚持立德树人、强化安全管理、规范办园行为、注重与法律法规和有关政策的衔接及完善幼儿园内部管理机制五个方面进行修订。

《关于全面深化新时代教师队伍建设改革的意见》

2018年1月20日,中共中央、国务院印发《关于全面深化新时代教师队伍建设改革的意见》,提出全面提高幼儿园教师质量,建设一支高素质善保教的教师队伍。办好一批幼儿师范专科学校和若干所幼儿师范学院,前移培养起点,突出保教融合,科学开设儿童发展、保育活动、教育活动类课程,强化实践性课程,培养学前教育师范生综合能力。

《关于学前教育深化改革规范发展的若干意见》

2018年11月7日,中共中央、国务院印发《关于学前教育深化改革规范发展的若干意见》,这是新中国成立以来,第一次以党中央国务院名义专门印发推进学前教育改革发展的文件,是党中央国务院立足新时代,心系发展大局、情牵民生福祉作出的重大战略决策,具有重要的里程碑意义。

《关于开展城镇小区配套幼儿园治理工作的通知》

2019年1月9日,国务院办公厅印发《关于开展城镇小区配套幼儿园治理工作的通知》,本次治理工作重点聚焦小区配套幼儿园规划、建设、移交、办园等环节的突出问题。通过治理,切实增加城镇普惠性资源供给,解决城镇"入公办园难""入普惠性民办园难""就近入园难"等问题。

通过学前教育十多年来的变化,我们可以看到,我国学前教育的发展,是在我国经济快速发展的背景下,在党和政府的高度重视和支持中发展起来的,充分体现了政治、经济对学前教育的影响。

## 三、学前教育与文化

文化与社会共存,文化存在于社会之中。自从有人类开始也就有了文化。所谓文化,广义的理解是指人类在社会历史实践过程中所创造的物质财富和精神财富的总和,而狭义的理解是指社会的精神文化,即社会的价值观念、思想道德、科技、教育、艺术、文学、宗教、传统习俗以及制度的一种复合体。

### (一) 文化对学前教育的影响

文化对学前教育的影响表现在许多方面,尤其是在现代社会,文化对学前教育的影响力更是不可低估。从文化对学前教育的影响作用来看,一般表现为以下三个方面。

1. 文化影响学前教育观念

文化经历了漫长的形成与发展过程。在这个过程中,生活在这一文化圈中的人们逐渐形成了比较一致的思维方式、价值观念和行为方式,形成一定的文化观念。教育观念是在文化观念基础上形成的对教育现象和教育问题的认识、观点和看法。文化对教育观念的影响主要包括以下几个方面。第一,文化观念影响和制约着人们对教育的价值取向、态度和行为。例如,在封建社会男尊女卑文化观念影响下,只有男子有接受教育的机会。第二,文化影响和制约着教育思想的产生。教育思想是在一定的社会文化背景下孕育起来的,受文化观念的影响。如西方近代史中,夸美纽斯、卢梭、裴斯泰洛齐等人的教育思想是资产阶级启蒙运动时期肯定人性、发展人性的社会潮流的反映。

2. 文化影响学前教育目标

学前教育目标除了受到政治、经济因素的影响和制约,同时也深刻反映了文化因素的影响。如美国、英国、德国、日本同为发达的资本主义国家,由于文化的差异性,在幼儿园教育中,美国重视培养适应社会生活的理想公民;英国重视培养具有绅士风范、良好文化修养与品行的公民;德国着重培养能够服务社会的公民;日本着重培养能够担负社会责任、具有团队精神、身心健康的公民。

3. 文化影响学前教育内容

学前教育的内容一般是从特定的文化中精选而来。如我国古代的儿童读物《三字经》《百家姓》《千字文》等蒙学教材,反映了我国古代的儒家思想文化。我国幼儿园的传统游戏、泥塑、剪纸等文化艺术体现了对我国传统文化的继承。有些幼儿园会根据当地的文化背景选择某些具有教育意义的内容融入学前教育活动,幼儿园的物质文化和精神文化逐步对儿童起到潜移默化的影响作用。当然,文化对学前教育的影响也并不都是积极的,在社会变革过程中,新旧文化的交替、不同文化的冲击,常会使一些消极、落后、腐朽的文化形态与价值观念对学前教育产生负面影响。

(二)学前教育对文化的影响

人类在长期的社会实践中,积累了丰富的经验,创造了灿烂的文化财富。这些长期积累的科学文化成果是一笔宝贵的精神财富,需要世代相传、发扬光大,而这仅仅依靠口耳相传是远远不够的,必须通过专门的教育活动来实现。因此教育是文化传递的前提、动力和重要途径,并在传递过程起着补充、发展和丰富文化的作用。学前教育与人类文化的传承发展有着十分密切的关系。在学前教育过程中可以传递文化,在传递文化的基础上又可创造新的文化。如幼儿园传统节日活动、节气活动等的开展,就是对我们传统文化的继承和发扬创新。

图3-1 幼儿园区域活动:活字印刷术

图 3-2　幼儿园建构活动：万里长城

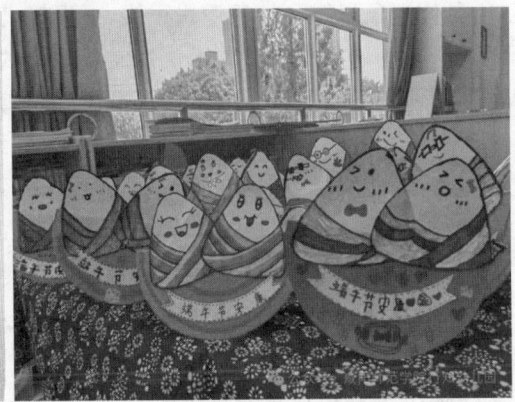

图 3-3　幼儿园节日活动：端午节

通过以上活动我们可以看到，一方面我国传统文化影响着幼儿园的教育内容，另一方面在学前教育中，传统文化也在不断继承与创新。

综上所述，学前教育与社会发展之间存在着密切的关系，两者相互促进、相互依存。学前教育不仅对社会的发展具有积极的促进作用，同时也需要社会的支持和投入来不断发展和完善。

## 第二节　学前教育与儿童发展

学前教育作为一种教育活动，是以学前儿童身心发展的规律为依据的。为了使学前教育促进学前儿童的良好发展，我们要正确地认识学前教育与儿童发展之间的关系，理解儿童发展的特点和规律对儿童发展的制约性，明确学前教育在儿童身心发展中的重要作用，树立科学的儿童观念。

## 一、儿童发展的一般规律

儿童发展,是指儿童在成长过程中,身体和心理方面有规律的量变和质变的过程。其中,身体的发展是指儿童机体的正常生长和发育,包括形态的变化和功能的成熟。心理的发展是指儿童的认知、情感、意志和个性的发展。学前儿童身体的发展与心理的发展是密切联系的,儿童的年龄愈小,其身体发展与心理发展之间相互的影响也愈大。

### (一)儿童的发展具有顺序性

在儿童的发展过程中,无论其身体的发展还是心理的发展,都表现出一种稳定的顺序。在儿童身心发展过程中,所表现出的这种顺序是固定不变的。比如,身体的发展遵循着从上到下、从中间到四周的发展顺序,心理的发展总是由机械记忆到意义记忆,由具体形象思维到抽象逻辑思维,由喜怒哀乐等一般情感到理智感、道德感、美感等复杂情感变化。皮亚杰关于认知发展理论的研究,揭示了个体认知发展的一般规律,即按照感知运算水平、前运算水平、具体运算水平、形式运算水平的顺序发展的特征。儿童成长的每一阶段,都是以前一阶段的结果为基础。儿童身心发展的顺序性这一特点,使儿童身心发展成为一种连续的、不可逆转的过程。虽然不同儿童完成某一阶段发展所花的时间长短略有不同,但发生的顺序是一样的。儿童发展的顺序性要求我们对儿童的教育应遵循儿童的身心发展规律,使其循序渐进地发展,如果儿童某一阶段的发展没有完成,采用拔苗助长的方式勉强使儿童转入下一阶段,反而会抑制儿童的健康成长和发展。

### (二)儿童的发展具有阶段性

儿童发展的阶段性,指在儿童连续的发展过程中,在不同年龄阶段会表现出某些稳定的、共同的典型特点。这些特点无论从表现方式、发展速度以及发展结构方面,与其他阶段相比较,都会具有明显不同的特征。所以,不同年龄阶段之间不仅表现为量的差异,而且表现为质的差异。这种情况,又被称为儿童发展的年龄特征。当然这些不同的阶段也是具有一定顺序的,前一阶段为后一阶段做准备。人在环境和教育的影响下,从出生到成熟要经历婴儿期(0—3岁)、幼儿期(3—6,7岁)、童年期(6,7—11、12岁)、少年期(11,12—14、15岁)以及青年初期(14,15—17、18岁)等阶段。这些阶段,无论在生理还是心理方面,彼此之间的差异性较大,但阶段之间又具有前后的连续性。

### (三)儿童的发展具有不平衡性

儿童发展的不平衡性,是指在连续不断的发展过程中,幼儿身心发展的速度并不是完全一致的匀速运动。这种不平衡性主要表现在两个方面,第一个表现是,同一方面的发展在不同的年龄阶段,其发展的速度和水平是有明显差异的。如幼儿的身高是开始增长速度快,后期增长速度慢。人一生中有两次生长高峰期,第一次是出生后的第一年,第二次是9—16岁的青春期。发展不平衡性的第二个表现是指,同一时期不同的方面发展不平衡。就儿童发展的整体而言,生理成熟是先于心理成熟的。十几岁的孩子就其身体发育来看,已经很接近成人的水平了,而其心理的成熟程度,却要比成人低得多。

根据儿童发展的不平衡性,心理学家提出了发展"关键期"或"最佳期"的概念。所谓发展关键期,是指身体或心理的某一方面机能和能力最适宜形成的时期。在这一时期中,对个体某一方面的训练可以获得最佳成效,并能充分发挥个体在这一方面的潜力。错过了关键期,训练的效果就会降低,甚至永远无法补偿。

**拓展阅读**

### 劳伦兹的"印刻实验"

"印刻"现象是指初生动物,主要是鸟类,在出生后的短暂期间内,对第一次见到的物体的依赖性效应,主要体现为跟随现象。奥地利生物学劳伦兹做了这样一个实验,他让出生后 10—16 个小时的小鸭子首先看到劳伦兹自己,于是有趣的事情发生了。小鸭子将劳伦兹当成了自己的母亲,劳伦兹在前面走着,身后总是跟随着几只小鸭子。这一现象被劳伦茨等称为"印刻"。印刻现象和一般的反应不同,它只在一定的时期内发生,如小鸭子在孵化后 5 小时以前,印刻现象并不明显,在孵化后 29—32 小时后对首次呈现的刺激几乎不能印刻。因此印刻的发生具有关键期。

### (四)儿童的发展具有差异性

儿童发展的个别差异性,是指在儿童发展具有整体共同特征的前提下,个体与整体相比较,每一具体儿童的身心发展在表现形式、内容和水平方面都可能会有自己的独特之处,这种表现于个体发展方面的差异性,来源于个体遗传素质和生活环境的差别。例如,同样年龄的儿童,在身高方面有明显的高矮之分,也会在学习中表现出注意力的持久性、知觉的广度等方面的差异。个体的差异性从群体的角度看,首先表现为男女性别的差异,它不仅是自然性上的差异,还包括由性别带来的生理机能和社会地位、角色、交往群体的差别;其次,个别差异表现在身心的所有构成方面,其中有些是发展水平的差异,有些是心理特征表现方式上的差异。儿童发展过程中表现出的个别差异性,虽然在一定程度上受到生物因素的影响,但更多地来自环境和教育的差别,并且环境和教育的影响还能对遗传素质的优势与不足起到一定的弥补作用。

## 二、影响儿童发展的因素

古往今来,中外的心理学家、教育家对影响儿童发展的因素看法不一。美国心理学家格赛尔经过近半个世纪的儿童发展的实验研究后,提出了"成熟势力说"。这一理论认为儿童发展是一个有规律的顺序模式的展现过程,而这个顺序是由物种和生物进化的顺序决定的。所有儿童都按照这个顺序发展,但发展速度则由每个儿童的遗传类型所决定。环境和教育不是发展的主要原因，它虽然可能暂时影响儿童发展的速度，但最终还是由生物因素控制。而英国教育家洛克则认为人脑开始只是一张白纸，没有特性，没有观念，人的一切观念都来自后天经验。所以儿童发展的原因在于后天，在于教育。英国行为主义心理学家华生从其行为主义心理学思想出发，提出了儿童发展的环境决定论。华生认为环境和教育是行为发展的唯一条件，他有一个著名的论断："给我一打健全的儿童，再给我一个特殊的环境，我可以运用任意的方法把他们加以任意的改变，或者使之成为医生、律师、艺术家，或者使之成为商界首领、乞丐或窃贼。"但是在皮亚杰看来，儿童的发展是一个通过教育或外界刺激，个体不断进行新的同化和顺应的循环往复的过程，儿童的主观能动性是贯穿始终的。总之，从不同的角度出发，人们对影响儿童发展因素的认识是不同的。通过对这些不同观点的整合，我们可将影响儿童发展的因素归纳为以下几个方面。

### （一）遗传

遗传的生物特征主要是指那些与生俱来的生理解剖特征，如机体的构造、形态、感官和神经系统的特征等。遗传决定论认为儿童心理的发展受遗传基因的决定，后天的教育只能影响其发展的速度（如加速或延缓），而不能改变它。美国心理学家霍尔说的"一两遗传胜过一吨的教育"就是其代表性言论。

首先，遗传素质是儿童身心发展的基础。儿童通过遗传获得人的生理解剖结构及特点，如五官、皮肤、体型，以及神经系统，特别是大脑的结构和机能等。婴儿心理研究表明，刚刚出生的新生儿，在惊跳反应的类型上、条件反射的形成上和睡眠清醒的周期上，就表现出明显的个体差异。因此，我们认为遗传素质为儿童身心发展提供了前提条件，儿童发展要以从遗传获得的生理结构为基本前提，比如，色盲或失明的儿童很难成为画家，听力不好的人很难成为优秀的音乐家。

其次，遗传素质的差异性是导致儿童身心发展差异性的原因之一。儿童在智力、才能、个性等方面都存在个体差异，这些差异在一定程度上来自遗传素质的影响。例如，幼儿高级神经系统生理机能方面存在不同的类型特征，并进而影响到智力和认知活动。神经过程灵活性高的儿童，思维敏捷；神经过程强而灵活的儿童，知觉广度较大；神经过程平衡性高的儿童，注意分配较快。而不同的气质类型，如胆汁质、多血质、黏液质和抑郁质等，也会进一步影响到儿童的行为和性格的特征。

再次，遗传素质的成熟机制制约儿童发展的成熟。遗传素质是不断成熟的，遗传素质的成熟影响着儿童身心发展的过程及其阶段。儿童的生理和心理的发展，都是按照特定的顺序有规则、有次序地进行的。儿童必须按照这种身心发展的规律向前发展，这种用来指导发展过程的机制就是成熟。对于儿童来说，成熟是推动发展的重要动力，没有足够的成熟，就没有真正的发展。儿童某一方面的发展都是在儿童达到一定的成熟水平时展开的。例如，训练一个7个月的婴儿爬行是完全可能的，但这个时候训练他走，则由于其机体机制和机能尚未成熟，不仅无益反而有害。

拓展阅读

### 格赛尔的双生子爬梯实验

美国心理学家格塞尔曾经做过一个著名的实验：被试者是一对出生46周的同卵双生子A和B。格赛尔先让A每天进行10分钟的爬梯实验，B则不进行训练。第52周的时候，A学会了独立爬梯。从第53周开始，格赛尔对B连续进行两周爬梯训练，结果B很快就赶上了A的水平，甚至反超已训练八周的A。

格塞尔认为，其实46周就开始练习爬楼梯，为时尚早，身体这方面没有做好成熟的准备，身体训练只能取得事倍功半的效果；53周开始爬楼梯，这个时间就非常恰当，婴儿身体做好了成熟的准备，所以训练就能达到事半功倍的效果。这个实验给我们的启示是：教育要尊重儿童的实际水平，在儿童各种身心机能尚未成熟之前，要耐心地等待，不要违背儿童发展的自然规律和内在"时间表"，人为地通过训练加速儿童的发展。

但是遗传素质并不能单一决定儿童的发展，儿童具有的遗传素质只有经过与社会环境和教育相互作用才能实现对儿童发展的影响。遗传素质所具有的发展潜能，并不会确定地转变为儿童发展的现实。因为儿童的身体和心理的发展变化，都离不开必要的外界条件。身体的发展要从外界吸收营养成分，而心理的发展更需要有适当的外界刺激，才能调动起儿童机体的自我调节机制，使儿童获得某些发展。如果出生后与人类社会隔绝，生活在动物群体的幼儿（例如狼孩阿玛拉等），就不可能获得根据其遗传条件而应有的发展，甚至连人类最基本的能力（如语言能力）都不能获得。因此，遗传只是为儿童身心发展提供了一种潜在的可能性。

### （二）环境

环境对儿童发展的影响早就为人们所认识，如流传很广的"孟母三迁"的故事就揭示了这种影响作用。孔子也强调后天环境对心理发展的作用，并说："性相近也，习相远也。"就是说，人的先天禀赋是差不多的，人的成就不同则是后天学习的结果。遗传素质为后天发展提供了可能性，但必须借助于一定的环境条件才能转化为现实。比如，具有艺术天赋的儿童，还需要家庭环境的熏陶、社会环境的支撑才能获得发展。多胞胎儿童在出生时遗传素质相似，但是在不同环境的哺育下成长，他们成人后差异迥然。"橘生淮南则为橘，生于淮北则为枳，叶徒相似，其实味不同。所以然者何？水土异也。"这也说明由于环境不同，其结果可能有很大的差异。

环境可潜移默化地影响儿童的发展，其中主要包括自然环境和家庭环境、教育机构环境等社会环境。

自然环境是指由水土、地域、气候等自然事物所形成的环境，是人类社会赖以存在的基础和前提，是社会物质生活和社会发展的必要条件。自然环境在一定程度上影响个体的外形、性格、处事方式等方面的发展。如我国南方地区空气盛润，气候宜人,人们的性格比较温柔,北方地区"气候干燥,地势平坦",造就了人们比较豪爽的性格。还有我们经常听到的"南人善泳,北人善骑"也说明了自然环境对人的发展所产生的影响。

社会环境的范围很广,从大的方面看,包括所处时代的政治、经济、文化;从小的方面看,包括对儿童有直接影响的家庭以及成员、亲友、同伴、教育机构等。这些社会环境都直接或间接地影响儿童的发展。儿童的先天素质能否得到发展、向什么方向发展、达到怎样的程度等都受他所处的社会环境的深刻影响。家庭是儿童成长的最初环境,父母是儿童的第一任教师。家庭环境对学前儿童的影响主要包括物质环境、心理环境和教养方式。物质环境是指家庭中生活、学习物品是否充足,能否具有支持儿童发展的物质基础;心理环境是指父母与子女之间的态度及情感交流的状态,家庭成员关系是否和谐友爱;教养方式是指父母是否民主平等,尊重儿童个性,鼓励自主独立等。

教育机构的教育在儿童发展中起主导作用。教育机构的教育是一种对儿童实施的有目的、有计划、有系统的引导和影响的活动。它影响儿童的发展方向,为儿童的发展提供了更多的支持。通过教育可以使儿童优良的遗传素质得到充分的显现,使遗传所提供的某种可能性变为现实,并可影响和改造不良的遗传素质。教育还可以对环境加以取舍,发挥和利用环境中的有利因素,减少或消除不利因素,从而促进儿童健康、全面、和谐地发展。

### (三) 个体主观能动性

儿童的发展,除了受遗传、环境等因素影响,还取决于其自身的能动性。一方面,儿童在发展中不是消极被动地接受外部环境的影响,而是积极主动地与周围环境发生相互作用。他们对环境的刺激有较强的选择性,并表现出作为独立的生命个体所具有的能动性。外界的环境刺激,当被主体选择,成为主体的反应对象时,才会对主体的发展产生影响。另一方面,同样的环境对于不同的儿童可以产生不同的影响。由于个体的主观性,如性格、兴趣、动机等不同,他们会选择性地注意和吸收环境中的信息,从而产生不同的行为反应。

综上所述,儿童的发展绝不是一种因素单独影响的结果,而是多种因素综合地、系统地相互作用的结果。我们不能孤立地、静止地强调遗传、环境和教育的作用,更不能忽视儿童主观能动性对其发展的重要作用。儿童不是消极被动地接受教育,一切影响都要通过儿童与之相互作用和自身的活动才能内化为发展。只有这样,才能全面地认识儿童的发展与教育问题。

## 三、学前教育在学前儿童发展中的作用

### (一) 学前教育在学前儿童个性化发展中的作用

第一,学前教育促进学前儿童主体意识的提升。人的主体性是面向客观世界的主观能动性,具体表现为人的自主性、主动性、积极性和创造性。学前教育追求学前

儿童的生命价值,尊重学前儿童的尊严,不断创设良好的环境,充分发挥学前儿童的主体性和能动性,因此对于学前儿童而言,教育的过程就是不断激发、提升其主体意识的过程。

第二,学前教育促进学前儿童个性特征的发展。人的个体特征是指人的身心发展的个体差异性,主要表现为人在遗传、环境、心理发展中个人兴趣、爱好、智能结构、性格、气质等方面的差异。每个学前儿童都是独一无二的存在,学前教育的目的就是遵循学前儿童身心发展规律,让每个儿童发挥自己的优势特长,促进学前儿童个性特征的发展。

第三,学前教育促进了学前儿童个体价值的实现。长期以来,学前儿童隶属于成人社会,缺乏独立性。到了近代,随着学前教育理念的发展,学前儿童被看作是独立的个体,有自己独特的想法和需求,有自己的成长节奏与发展轨迹。因此,学前教育就是要尊重儿童的兴趣和需要,尊重儿童的生活和世界,尊重儿童特有的看待世界的方式和行为,成为理解儿童的起点。

**(二)学前教育在学前儿童社会化发展中的作用**

社会化是儿童学习与发展的中心任务之一。因为个体只有习得所在社会群体认可的价值观和行为方式才能成为合格的社会成员。学前期是个体社会化的起始阶段和关键时期,是学前儿童逐步从"自然人"成长为"社会人"的过程。

第一,学前教育促进学前儿童社会认知的发展。社会认知是儿童社会化发展的重要基础,学前儿童从"自然人"向"社会人"发展的过程中,通过与周围环境的充分互动,初步获得对周围世界的基本认识。在这个阶段,儿童开始逐渐形成对自我和他人的概念,了解基本的社会规则和行为规范,发展与他人的交往能力。

第二,学前教育促进学前儿童掌握良好的社会规范。在学前教育阶段,儿童通过认识周围的社会环境掌握良好的行为规范,如礼貌用语、餐桌礼仪、公共场合的行为规则等;通过与同伴互动,学会分享、合作、互助等社交技能,建立对自我的认同和自信心;通过对日常生活问题的处理,学会了独立思考和解决冲突;通过学习识别和表达自己的情绪,逐渐学会控制和管理自己的情绪,以适应社会环境。因此,学前教育阶段是儿童逐渐学会遵守社会规范、建立社会关系等方面的重要时期。

第三,学前教育促进学前儿童形成符合社会发展的价值观念。在学前教育阶段,儿童初步形成了对人、对事、对己的态度,理解善与恶、真与假、好与坏、是与非的最初概念,养成良好的思想道德品质,为他们行为习惯、性格和人格奠定了良好的基础。

### 四、学前教育以儿童发展为依据

教育虽然对儿童发展起着非常重要的主导作用,但是教育并不是万能的。"教育万能论"是一种把教育的作用夸大到可以决定社会,否定遗传素质差异对人的发展影响的教育主张。德国哲学家康德认为,"人之所以成为人,完全靠教育。"另一位德国哲学家莱布尼茨曾说:"如果给他以教育的全权,不需要一百年,就可以使欧洲改观。""教育万能论"是一种片面的思想主张,我们必须加以科学批判,以免误导儿童教育和儿童发展教育对人的发展所起的主导作用是有条件的。教育对儿童发展的影响必须建立在儿童身心发展水平和特征的基础上，才能真正促进儿童的身心和谐发展。尊重儿童的兴趣与需求，考虑儿童的身心发展水平，尊重儿童的年龄特征和个体差异，才能体现教育的价值。如果我们在教育中违背了儿童身心发展特征，就会对儿童的发展产生不良的影响。

反过来，学前儿童也能影响教育，具体体现在以下几个方面：

首先，学前儿童是教育活动的核心对象，他们的生理、心理、认知、情感和社会性发展特点，直接影响教育内容和方法的选择。学前儿童的模仿能力强，好奇心旺盛，对周围世界充满探索欲望，这要求教育者根据他们的兴趣和需要设计教育活动，以满足他们的成长需求。

其次，学前儿童的个体差异对教育方式产生重要影响。每个儿童都有自己独特的成长轨迹和发展速度，教育者需要关注每个儿童的个别差异，实施因材施教，以促进每个儿童的全面发展。

最后，学前儿童的发展也影响教育目标和教育政策的制定。教育目标需要根据学前儿童的发展阶段和特点来设定，以确保教育活动的有效性和针对性。同时，学前儿童的发展需求也是教育政策制定的重要依据，政策制定者需要关注学前儿童的发展需求，制定符合他们成长规律的教育政策。

综上所述，学前儿童对教育的影响是多方面的，他们既是教育的对象，也是教育活动的参与者和受益者。教育者需要充分了解学前儿童的发展特点和需求，以科学、合理的方式开展教育活动，促进他们的全面发展。同时，也需要关注学前儿童的发展对教育政策制定的影响，以更好地满足他们的成长需求。

**五、树立科学的儿童观**

儿童观是成人如何看待和对待儿童的观点的总和，它涉及儿童的特点与能力、儿童的地位与权利、儿童期的意义、儿童生长发展的形式和成因、教育同儿童发展之间的关系等诸多问题。由于对儿童发展影响因素的认识不同，对儿童发展的规律的理解不同，就会造就不同的儿童观。对儿童的看法、态度不同，就会有不同的教育策略与教育行为。因此，科学的儿童观，不仅是做好教育工作的前提，也是构成学前教育理论的重要组成部分。

**（一）儿童观的不同观点**

古今中外，不同地域、不同时期具有不同的儿童观。一般主要有以下几种观点。

1. 儿童是"小大人"

持有这种观点的人认为，儿童是"缩小"的大人，儿童是小大人，儿童和大人没有什么区别，即使有的话，那也只是身高和体重的不同而已。在古代，社会生产力发展缓慢，因此人们期望儿童能够早日加入成人的行列，同成人一样独立劳作。所以人们总是用成人的标准要求儿童，从而忽略儿童自身的特点和意义。

## 第三章 学前教育的基本规律

#### 2. 儿童是"有罪的"

持有这种观点的人认为,儿童一生下来,就充满罪恶,是有罪的"羔羊",卑贱无知,成人应该对他们严加管束和约制,使儿童能不断地进行赎罪。在欧洲中世纪,教会逐步成为最有势力的封建主。教会人士鼓吹"上帝创造世界""君权神授""原罪论"等一系列宗教思想,要求人们绝对相信教会。教会认为人生而有罪,自然而然便认为儿童也是具有原罪的。既然人是有原罪的,只有通过鞭笞才能消除人身上的罪恶,所以中世纪的教会学校中,儿童若学业不良或出现微小的违纪行为,一般都要遭受惨痛的体罚。

#### 3. 儿童是"白板"

持这种观点的人认为,儿童刚生下来的时候,其心灵就像一张白纸,理性和知识都是在经验的基础上获得的。人的心灵是一个被动的接收器,只有通过感觉和经验才能获得知识。人之所以千差万别,便是由于教育之故。因此,教育在人的发展过程中具有重要作用。但这种观点也过分否定遗传因素在人的身心发展中的作用,忽视了儿童的主观能动性。

#### 4. 儿童是父母的"私有财产"

持有这种观点的人认为,儿童是父母婚姻的结晶,产生于母体,归父母所有,是父母的隶属品。父母可以左右儿童的命运,控制儿童的生活,决定儿童的一切事情,把儿童培养成为他们认为最理想的人。儿童被视为家庭或家族的附属品、父母的私有财产,没有独立自主的人格和地位,与其抚养人之间的关系只是一种依附关系。

#### 5. 儿童是"花草树木"

文艺复兴运动对人权的倡导,使人们从全新的角度来审视儿童,在儿童观上有了一个大的飞跃,提出不应用成人的标准去要求儿童。儿童的生长是按照自然法则运行的,每个儿童的成熟都有内在的时间表,在恰当的时间学习特别的任务,因此不能强迫儿童去学习。法国教育家卢梭是这一观点的倡导者。他提出:"大自然希望儿童在成人以前就要像儿童的样子,人们应当尊重儿童,尊重儿童期,如果我们打乱了这个次序,我们就会造成一些早熟的果实,它们长得既不丰满也不甜美,而且很快就会腐烂,我们将造就一些年纪轻轻的博士和老态龙钟的儿童。"他还提出:"儿童长大成为成熟的儿童,他过完了童年的生活,然而他不是牺牲了快乐的时光才达到他的这种完满成熟的程度,恰恰相反,他们是齐头并进的。在获得他那样年纪的理智的同时,也获得了他的体质许可他享有的快乐和自由。"可以说,"儿童是花草树木"的观点强调教育要适应自然,引导儿童成长。

#### 6. 儿童是"有能力的主体"

持这一观点的人认为,儿童是有能力的权利主体,每个儿童都有巨大的发展潜能,在适当的环境和教育条件下,儿童能够最大限度地发展其潜力。成人不能因为儿童弱小、需要保护,就轻视他们,使他们被动发展。儿童应有主动发展自己潜能的机会,表达自己的主张和意见,充分行使自己的权利。因此,"儿童是有能力的主体"的观点强调尊重儿童,坚信儿童的发展潜能,主张教育应当在不违背儿童自然本性的前提下进行,避免教育压迫儿童,但同时也不能忽视教育对儿童发展的作用。

上述儿童观既有时代的烙印,有些又并存于同一个时代,既有非理性、不科学的一面,也有较为合理科学的因素,实事求是地进行分析,批判性地加以继承和借鉴,将有利于正确地认识儿童。

### (二) 科学的儿童观

进入20世纪以来,随着人权运动的高涨和许多关心儿童的人士的不懈努力,国际社会开始普遍重视保护儿童的权益,人们对儿童予以前所未有的关注,儿童及儿童权益越来越受到人们的重视和尊重。1989年11月20日,联合国大会通过了《儿童权利公约》,其基本原则是:无歧视原则、儿童最大利益原则、尊重儿童权利与尊严原则、尊重儿童意见原则。另外,人们对儿童的特质和能力的认识也日趋科学化。现代儿童观可以概括为以下几个方面。

#### 1. 儿童是独立的个体

每一个儿童都有自己独特的生活经历和生活经验,有独特的情感需要和兴趣爱好,他不是一块任人随意涂抹的白板,消极被动地被人塑造和改造,而是一个有着自己身心发展特点和规律的独立个体。教育的直接目的就是满足儿童自身生存和发展的需要,促进儿童的自由、全面发展。因此,我们必须把儿童看作是一个享有独立人格的个体,尊重儿童的特点和需要,维护儿童做人的尊严,做儿童成长道路上的支持者、合作者和引导者,促进儿童积极主动地实现自己的价值。只有承认儿童是有生命的个体,是独立的存在,我们才会尊重儿童,与儿童进行良好的沟通与交流,从多角度去发现儿童的优点并赏识儿童,从而不断更新我们的教育理念,帮助儿童茁壮成长。

#### 2. 儿童是具有差异性的个体

首先,儿童的发展有性别差异。许多学者通过研究发现,男女幼儿在很小的时候就开始表现出差异。如有研究表明,男女婴儿在听童话故事或音乐时,用脑的部位正好相反。研究者通过对3个月的婴儿进行脑电波测试,发现男孩对童话故事和音乐的反应部位是在脑的右半球,女孩则是在脑的左半球。英国心理学家赫特的研究结果表明:在婴儿期,男孩对视觉图案模型更感兴趣,女孩则更容易为声响所吸引。

其次,儿童的发展有个体差异。虽然儿童发展的基本规律是相同的,但是由于每个人的基因状况(如数量、排列方式等)以及所处环境、教育的影响不同,儿童在具体的发展过程中每个人的发展速度和形式也是有差异的。比如同一年龄阶段的幼儿,他们在能力、思维、兴趣等各方面的表现是不一样的。因此,成人必须尊重儿童的个体差异,应根据每个儿童的心理特点进行个别教育,给予儿童充分的活动自由,让儿童的个性得到充分的展现。不要把儿童的发展纳入一个固定的模式而忽视他们的特殊性,也不要轻易给儿童扣上"发展不好"的标签,伤害他们的自尊心。

另外,儿童的发展有文化差异,同一年龄、不同国家的儿童,因各自所受到的文化熏陶不同,在发展上也有差异。比如东方文化的家庭教育注重孝顺、尊重长辈、团结等价值观念,而西方文化的家庭教育中个人主义、独立性、自由等价值观念更为突出,这些差异造成了儿童在行为方面的差异性,东方文化的家庭中长辈与晚辈之间的对话方式更为正式和尊重,而西方文化的家庭中个体更容易表现出独立、自我主张的行为方式,儿童与长辈的沟通会比较随意和亲切。当然,随着信息化的不断发展,文化差异的交流和融合也是目前发展的重要趋势。

3. 儿童是正在发展的个体

儿童是正在发展的个体,一方面说明儿童不同于成人,有着自己的兴趣爱好、学习特点和发展规律,并且需要时间去成熟和发展;另一方面说明儿童具有巨大的发展潜能,我们不能用静止的眼光去看待儿童。首先,我们要保护和珍视儿童身上的天性和灵性,给予他们足够的空间和时间去发展自己的个性和才华。其次,我们要坚信儿童所拥有的巨大潜力,他们的智力、创造力以及各种能力都需要不断地被激发和培养。如生理学和脑科学的研究表明,6岁前是儿童大脑"高速发展"时期,他们吸收知识的速度和能力都是比较高的,因此我们要及时挖掘儿童的潜力。狼孩卡玛拉的故事给我们敲响了警钟,儿童的智力发展机会之窗并不是永远敞开的,它会随着年龄的增长而逐渐关闭。如果我们不能及时抓住这个机会,那么以后想要弥补就会变得非常困难。因此,我们要敏锐地观察和了解儿童的成长需求,为他们提供合适的教育环境和资源,帮助他们充分发挥自己的潜能。

4. 儿童是活动的主体

活动对学前儿童的发展有着重要的价值,不论是在婴儿期还是在幼儿期均如此。儿童的活动可以分为两大类,一类是操作活动,儿童通过与物体的相互作用而获得发展。儿童在做中学,做中成长。通过动手操作,他们逐渐理解事物之间的关系,掌握基本概念。比如,一个2岁的婴儿,面对放在眼前的两个牛奶盒,不能说出哪个较大、哪个较小,或一样大,但他通过尝试、探索,把一个盒子放在另一个盒子的上面、下面或里面,就能得出正确的结论,进而理解空间关系,发展逻辑推理能力。儿童的另一类活动是交往活动,儿童通过与教师、同伴的相互作用而得到发展。首先,儿童在与教师的交往过程中学会如何正确地表达自己的思想、情感,掌握与别人交往的技能,形成良好的行为习惯,萌发创造性,增强责任感,提高积极的自我意象;其次,儿童在与同伴交往的过程中,不论是集体活动、小组活动,还是个人活动,都能促进认知能力的发展、社会情感的升华和心理活动水平的提高。

5. 儿童是受制于多种因素影响的个体

在早期的心理学研究中,由于学术流派和研究方法的差异,导致形成了多种不同的结论。例如,遗传决定论、环境决定论、教育万能论等,均各自强调了个体发展因素中的某一侧面,但这些理论往往呈现出片面和极端的倾向。根据现代心理学研究的深入探索,我们可以看到,影响儿童发展的因素是多维度且错综复杂的。遗传通过个体与生俱来的解剖生理特征,为儿童的发展奠定了生理基础。良好的遗传因素和生理发育,构成了儿童认知发展的坚实物质基础,是认知得以自然发展的前提条件。同时,环境和教育则负责将遗传赋予的可能性转化为现实。在这一过程中,良好的环境和科学的教育起着至关重要的作用。然而,需要强调的是,环境和教育对于儿童心理发展的作用,始终是通过个体或主体的活动,以及儿童心理发展的内部机制来实现的。

6. 儿童是完整的个体

儿童生理、心理、精神、道德、社会性的发展是儿童发展的各个不同侧面,它们构成一个整体,相互联系,彼此制约。教育必须促进儿童德、智、体、美诸方面全面发展,不能偏废任何一个方面。"木桶理论"告诉我们,儿童发展的各方面犹如组成一个木桶的各块木板,只有每块木板既长又厚实,才能盛很多水,如果某块板短小又单薄,那水就盛得很少,甚至不能盛水。所以,要满足儿童各种发展的需要,任何一方面的(超常)发展不能以牺牲其他方面的正常发展为代价,不应孤立片面地强调某一方面而忽视另一方面,影响儿童的整体性发展。

因此,只有运用辩证唯物主义的哲学观来分析研究教育在儿童发展中的作用,才能够树立正确的儿童观,从而确立科学的教育观,使儿童得到最好与最完善的发展。

1. 政治、经济、文化如何影响学前教育的发展?
2. 你认为影响儿童发展的因素有哪些?
3. 学前儿童身心发展的规律有哪些?
4. 你如何看待"教育万能论"?
5. 举例说明教师应该如何树立正确的儿童观。

请结合21世纪以来我国学前教育的发展变化,分析学前教育与社会发展之间的关系。

1. 虞永平.幼儿教育观新论[M].北京:人民教育出版社,2006.
2. 冯建军.生命与教育[M].北京:教育科学出版社,2004.
3. 姚伟.儿童观及其时代性转换[M].长春:东北师范大学出版社,2014.

# 第四章 幼儿园教师

1. 了解幼儿园教师的角色定位与劳动特点。
2. 掌握幼儿园教师具备的专业素养,树立正确的教育观与教师观。
3. 能根据教育实践发展需求理解幼儿园教师专业发展的途径,树立终身学习的理念。

**内容结构图**

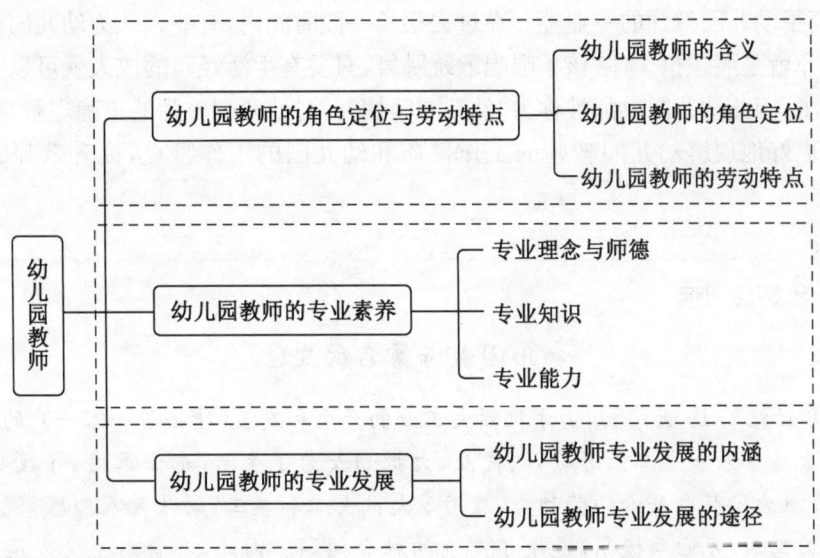

**问题导入**

幼儿园教师是履行幼儿保育和教育职责的专业人员,承担着教书育人的重要使命。那么什么样的人才能当幼儿园教师?幼儿园教师的角色是什么?如何实现幼儿园教师的专业发展?这将是我们在本章中需要探讨的问题。

# 第一节　幼儿园教师的角色定位与劳动特点

## 一、幼儿园教师的含义

幼儿园教师是学前教育事业的核心，幼儿园教师队伍的整体素质关系到学前教育事业发展的质量。随着我国学前教育从体量扩大向结构调整、质量提升、公平推进转变，幼儿园教师在幼儿发展中的作用和地位受到空前肯定，幼儿园教师专业发展也不断引发重视。《幼儿园教师专业标准（试行）》《关于全面深化新时代教师队伍建设改革的意见》《新时代幼儿园教师职业行为十项准则》等文件的相继颁布就是对幼儿园教师素养日益关注的重要表现。

《中华人民共和国教师法》中规定："教师是履行教育教学职责的专业人员。"2012年，我国《幼儿园教师专业标准（试行）》中明确指出："幼儿园教师是履行幼儿园教育教学工作职责的专业人员，需要经过严格的培养与培训，具有良好的职业道德，掌握系统的专业知识和专业技能。"这一规定打破了长期以来我们对于幼儿园教师的看法，提高了幼儿园教师的专业性。在过去很长一段时间内，有些人认为幼儿园教师的工作无非就是照顾孩子，陪孩子唱唱歌跳跳舞，只要有生活经验的成人就可以去幼儿园带孩子，因此幼儿园教师被称为"幼儿园阿姨"。对幼儿园教师的正确理解，可以帮助我们更好地理解幼儿园教师的工作性质和幼儿园的工作特点，提升教师的专业素养。

**拓展阅读**

### 幼儿园教师角色的变迁

18世纪末19世纪初，由于机器大工业的产生和发展，冲击了一家一户的生产方式，大量小农和手工业者破产、失业，大批妇女为了生活，走出家庭，寻找职业。资产阶级为了获取廉价的劳动力，雇用了大批女工和童工，幼儿无人照顾，流落街头，智力落后，死亡率极高，造成了严重的社会问题。因此，在资本主义发展的早期，由于社会的需要，一些慈善家及企业家开始创办学前公共教育。这些学前教育机构带有的慈善性质较多，基本上以儿童的保育为主。这个阶段的教师主要是"看护者"的角色。

19世纪末，工业技术革命推动生产力的飞跃发展，同时生产力的发展对教育提出了新的要求，学前教育机构在保育的基础上开始关注教育的功能。1837年，德国的福禄贝尔创办了一所招收4—7岁幼儿的教育机构，1840年命名为幼儿园，意思是儿童的乐园，被认为是第一所真正意义上的学前教育机构。幼儿园教师作为"教育工作者"的角色开始体现。这一时期,师范教育在各国不断兴起,教育学被理解为"教学实践的艺术"和"教学的一套技艺",体现出一种对教师发展的"知能关注"和"技艺关注"。人们普遍关注的是教师的知识储备和教学的技能技巧,幼儿园教师的角色被定位知识的传授者。

20世纪以后,由于信息化时代知识的爆炸式增长,为了促进教育质量的提升,各国开始加强对师资的培养。特别是20世纪40—50年代以来,随着原子能的利用、电子计算机的发明和空间技术的发展,知识的更替越来越快,整个教育领域的人才培养模式发生了迅速的变化。随着心理学和生理学的不断研究,受建构主义的影响,社会对教育,尤其是对幼儿教育的期待也在不断变化。从最初的重视知识传授,到更加强调孩子的全面发展、个性化教育和心理健康等方面,催生了对教师专业性的关注。随着21世纪科学技术的迅速发展,社会已经进入以互联网和人工智能为显著标志的信息社会。年轻一代从网络上快速获取信息,掌握最新的科学知识,教师不再是知识的权威,教会儿童"学会学习,学会做事,学会合作,学会学习"成为教师新的使命,为了促进这一使命的达成,教师成为儿童活动的支持者、观察者和引导者的角色日益得到普遍的认同。另外,这一时期,随着学者对于教师知识结构和教师专业性的研究,催生了对教师"实践智慧"和"反思能力"的关注。教育实践的丰富性得到了认同,并且认为教育应该是让幼儿在体验中学习,教师在行动中体验、在实践中反思,教师成为研究者和反思者的角色被提了出来。

## 二、幼儿园教师的角色定位

### (一)幼儿园教师是儿童学习探索的支持者与引导者

"传道、授业、解惑"是人们对传统教师角色的认识。在传统的师幼关系中,教师处于绝对权威的地位,而儿童严格按照教师的要求进行活动,教育教学是一种程序化的活动。随着我们对学前教育人才培养理念的转变,教师要能够支持儿童的想法,与儿童一起进行合作与探究,并在此基础上引导儿童的成长,教师的角色从知识的传递者、活动的管理者转变为儿童学习探索的支持者与引导者。在师幼互动中,教师不再处于绝对权威的地位,而是通过敏锐的观察与平等的沟通交流,不断产生新的思想火花,是"一棵树摇动另一棵树,一朵云推动另一朵云,一个灵魂唤醒另一个灵魂"。

教师是儿童学习活动的支持者。皮亚杰认为,儿童是主动的学习者和建构者,他们并不是消极被动地去完全接受外界的影响,而是通过自身的内部作用来选择对外界刺激的接受程度,从而形成自己的经验。教师要能够支持儿童的想法和创意,创设良好的学习环境,支持儿童的学习,鼓励儿童探索发现和研究问题,调动儿童学习的主动性与积极性,使儿童能够自由地发展。

教师是儿童学习活动的引导者。发挥儿童的主体地位,并不意味着教师对儿童的放任。相反,在共同的学习活动中,教师需要不断对儿童的想法进行肯定和启发,发现儿童的闪光点,及时对儿童的想法和行为进行恰当的评价,并支持儿童的发展,从而使儿童的学习经验能够更加深化。比如目前有一些幼儿园,把各种生活场景搬进幼儿园,各种各样的角色游戏看起来非常热闹,但是如果只是儿童自己游戏而没有教师的引领指导,那么儿童的学习就一直停留在浅层的经验层面上。

案例

### 有趣的小青虫

幼儿在户外活动时,发现了草地中的一条小青虫,并招呼自己的同伴一起过来看,一个,两个,一会儿工夫就围了一群幼儿,教师也凑过去听孩子们饶有兴趣地交谈,幼儿不停地问:"小青虫吃什么?""长大后是什么样的呢?"于是,顺着孩子的兴趣,教师带领幼儿开展了"观察青虫""青虫吃什么""青虫的成长过程""画青虫"等活动,自然而然地生成了"有趣的小青虫"系列活动。在这些活动中,幼儿学会了记录、实验、查找与分析资料,认知、能力和情感都获得了发展。

通过以上案例我们可以看到,幼儿园的活动是在观察、了解儿童的基础上建立起来的,如果教师能给予儿童有效的支持,儿童就能获得更加良好的发展。

**(二) 幼儿园教师是儿童学习的观察者与合作者**

教师是儿童学习的观察者。幼儿园教师的观察既是幼儿园课程和教学的起点,也是幼儿园各类活动的基础。《幼儿园教师专业标准(试行)》中强调观察在幼儿教育中的特殊地位,提出教师要以观察的方式了解、关注、尊重、发现幼儿。教师促进儿童高质量学习的基础是理解和了解儿童,能够对儿童的行为进行深入的分析和判断,并能够给予恰当的支持,促进儿童在原有的基础上得到良好的发展。在这个过程中,教师要从传统的重视教师的"教"走向关注儿童的"学",聚焦儿童的兴趣与需求,使每个儿童的独特性和优势得以施展。教师也通过观察儿童获取更加客观的信息,形成对儿童的完整认识,从而支持儿童的有意义学习。

教师是儿童学习的合作者。在学习过程中,教师并不是直接带领儿童操作,告知他们答案。而是在观察的基础上通过与儿童的沟通交流,发现儿童的兴趣及需要,与儿童一起提出问题、探究问题并解决问题。在这个过程中,教师与儿童之间是一个平等的合作关系。教师的成长与儿童的发展是一个连续体,是一个不可分割的整合体。教师从心理上、情感上认同自己也是一个学习者,必须不断向儿童学习。因此,幼儿园教师的专业能力不再是传统的钢琴、跳舞等技能技巧,而主要体现在一日生活的组织与实施、游戏的组织与指导、教学活动设计、沟通与评价、反思与发展等专业性更强的素质上。教师不再是居高临下地指导儿童,相反,教师与儿童之间互相学习,共同发展。

**(三) 幼儿园教师是教育实践的反思者和研究者**

幼儿园教师是教育实践的反思者。在教育实践中,没有放之四海而皆准的教育经验,教师需要不断重构自己的知识体系和经验,不断反思教育实践,才能在教育中不断理解和解读儿童的行为,与儿童进行积极互动,促进儿童的多样化学习。所以教师需要在实践中反思,在实践中学习。当教师不断学习、自我成长的时候,就会对自己的教育实践进行不断反思,同样当教师能够不断反思自己的教育教学实践的时候,他就有了更新自己教育理念,不断充实自己、不断学习的动力。

幼儿园教师是教育实践的研究者。当教师不断反思自己的教育教学行为,就会对儿童及其行为进行探究,思索儿童发展的支持条件,追随并不断激发儿童的兴趣,在这个过程中,教师作为研究者的形象应然而出。因为对儿童及其教育的关注,教师的创新精神也会被逐步激发出来,对于专业领域保持良好的学习和进取精神,为儿童创造条件,鼓励儿童对新事物进行探究,引导、启发儿童对外界环境和自我进行探索,从而激发儿童的想象力和创新精神。因此,反思与研究是密切结合在一起的。在当今高质量教育发展的背景下,我们期望儿童能够全面和谐地发展,拥有健康快乐的人生,诗意栖息于世界,那么幼儿园教师就必须不断反思教育实践,不断进行研究,不断提升专业素养,才能促使教育回归儿童本质。

**(四)幼儿园教师是创造性的劳动者和终身的学习者**

幼儿园教师是创造性的劳动者。在传统的观念中,教师被称为"教书匠",意味着教师只是教书的"匠"人,教育教学的过程只是冰冷的知识传递的过程。但是随着时代的发展和教育高质量发展的需求,当我们不断解读儿童的学习方式,理解儿童的发展是个性化的发展,儿童的学习是在生活中学习,在经验中学习的时候,幼儿园教师劳动的创造性被更加凸显出来。教师需要将符号化的知识转换成各种鲜活经验,丰富儿童的精神世界,促进每一个儿童发展自己的优势特长,找回自己生命的意义所在。这样培养出来的儿童,是一个个具有生命活力和精彩人生的儿童,富于生命的张力和创造力。代际传承的本质是把知识、技能、精神转化成个人的能力和精神内存。因此教师工作的创造是一种更能激发儿童生命精彩的创新。为了不断地体现工作的创造力,教师就需要不断学习,以适应不同时期教育的发展与要求。

1965年,联合国教科文组织终身教育局局长、法国教育家保罗·朗格朗提出终身教育的理念,认为现代社会是一个需要终身学习的社会。他在《终身教育导论》中提出,社会把人的一生划分为两个部分,前半部分接受教育,后半部分从事职业活动是没有科学根据的,不符合现代生活的实际情况,更不符合未来的要求,必须把教育看作是贯穿于人的一生与人的发展的各个阶段的持续不断的过程。科技快速发展,社会结构调整不断加快,人们长期以来形成的传授知识的方式和结构,在很大程度上已失去了效率,昨天的经验不能清晰地解读今天的问题。以往需几代人才能完成的变革,现在只需一代人就可以完成。在现代,任何人都不能指望他在青年时代所接受的教育能享用一生。因此,教育应当是个人一生中连续不断的学习过程,而作为为社会、为国家培养合格人才的教师,更应将学习贯穿于自己的一生,不断完善自己的专业知识、专业能力,不断吸取本领域和相关领域的知识,使自己跟上时代发展的步伐。人才培养模式的变化,极大地提高了教师工作的复杂程度和创造性,迫切地要求教师转变角色,走向专业发展的道路。

### 三、幼儿园教师的劳动特点

#### (一)劳动对象的主动性和不成熟性

每一个儿童都是积极主动、有能力的学习者,他们并不是消极被动地吸收外部信息,而是主动建构知识的意义,从而形成自己独特的认知经验。这决定了教师的工作要从儿童的实际情况出发,调动儿童学习的主动性与积极性,而不能把儿童视为客观的物体,仅凭自己的意愿对其进行灌输式教育。

此外,学前儿童处于人生发展的早期阶段,身体和心理的发展都不成熟,需要成人用心呵护,充分地考虑他们身心发展的实际状况,尊重他们的意愿和兴趣。因此,幼儿园教师必须把儿童当作儿童对待,而不能像对待成人那样去对待他们。在教育的目标、内容、方式方法上都要充分地考虑他们当前的实际身心发展状况,进行适合他们天性的教育,只有这样才能更好地引导他们向前发展。

#### (二)劳动任务的全面性和细致性

在幼儿园中,教师需要全面负责儿童的所有活动,不仅要组织游戏活动、教学活动,还要照料儿童的生活起居、饮食睡眠等多个方面,从而促进儿童在身体、智力、品德等方面的发展,这就造成了幼儿园教师劳动任务的全面性。

幼儿园教师的劳动任务也非常细致。由于儿童年龄较小,独立生活能力较差,因此幼儿园教师需要细心地照顾他们的生活,包括吃饭、穿衣、睡觉、洗漱等,还要时时注意他们的身体健康情况,观察身体是否有疾病,从而及时处理。此外,幼儿园教师还要细致地指导他们在智力、情感、人格、社会性等方面的发展。儿童旺盛的求知欲、良好的行为习惯、健全的人格等都是在教师精心教育下才逐步培养起来的。

#### (三)劳动过程的创造性和灵活性

首先,幼儿园教师的工作具有创造性。幼儿园教师面对的是千差万别的儿童。每一个儿童都有着不同的家庭生活环境和成长经历,以及各自不同的兴趣爱好、性格特征、发展水平和优势领域。因此,幼儿园教师要针对儿童的个体差异,采取不同的方法,创造性地开展工作。

其次,幼儿园教师的工作具有极大的灵活性。教师要根据教学目标、儿童的身心发展水平、幼儿园的现有教学设备条件等方面的具体情况,灵活地对教学内容进行加工和改造,对教学方法进行选择和运用,以获得最佳的教学效果。幼儿园教师劳动的灵活性也体现在教育机智方面。教育过程中充满着教育者不可控的因素,事先预料不到的情况也会经常发生,这就要求教师要能够随机应变,善于观察儿童的细微变化,机智地采取措施,化险为夷,化不利为有利。

劳动过程的创造性和灵活性,要求幼儿园教师要增强创造意识和创造能力,要善于从具体实际出发,灵活变通地对儿童进行教育教学,这不仅有助于幼儿园教师做好教育教学工作,也能让幼儿园教师在工作中产生成就感,感受到乐趣。

### (四)劳动手段的主体性和示范性

在教育过程中,幼儿园教师要用自身所具有的知识、经验、人格、品行去影响身边的儿童,呈现出强烈的示范性。幼儿园教师的一言一行、一举一动都会成为儿童模仿学习的榜样,时刻潜移默化地影响着儿童的发展。这种示范性表现在教育过程的各个方面,在教学活动、游戏活动、日常生活活动中,幼儿园教师的任何言行举止都会被儿童静悄悄地观察和感受,成为强有力的教育因素。因此,幼儿园教师不仅要言传,更要身教。对幼儿园教师来说,劳动的示范性是进行教育的一种有效工具和资源,在教育教学过程中幼儿园教师应该重视示范性的价值,充分利用自身积极因素影响儿童,避免不良行为对儿童产生负面影响。同时,教师劳动的示范性要求幼儿园教师要不断学习和反省,提高自我,完善自我,真正成为儿童成长过程中的良好榜样。

### (五)劳动周期的长期性和滞后性

"十年树木,百年树人",儿童各方面的发展是一个逐步的长期的过程,绝非一朝一夕就能完成。因此,需要幼儿园教师在工作中要付出长期的大量的辛勤劳动,才能促进儿童更好地发展。幼儿园教师劳动周期的长期性,决定了幼儿园教师劳动效果的滞后性。他们的劳动效果需要一个漫长的时期才能看到。犹如苏霍姆林斯基所说的:"教育工作的最后结果如何,不是今天或明天就能看到的,而是需要很长时间才能见分晓的,你所做的、所说的和使儿童接受的一切,有时要过五年、十年才能显现出来,甚至反映在学生走上工作岗位后的成就上。"幼儿园教师的劳动效果往往是通过儿童进入小学、中学、大学后的表现和将来参加工作后取得的成就体现出来。因此,对幼儿园教师劳动的社会价值的评价要客观、公正,不能急功近利,应从长远的观点出发看待幼儿园教师劳动的意义。

## 第二节 幼儿园教师的专业素养

具备良好素养的教师队伍是幼儿园教育质量的保证。那么作为幼儿园教师,应该必须具备哪些素养呢?2012年,《幼儿园教师专业标准(试行)》颁布,在幼儿为本、师德为先、能力为重、终身学习等理念指引下,对幼儿园教师的专业素养做了如下要求。

### 一、专业理念与师德

专业理念与师德是学前教育工作的基础。主要从四个方面考查,即对职业的理解与认识、对幼儿的态度与行为、对幼儿教育和保育的态度与行为、个人的修养与行为。这些基本要求指向于造就具有良好职业道德和专业精神的合格教师,既体现了对"儿童为本"理念的细化,比如尊重儿童、关爱儿童等,也体现了对"师德为先"理念的细化,比如依法从教、爱岗敬业、为人师表等。在对职业的理解与认识方面,核心是爱国守法、爱岗敬业、专业认同、为人师表、团队合作；在对幼儿的态度与行为方面，核心是关爱和尊重幼儿，理解生活对幼儿成长的价值；在对幼儿教育和保育的态度与行为方面，要求坚持保教结合，坚持遵循幼儿的学习特点，重视环境和游戏对幼儿发展的作用，充分利用各种资源，实现家园共育；在个人修养与行为方面，要求保持良好的个人修养、健康的心理状态、乐于学习的品质。

### （一）对职业的理解与认识

对职业的理解与认识主要包括：贯彻党和国家教育方针政策，遵守教育法律法规；理解幼儿保教工作的意义，热爱学前教育事业，具有职业理想和敬业精神；认同幼儿园教师的专业性和独特性，注重自身专业发展；具有良好职业道德修养，为人师表；具有团队合作精神，积极开展协作与交流。

### （二）对幼儿的态度与行为

对幼儿的态度与行为主要包括：关爱幼儿，重视幼儿身心健康，将保护幼儿生命安全放在首位；尊重幼儿人格，维护幼儿合法权益，平等对待每一个幼儿；不讽刺、挖苦、歧视幼儿，不体罚或变相体罚幼儿；信任幼儿，尊重个体差异，主动了解和满足有益于幼儿身心发展的不同需求；重视生活对幼儿健康成长的重要价值，积极创造条件，让幼儿拥有快乐的幼儿园生活。

### （三）对幼儿教育和保育的态度与行为

对幼儿教育和保育的态度与行为主要包括：注重保教结合，培育幼儿良好的意志品质，帮助幼儿形成良好的行为习惯；注重保护幼儿的好奇心，培养幼儿的想象力，发掘幼儿的兴趣爱好；重视环境和游戏对幼儿发展的独特作用，创设富有教育意义的环境氛围，将游戏作为幼儿的主要活动；重视丰富幼儿多方面的直接经验，将探索、交往等实践活动作为幼儿最重要的学习方式；重视自身日常态度言行对幼儿发展的重要影响与作用；重视幼儿园、家庭和社区的合作，综合利用各种资源。

### （四）个人的修养与行为

个人修养与行为主要包括：富有爱心、责任心、耐心和细心；乐观向上、热情开朗，有亲和力；善于自我调节情绪，保持平和心态；勤于学习，不断进取；衣着整洁得体，语言规范健康，举止文明礼貌。

## 二、专业知识

幼儿园教师应该具备的知识主要包括幼儿发展的知识、幼儿保育和教育的知识及通识性知识。

### 1. 幼儿发展的知识

幼儿发展的知识主要包括：了解国家有关幼儿生存、发展和保护的相关法律法规与政策；掌握不同年龄幼儿的特点、规律和促进幼儿身心健康全面发展的策略与方法；了解幼儿在发展水平、速度与优势领域等方面的个体差异和促进不同幼儿发展所需要的策略与方法;了解幼儿发展中容易出现的问题或障碍与基本的妥当应对方法;了解有特殊需要幼儿的身心发展特点及教育策略与方法。

2. 幼儿教育和保育的知识

幼儿保育和教育的知识主要是指从幼儿园的角度出发,了解幼儿园的教育工作规律,包括:熟悉幼儿园教育的目标、任务、内容、要求和基本原则;掌握幼儿园各领域教育的学科特点与基本知识;掌握幼儿园环境创设、一日生活安排、游戏与教育活动、保育和班级管理的知识与方法;熟知幼儿园的安全应急预案,掌握意外事故和危险情况下幼儿安全防护与救助的基本方法;掌握观察、谈话、记录等了解幼儿的基本方法和教育心理学的基本原理和方法;了解0—3岁婴幼儿保教和幼小衔接的有关知识与基本方法。

3. 通识性知识

学前儿童所学的知识虽然比较浅显,但是比较全面,涉及科学、社会、健康、艺术、语言等多个方面,这就需要教师具有广博的文化知识,为促进学前儿童的全面发展奠定基础。通识性知识主要包括:具有一定的自然科学和人文社会科学知识;了解中国教育基本情况;具有相应的艺术欣赏与表现知识;具有一定的现代信息技术知识。

### 三、专业能力

教师的专业能力直接影响教育教学的实效和儿童的发展。由于幼儿园教育教学工作的复杂性、多样性,需要幼儿园教师能够观察、理解儿童,识别教育情境,自觉地在实践中运用、强化、扩展和改进自己的专业理论和专业知识,具有处理日常事件、组织各种活动的专业行为,逐渐积累适宜的教育行为,形成专业能力。那么,作为幼儿园教师,应该具备哪些方面的能力呢?在《幼儿园教师专业标准(试行)》中,幼儿园教师专业能力主要包括:环境的创设与利用、一日生活的组织和保育、游戏活动的支持与引导、教育活动的计划与实施、激励与评价、沟通与合作、反思与发展七个方面。其中,前六项主要体现的是教师实施保育教育的能力,第七项是教师自我发展的能力。

1. 环境的创设与利用

幼儿的学习是一个积极主动的过程,幼儿是在与环境相互作用中学习和获得发展的,因此,适宜的、安全的、积极的高质量环境能够有效地激发和促进幼儿的主动学习和良好发展。在这一方面,教师需要"建立良好的师幼关系,帮助幼儿建立良好的同伴关系,让幼儿感到温暖和愉悦;建立班级秩序与规则,营造良好的班级氛围,让幼儿感受到安全、舒适;创设有助于促进幼儿成长、学习、游戏的教育环境;合理利用资源,为幼儿提供和制作适合的玩教具和学习材料,引发和支持幼儿的主动活动"。

2. 一日生活的组织与保育

保教结合是幼儿园阶段教育的突出特点。幼儿教师要遵循儿童成长的规律,"合理安排和组织一日生活的各个环节,将教育灵活地渗透到一日生活中。科学照料幼儿日常生活,指导和协助保育员做好班级常规保育和卫生工作。充分利用各种教育契机,对幼儿进行随机教育。有效保护幼儿,及时处理幼儿的常见事故,危险情况优先救护幼儿。"

3. 游戏活动的支持与引导

幼儿园以游戏为基本活动,游戏是幼儿的主要活动,教师应能根据幼儿兴趣需要、年龄特点和发展目标,"提供符合幼儿兴趣需要、年龄特点和发展目标的游戏条件;充分利用与合理设计游戏活动空间,提供丰富、适宜的游戏材料,支持、引发和促进幼儿的游戏;鼓励幼儿自主选择游戏内容、伙伴和材料,支持幼儿主动地、创造性地开展游戏,充分体验游戏的快乐和满足;引导幼儿在游戏活动中获得身体、认知、语言和社会性等多方面的发展。"

4. 教育活动的计划与实施

《幼儿园教师专业标准(试行)》从四个方面对幼儿园教师这方面的能力提出了要求。一是教师应能根据教育目标和班级幼儿的实际需要,制定阶段性的教育活动计划和具体活动方案;二是能在教育活动中有心观察幼儿,根据幼儿的表现和需要,调整活动,给予适宜的指导;三是在教育活动中体现趣味性、生活化和综合性;四是采取个体、小组和集体等不同的组织形式,给幼儿提供更多的操作探索、交流合作、表达表现的机会,支持和促进幼儿的主动学习。

5. 激励与评价

激励和评价能力是幼儿园教师不可或缺的能力,能够让教师及时发现儿童的闪光点,激发和保护儿童的积极性和自信心。因此幼儿园教师应"关注幼儿日常表现,及时发现和赏识每个幼儿的点滴进步,注重激发和保护幼儿的积极性、自信心;能有效运用观察、谈话、家园联系、作品分析等多种方法,客观、全面地了解和评价幼儿;能将对幼儿的观察与评价作为引导幼儿和开展教育活动的依据;能发现和赏识每个幼儿的点滴进步,注重激发和保护幼儿的积极性、自信心,有效运用评价结果,指导下一步教育活动的开展"。

6. 沟通与合作

沟通与合作能力主要包括:教师应使用符合幼儿年龄特点的语言进行保教工作;善于倾听,和蔼可亲,与幼儿进行有效沟通;能与同事合作交流,分享经验和资源,共同发展;能有效进行家园沟通与合作,共同促进幼儿发展;能协助幼儿园与社区建立合作互助的良好关系。

7. 反思与发展

反思与发展能力主要包括:教师应能坚持终身学习与发展,制定适宜的个人专业发展规划,并通过多种途径不断提高自身专业素质;能主动收集、分析自身教育工作的相关信息,并不断进行反思,改进保教工作;能结合自身教育工作中的现实需要与问题,进行探索和研究。

## 第三节 幼儿园教师的专业发展

### 一、幼儿园教师专业发展的内涵

（一）专业的内涵

专业也称专门职业，与普通职业一词相对。"专业"一词最早是从拉丁语演化而来，原始的意思是公开地表达自己的观点或信仰。一般把专业理解为"经过专门教育或训练，具有较高层次的知识和专门技术的人，按照一定专业标准所从事的专门职业。这种职业需要特殊的智力来培养和完成，其目的在于提供专门性的社会服务"。从事专门职业的人员被称为专业人员。

专业人员主要包含以下要素：

第一，专业知识和技能。专业工作是具有高度技术性的工作，因此专业人员的工作具有很强的不可替代性，必须有专业理论知识作依据，有专门的技能作保证。同时，每一个专业还必须有与其他专业相区别的专业要求，方能具有独立专业的资格。

第二，长期的专业训练。为了掌握专业知识与技能，专业人员必须经过长期的专业训练，这是专业人员能力提高的保障。这种训练一般是在大学或专门机构中进行，并以是否受过高等教育作为标志。相比较而言，普通职业的从业人员无须接受长期系统的专业训练，他们的工作主要体现经验的不断积累和重复。

第三，专业道德。专业道德体现的是一个专业的人员所必须履行的规范准则。相比较普通职业而言，专业更多的是提供一种特有的、范围明确的、社会不可或缺的服务。即具有更强的复杂性，并在社会中承担着重要作用，专业工作必须是社会延续发展不可缺少的功能，为社会大多数人提供必要的服务。因此专业人员要把社会利益、服务对象的利益放在首位。

第四，专业自主。专业自主体现了在本行业享有相对的独立自主权。如对从业人员的聘用、解职等与专业业务相关的权力不受专业外因素的控制。保证专业人员的自主性，可以使他们按照专业标准做事，而不必服从于外在的压力。

第五，专业发展。由于专业人员的工作具有复杂性，需要遵循严格的专业标准，因此专业人员必须不断地进行在职进修，才能不断反思自己的工作实践，并面对工作中的复杂情境，创造性地提出解决问题的办法。

（二）幼儿园教师专业发展

1966年，联合国教科文组织在《关于教师地位的建议》中提出，"教师工作应该被视为一种专门的职业，这种职业要求教师应该经过严格的、持续的学习，获得并保持专门的知识和特别的技术"，明确了教师职业的专业性。1993年《中华人民共和国教师法》中规定："教师是履行教育教学职责的专业人员。"2012年颁布的《幼儿园教师专业标准(试行)》提出,"幼儿园教师是履行幼儿保育和教育职责的专业人员。"专业人员的确定,强调了教师作为发展的个体,应努力通过多种途径不断提升,改进自身专业素养。

教师专业发展包括两个基本层面:整体层面强调教师和医生、律师一样,是一项高度规范化、技术化的职业,不是人人都可以做教师,只有达到了特定的要求,通过专门训练及考试才能获得教师资格;个体层面强调教师逐步掌握广博的知识,习得专业知识和技能,实行专业自主,表现专业道德,逐步提高自身素养,成为一个良好教育工作者的过程,即从不熟悉、不成熟的教师走向成熟型、专业性强的专家型教师的过程。反映了教师在教育工作中,通过经验的积累,不断反思教育实践,逐渐从不成熟到相对成熟的专业人员的成长历程。

《幼儿园教师专业标准(试行)》从专业理念与师德、专业知识、专业能力三个维度对幼儿园教师的专业发展提出要求。因此我们可以认为幼儿园教师专业发展也就是指幼儿园教师在幼儿专业领域上,通过各种途径和方法,使自身专业理念与师德、专业知识、专业能力等各方面不断更新、精进和完善,成为一个良好的幼教工作者的专业成长过程。

### 二、幼儿园教师专业发展的途径

教师的专业发展并不是一个直线型发展过程。有的教师在成长的过程中,会出现长期的阶段性受挫、专业倦怠等自然现状,在成长的过程中度过漫长的高原期。只有那些在工作中能够不断发现问题,提出问题,对自己的经验进行科学批判性思考,探求新思路、新方法,创造性开展工作的进取者,才能够真正带领广大教师改革和发展教育,成为真正的骨干或专家型教师。

#### (一)加强职前培养和在职培训

为了促进幼儿园教师专业发展,2001年《国务院关于基础教育改革与发展的决定》中以"教师教育"替代了原有的"师范教育","学者必为良师"和"一朝受教,终身受用"的"师范教育"旧观念被以知识与能力并重、终身培养的"教师教育"新观念所代替。教师教育概念的提出,促进了教师职前教育和职后教育的统一,贯通了教师专业发展的路径。

幼儿园教师职前教育阶段是重要的培养期与储备期,核心是初步形成幼儿园教师职业所需的知识和能力,是教师专业发展的起始和奠基阶段。职前培养一般由高等院校特别是师范院校承担,通过师范院校专门系统的训练,未来的幼儿园教师能够树立正确的教育观与儿童观,掌握初步的保教知识和技能,为将来担任幼儿园教师做好准备。目前学前师范教育体系的层次逐渐丰富,呈现出科学化、开放化和多样化的局面。

幼儿园教师的职后教育是幼儿园教师持续学习与不断反思的过程。随着时代发展和科技进步,新的学前教育理论和方法不断涌现。幼儿园教师必须树立终身教育理念,不断追求新知识,掌握新的学前保教知识和技能,做到与时俱进,才能促进学前

儿童的发展。这就要求教师个体形成自我发展意识的同时,还需要幼儿园、教育行政部门和社会机构共同创造条件,为教师提供合适、有效的方式进行继续教育,促进幼儿园教师队伍整体水平的提升。

**(二) 创设良好的幼儿园文化,促进教师的合作与交流**

良好的幼儿园文化,能够为教师的专业发展提供平台,激发教师的工作热情,促进教师群体的凝聚力,促进教师合作交流,不断提升自己的专业水平。合作与交流是实现教师专业素养提高的有效方式。通过交流与合作,教师之间分享经验,交换观点,共同成长。正如萧伯纳曾经说过:"两个人在一起交换苹果,与两个人在一起交换思想完全不一样,两个人交换了苹果,每个人手上还是只有一个苹果,但两个人交换了思想,每个人就同时有两个人的思想。"所以我们要重视通过教师的交流与合作促进教师成长。因此,"教师学习共同体""园本教研"等也是目前讨论的焦点,被认为是促进幼儿园教师专业成长的有效途径。

"教师学习共同体"主要通过树立共同目标,共同学习与交流,进行资源的共享,形成共享、贡献、交流和宽松的氛围,把不同成员的理论知识、经验、学习智慧、教学方法等筹集起来,缩短幼儿园教师自己学习探索的时间,充分调动幼儿园教师学习的积极性和主动性,使幼儿园教师的各种能力得到有效发挥。"园本教研"是在教育现场中,教师发现保育教育活动中的问题,以研究和解决实践中的问题为核心,通过开展教研活动、专题讲座、主题沙龙、网络研修等学习活动解决一线教师的实践困惑,促进其专业发展。

**(三) 加强教师反思,促进教师自主学习**

《幼儿园教师专业标准(试行)》基本理念是"幼儿为本,师德为先,能力为重,终身学习",教师所需的一切知识并不都来自传授,其中相当一部分实际上来自教师自己的创造和发现,这就需要教师不断反思与研究。通过不断反思,幼儿园教师发现保育与教育中的问题,通过研究,获得新认识,积累专业经验,得到新的发展。随着社会的进步和时代的变迁,以及终身学习与终身教育理念的普及,信息技术的快递发展促使知识增长速度超越了任何一个时代,幼儿园教师通过职前教育与职后培训等方式获得的知识,已不足以保证自身的竞争优势,幼儿园教师只有化被动为主动,不断学习,持续发展,意识到自身专业发展的主体性,自觉地、主动地去接收新的知识,更新自身的专业结构,才能在新时代的教育改革中扮演更重要的角色,才能在更大的舞台上展现自己,实现自我价值。

1. 你认为幼儿园教师在儿童发展中承担着什么样的角色?
2. 你认为幼儿园教师的劳动有哪些特点?
3. 你认为幼儿园教师应该如何提高自身的职业素养?

4. 幼儿园教师专业发展的途径有哪些？

请结合《幼儿园教师专业标准（试行）》，选择本地区的一所幼儿园的教师为研究对象，分析该园教师专业发展的现状。

1. 米切尔·雷斯尼克.终身幼儿园[M].杭州：浙江教育出版社，2018.
2. 周潘伟，冯欣.《幼儿园工作规程》的历史演进与政策分析——以1953—2019年政策为例[J].现代职业教育，2020(30).
3. 李悦.赋权增能理论下幼儿园教师专业发展路径探究[J].教育观察，2020(08).

# 第五章　幼儿园课程

## 学习目标

1. 了解幼儿园课程的内涵和特征，理解幼儿园课程目标的层次与结构、幼儿园课程内容的基本范围及内容组织的逻辑体系，掌握幼儿园课程实施的基本方式与课程评价的基本方法。

2. 能够根据幼儿园课程目标选择合适的课程内容，能够根据课程内容选择适宜的实施方式，并能进行恰当的课程评价。

3. 充分理解幼儿园课程在幼儿园教育教学中的价值，游戏及日常生活在幼儿园课程中的价值。

## 内容结构图

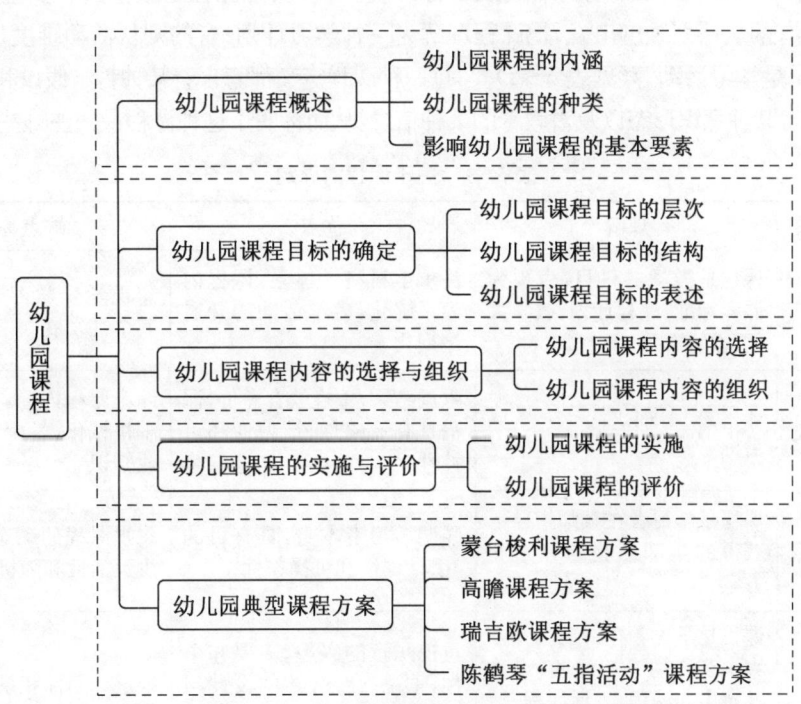

## 问题导入

一提起课程,有的人就会想到"数学课""语文课",还有的人就会想起"上课",那么,什么是课程呢?幼儿园课程又指的是什么呢?本章将带领大家探明这些问题。

## 第一节 幼儿园课程概述

幼儿园课程是学前教育领域中的一个重要问题。幼儿园课程是实现学前教育目标的基本手段,是决定学前教育质量的重要环节。正确认识幼儿园课程的内涵,掌握幼儿园课程的基本理论,对于更好地从事学前教育教学工作具有十分重要的意义。

### 一、幼儿园课程的内涵

课程是教育领域中使用广泛而又歧义最多的概念之一。目前人们对于课程概念的内涵并没有形成统一的认识。关于课程的定义可谓是众说纷纭,莫衷一是。有的从学科维度出发,将课程视为教学科目;有的从经验维度出发,认为课程是儿童在教师指导下所获得的一切经验;有的从目标维度出发,认为课程是教学过程要达到的预期结果;有的从计划维度出发,把课程理解为一种学习计划;有的则从活动维度出发,将课程看作是学习活动等(见表5-1)。"每一种课程定义都隐含着某种哲学假设和价值取向,隐含着某种意识形态以及对教育的某种信念,从而标明了这种课程最关注哪些方面。"

表5-1 关于课程的界定

| 定义维度 | 理解 | 优点 | 缺点 |
| --- | --- | --- | --- |
| 学科维度 | 课程是教学的科目,表现为课程标准、课程计划、教学大纲、教科书等 | 注重学科科学体系,课程内容系统化,教学活动的开展序列化 | 忽视学生学习过程及其个性发展 |
| 目标维度 | 课程是预期的学习结果或目标 | 强调结果,重视教育评价,课程具有策略性、计划性和可控性 | 缩小课程内涵,教学过程机械化,学生被动接收知识 |
| 计划维度 | 课程是学习者在教师指导下获得的全部经验的计划和方案 | 强调学习者本身,具有目的性、计划性和可操作性 | 忽视课程的动态性,缺少灵活性和随机性 |
| 经验维度 | 课程是学习者在一项教育方案中获得的一切经验,也称儿童中心课程、生活课程、活动课程 | 重视儿童的兴趣、需要和个性,重视教育环境的设计与组织,扩大课程内容范围 | 缺乏计划性和系统化 |

(续表)

| 定义维度 | 理解 | 优点 | 缺点 |
| --- | --- | --- | --- |
| 活动维度 | 课程是学习者学习活动的总和 | 重视儿童的操作,具有综合性,发展儿童经验 | 缺乏知识深化和系统化 |

人们在不同历史时期对幼儿园课程的含义有不同的认识。

20世纪20—30年代,我国学前教育界对幼儿园课程的代表性定义有:张雪门认为,"课程是什么?课程是经验,是人类的经验用最经济的手段,按有组织的调制,用各种方法,以引起孩子的反应和活动。幼儿园课程是什么?就是给三足岁到六足岁的孩子所能够做而且喜欢做的经验的预备。"张宗麟指出,"幼儿园课程者,由广义地说之,乃幼稚生在幼儿园一切之活动也。"陈鹤琴虽然没有给幼儿园课程下一个明确的定义,但一再强调,"幼儿园应该给幼儿以充分的经验,这种经验的来源有两个:一是与实物的接触,二是与人的接触。应该把幼儿能够学而且应该学的东西有选择地组织成系统,应该以幼儿的两个环境——自然环境和社会环境为中心组织幼儿园课程。"总的来说,这一时期主要认为幼儿园课程是经验或活动。

20世纪50年代以后,受到苏联的影响,我国对幼儿园课程的理解是幼儿园所设的科目,如体育、语言、常识、计算、音乐等。这种观点关注的是幼儿知识和技能的获得,关注的是课程预设目标的实现。

到了20世纪80年代,幼儿园课程又开始重新关注幼儿的活动与经验。如冯晓霞认为,幼儿园课程是实现幼儿园教育目的的手段,是帮助幼儿获得有益的学习经验,促进其身心全面和谐发展的各种活动的总和。

当前,更多的人倾向于认为幼儿园课程是一种经验或活动。如美国当代幼教专家斯波戴克指出,早期儿童课程是教师为在园儿童提供的有组织的经验形式,包括正规的(各种作业)和非正规的(游戏和日常生活)两种经验。

因此,本教材也认同"幼儿园课程是实现幼儿园教育目的的手段,是帮助幼儿获得有益的学习经验,促进其身心全面和谐发展的各种活动的总和"。这一观点主要包含以下几层含义。

### (一) 幼儿园课程是"活动"

所谓各种活动,即"有目的、有计划地引导幼儿生动活泼、主动活动的多种形式的教育过程。"为什么强调幼儿园课程是活动?

第一,把课程解释为"活动",有利于改变课程研究工作者的视角,促使他们同时注意问题的两个方面:学习对象(教学内容)和学习主体(学生)。第二,活动自身是一种存在的方式,教师看得见,也比较容易把握和控制(包括直接控制和间接控制)。课程工作者可以通过活动了解幼儿的兴趣、需要、已有经验和发展水平,也可以通过创设活动情境、提供活动材料、引发活动"主题"、指导活动方式等影响他们的学习经验。第三,活动更能反映幼儿学习的本质与特点,因而也更适合于解释幼儿园课程。人类的学习方式大体有两种:一是通过语言传递获得间接经验(接受学习);二是通过亲身实践获得直接经验(发现学习)。对于处在"人之初"阶段的幼儿来说,由于其认识活动的具体形象性特征,他们的学习明显具有直接经验性,难以离开对客观事物的直接感知,以及与客观事物的相互作用。因此,用活动来定义幼儿园课程,突出了幼儿学习的本质特征,更能体现课程为幼儿学习服务的基本职能。

### (二) 幼儿园课程是"帮助幼儿获得有益的学习经验"的活动

在肯定幼儿园课程是"活动"的同时,又在"活动"的前面加上"帮助幼儿获得有益的学习经验"几个至关紧要的词作为限定。这样做是为了突出课程的目的性,克服过于注重活动的外在形式和过程而忽视、忘却活动的目的(预期的结果),甚至视活动本身为目的,"为活动而活动"。当然,没有结果的活动是不存在的,活动过程必然包含着结果。幼儿在活动中会自觉或不自觉地对活动对象的性质和特点形成一定印象,对活动的方式方法留下一些记忆,伴随着活动过程产生某种情感体验。但这些认识和感受不一定与我们的教育期望相一致。尤其是在我们忘却目的,仅仅关注幼儿是否在"活动"及"活动"的形式是否完美,而不考虑它的意义是什么和可能产生的学习经验是什么,不去加以适当的引导的情况下,活动的实际结果并不一定是教育者所希望的结果。因此,把课程定义为"帮助幼儿获得有益的学习经验,促进其身心全面和谐发展"的活动,可以起到进一步明确活动的指向性、目的性的作用,使过程与结果、形式和实质更加密切地融合为一体。

### (三) 幼儿园课程是"各种活动的总和"

所谓各种活动的总和,已经涉及幼儿园课程的形态与结构问题。幼儿园课程绝非仅仅是"上课"或所上的各门课的相加。幼儿园课程的表面形式是多样的,凡是作为实现幼儿园教育目的的手段而运用的能够帮助幼儿获得有益的学习经验的活动,无论是"上课"还是游戏活动、生活活动等,都是幼儿园课程的有机组成部分。

## 二、幼儿园课程的种类

### (一) 学科课程与活动课程

根据课程内容自身固有的属性,可将幼儿园课程分为学科课程与活动课程。

学科课程是指根据培养目标和儿童身心发展水平,从各门学科中选择一定的内容来组成各种不同的教学科目而形成的课程。学科课程强调学科知识的优先性,注重知识安排的逻辑性、系统性,注重理论和间接经验的学习。学科课程有助于儿童获得系统的文化知识,便于教师组织教学,有利于人类文化知识的传承。但是学科课程过于关注抽象知识的获得,容易忽视儿童个性的全面发展;容易脱离儿童的生活实际,难以调动儿童学习的积极性。

活动课程也称经验课程,是围绕着儿童的需要、兴趣和能力,以儿童的活动为组织方式的课程形态。活动课程重视儿童在课程学习中的需要和兴趣,重视儿童的直接经验的获得,强调"从做中学"。活动课程有利于发挥儿童学习的主动性,有利于儿童实践能力的培养。然而,在实践中它容易忽略知识本身的内在逻辑联系与顺序,过分夸大儿童个人经验的重要性。

### (二) 分科课程与综合课程

根据课程的组织方式,可把幼儿园课程分为分科课程与综合课程。

分科课程是根据幼儿园教育目标和儿童发展特点,分别从各门学科中选择部分内容,组成各种不同的学科,彼此分立地安排它们的教学顺序、教学时数和教学期限的课程。分科课程是一种单学科的课程组织模式,强调各门课程各自的逻辑体系,强调不同学科之间的相对独立性,教学以各个学科知识为中心分科进行。分科课程重视每门学科知识体系的科学安排,有助于教师的教学,更有利于儿童简捷有效地获取系统的知识,形成一定的知识体系。但是,分科课程容易导致各学科之间界限分明,割裂知识之间的有机联系,从而限制儿童的视野与思维;以知识的逻辑体系安排课程,忽视儿童的兴趣和需要,不利于激发儿童的学习动机。

针对分科课程的缺点,人们提出了综合课程的主张。综合课程又称统整课程,是指把若干相邻学科内容加以筛选、充实后按照新的体系合而为一的课程形态。与分科课程不同,综合课程是一种多学科的课程组织模式,强调学科之间的关联性和统一性。综合课程要体现的是"有意识地运用两种或两种以上学科的知识观和方法论去考察和探究一个中心问题或主题"的课程取向,它有利于拓宽儿童的视野和思维的广度,符合儿童的兴趣和需要。

### (三) 显性课程与隐性课程

根据课程呈现方式的不同,幼儿园课程可分为显性课程与隐性课程。

显性课程指幼儿园情境中以直接的、明显的方式呈现给儿童的课程。显性课程具有外显性和计划性。显性课程是有计划的、有组织的学习活动,包括学前教育工作者为了实现学前教育目标而精心设计的一切教育活动。显性课程主要通过课堂教学而进行,儿童在显性课程中获得的主要是预期的知识和技能。

隐性课程也叫隐蔽课程、潜在课程等,是指幼儿园情境中以间接的、内隐的方式呈现给儿童的课程。隐性课程具有隐含性,它是幼儿园课程表上看不到的课程,是儿童在幼儿园环境(包括物质环境、文化环境和人际情境)中所学习到的知识、价值观念、规范和态度。它涉及幼儿园生活的各个方面并渗透其中,对儿童的身心发展具有潜移默化的影响,儿童在隐性课程中获取的主要是非预期性的东西。

显性课程与隐性课程之间存在着内在联系。一方面,在显性课程实施的过程中常常伴随着隐性课程;另一方面,隐性课程也在课程实施的过程中不断地转化为显性课程。

## 三、影响幼儿园课程的基本要素

### (一) 社会

课程是伴随社会的发展而发展的,社会的政治、经济、文化等因素会对幼儿园课程产生不同的影响。如经济发展水平会影响幼儿园课程实施的条件与效果。社会的经济发展水平高,就可能为幼儿园课程的实施提供良好的物质条件,从而保障幼儿园课程较好地实施。再如,文化状况会影响幼儿园课程内容的选择,文化是课程内容的源泉,社会积累的文化资源越丰富,幼儿园课程内容选择的空间越大。

### (二)儿童

儿童的发展需求是幼儿园课程设置的出发点和归宿。儿童的身心发展水平和学习规律影响着课程内容的选择和组织。幼儿园课程内容的深度和广度,必须符合儿童的年龄特征,必须考虑到不同年龄儿童的兴趣、需求和发展水平,以确保学前儿童在幼儿园阶段能够得到全面、和谐、均衡的发展。例如,人们根据幼儿身心发展水平不同,为幼儿园中的小班、中班、大班幼儿选择了不同的课程内容。再如,由于幼儿思维的具体形象性,幼儿园课程内容的选择应从幼儿的生活出发,以满足他们直观感知和亲身体验的需求。

### (三)知识

知识是课程内容的重要来源。可以说,没有知识就没有课程。幼儿园课程的一个重要职能是传递社会文化,知识可以帮助儿童更好地认识自然、认识社会、认识自己。因此,知识是课程必不可缺的内容。在教育中,知识是课程的本质,课程是知识的具体存在和表现形式。幼儿园课程内容正是从人类积累的丰富多样的知识中精选出来的适合幼儿学习的东西。此外,知识的不断增长推动着幼儿园课程内容的更新,促进幼儿园课程的内容与时俱进。课程开发者在选择课程内容时,要删除过时、陈旧的知识,增加与幼儿的实际生活和学习密切联系的新知识。例如,现在在选择有关"科技产品"方面的内容时,必然会增加电脑、手机等内容。

## 第二节 幼儿园课程目标的确定

课程目标就是课程要达到的标准,是人们对学校教育活动预期效果的估计。课程目标是课程价值观的核心问题。在课程设计过程中,课程目标的确定具有重要的意义。课程目标指明了课程设计的方向,决定着课程内容的选择与组织,是课程实施的依据和课程评价的标准。因此,确定课程目标是课程设计的第一步。

### 一、幼儿园课程目标的层次

幼儿园课程目标具有层次性,它是由不同层次的目标构成的。从宏观到微观,幼儿园课程目标体现了从抽象到具体的特征。

#### (一)课程目标

《幼儿园教育指导纲要(试行)》(以下简称《纲要》)从幼儿学习的范畴提出了五大领域课程目标。强调各领域之间相互渗透,从不同角度促进幼儿情感、态度、能力、知识、技能等各方面的发展。

《纲要》中五大领域的课程目标如下:

健康领域目标:

1. 身体健康,在集体生活中情绪安定、愉快;
2. 生活、卫生习惯良好,有基本的生活自理能力;
3. 知道必要的安全保健常识,学习保护自己;
4. 喜欢参加体育活动,动作协调、灵活。

语言领域目标:

1. 乐意与人交谈,讲话礼貌;
2. 注意倾听对方讲话,能理解日常用语;
3. 能清楚地说出自己想说的事;
4. 喜欢听故事、看图书;
5. 能听懂和会说普通话。

社会领域目标:

1. 能主动地参与各项活动,有自信心;
2. 乐意与人交往,学习互助、合作和分享,有同情心;
3. 理解并遵守日常生活中基本的社会行为规则;
4. 能努力做好力所能及的事,不怕困难,有初步的责任感;
5. 爱父母长辈、老师和同伴,爱集体、爱家乡、爱祖国。

科学领域目标:

1. 对周围的事物、现象感兴趣,有好奇心和求知欲;
2. 能运用各种感官,动手动脑,探究问题;
3. 能用适当的方式表达、交流探索的过程和结果;
4. 能从生活和游戏中感受事物的数量关系并体验到数学的重要和有趣;
5. 爱护动植物,关心周围环境,亲近大自然,珍惜自然资源,有初步的环保意识。

艺术领域目标:

1. 能初步感受并喜爱环境、生活和艺术中的美;
2. 喜欢参加艺术活动,并能大胆地表现自己的情感和体验;
3. 能用自己喜欢的方式进行艺术表现活动。

(二) 年龄阶段目标

年龄阶段目标是指幼儿在不同年龄段需要达到的目标。《指南》从健康、语言、社会、科学、艺术五大领域描述了幼儿的学习与发展目标,分别对 3—4 岁、4—5 岁、5—6 岁三个年龄段幼儿应该知道什么、能做什么、大致可以达到什么水平提出了合理期望,指明了幼儿学习与发展的方向。例如,在《指南》中健康领域的身心状况方面的年龄阶段目标如下:

**目标 1　具有健康的体态**

| 3—4 岁 | 4—5 岁 | 5—6 岁 |
| --- | --- | --- |
| 1. 身高和体重适宜。<br>参考标准：<br>男孩：<br>身高：94.9—111.7 厘米<br>体重：12.7—21.2 公斤<br>女孩：<br>身高：94.1—111.3 厘米<br>体重：12.3—21.5 公斤<br>2. 在提醒下能自然坐直、站直。 | 1. 身高和体重适宜。<br>参考标准：<br>男孩：<br>身高：100.7—119.2 厘米<br>体重：14.1—24.2 公斤<br>女孩：<br>身高：99.9—118.9 厘米<br>体重：13.7—24.9 公斤<br>2. 在提醒下能保持正确的站、坐和行走姿势。 | 1. 身高和体重适宜。<br>参考标准：<br>男孩：<br>身高：106.1—125.8 厘米<br>体重：15.9—27.1 公斤<br>女孩：<br>身高：104.9—125.4 厘米<br>体重：15.3—27.8 公斤<br>2. 经常保持正确的站、坐和行走姿势。 |

**目标 2　情绪安定愉快**

| 3—4 岁 | 4—5 岁 | 5—6 岁 |
| --- | --- | --- |
| 1. 情绪比较稳定，很少因一点小事哭闹不止。<br>2. 有比较强烈的情绪反应时，能在成人的安抚下逐渐平静下来。 | 1. 经常保持愉快的情绪，不高兴时能较快缓解。<br>2. 有比较强烈情绪反应时，能在成人提醒下逐渐平静下来。<br>3. 愿意把自己的情绪告诉亲近的人，一起分享快乐或求得安慰。 | 1. 经常保持愉快的情绪。知道引起自己某种情绪的原因，并努力缓解。<br>2. 表达情绪的方式比较适度，不乱发脾气。<br>3. 能随着活动的需要转换情绪和注意。 |

**目标 3　具有一定的适应能力**

| 3—4 岁 | 4—5 岁 | 5—6 岁 |
| --- | --- | --- |
| 1. 能在较热或较冷的户外环境中活动。<br>2. 换新环境时情绪能较快稳定，睡眠、饮食基本正常。<br>3. 在帮助下能较快适应集体生活。 | 1. 能在较热或较冷的户外环境中连续活动半小时左右。<br>2. 换新环境时较少出现身体不适。<br>3. 能较快适应人际环境中发生的变化。如换了新老师能较快适应。 | 1. 能在较热或较冷的户外环境中连续活动半小时以上。<br>2. 天气变化时较少感冒，能适应车、船等交通工具造成的轻微颠簸。<br>3. 能较快融入新的人际关系环境。如换了新的幼儿园或班级能较快适应。 |

### （三）单元活动目标

单元活动目标主要有两种形式。一种是以内容为单元的目标，即主题活动的"单元"（见表 5-2）；另一种是以时间为单元的目标，它是年龄阶段目标或学年阶段目标的再分解，即学期计划、月计划、周计划等（见表 5-3）。

表 5-2　以内容为单元的目标

| 奇妙的水 | 1. 在玩水的过程中，积累有关水的特征（无色、无味、透明、流动的液体、有浮力、有渗透性等）的感性经验。 |
| --- | --- |
| | 2. 通过科学小实验，感受水的三态变化，产生探索欲望。 |
| | 3. 联系生活经验，初步了解在不同的天气状况下水的不同形态（云、雪、雨、霜、雾、冰雹等），了解水与人们生活的关系。 |
| | 4. 了解水与人类的关系，增强节约用水、保护水资源等环保意识。 |

表 5-3　以时间为单元的目标

| 幼儿园小班9月活动计划 | |
| --- | --- |
| 月目标 | 1. 熟悉幼儿园的环境，逐渐认识常用物品及标记，尝试着做自己喜欢做的事<br>2. 在轻松的生活环境里，保持愉快的情绪，逐渐摆脱焦虑情绪<br>3. 知道自己上幼儿园了，对幼儿园产生亲切感和安全感，喜欢老师和小朋友，逐渐习惯和适应集体生活，能高高兴兴上幼儿园 |
| 环境创设 | 1. 围绕"爱上幼儿园"创设安全、温馨、宽松的心理环境，使幼儿尽快与教师建立依恋关系<br>2. 创设主题墙饰"开心宝宝"，拍下幼儿开心的笑脸并张贴 |
| 生活活动 | 1. 引导幼儿认识自己的班级，认识班上的老师和小朋友<br>2. 引导幼儿认识柜子、茶杯、毛巾架等物品的标记，知道一人一物，不能随便使用他人的东西 |
| 教学活动 | 科学："生日舞会""找朋友""蚂蚁搬豆""花与蝴蝶""鲜花排队"<br>语言："见面""唱歌""跟我一起跳""我爱幼儿园"<br>艺术："亲亲我""小小猪""小汽车开起来""七彩波板糖"<br>社会："爱心伞""我的心情""不做爱哭鬼"<br>健康："我的小手真有用""我会刷牙""学做操" |
| 游戏活动 | 彩虹跑道、体操圈、小沙包、足球、沙土区、平衡木、自制户外玩具、拱形门、跳方格、彩带，通过游戏活动让幼儿喜欢上幼儿园 |

**（四）具体活动目标**

具体活动目标指某一具体活动要达成的目标，是单元目标的具体化，要求目标具体、操作性强。如中班艺术活动"春雨"的活动目标为：① 理解、欣赏故事《春雨》；② 会用牙刷刷画的方法画小雨滴；③ 感受雨后小草、小花的愉悦心情。

## 二、幼儿园课程目标的结构

课程目标的层次是从纵向的角度来探讨课程目标的构成。课程目标的结构则是从横向的角度来探讨课程目标的构成。人们对课程目标的结构从不同维度进行了研究，为幼儿园课程目标的确定提供了有益的借鉴。

《幼儿园工作规程》按照教育范畴的不同，提出了幼儿园保育和教育目标，主要包括体育、德育、智育、美育等几个方面目标。

《幼儿园教育指导纲要(试行)》从教育内容的角度把幼儿园教育分为健康、科学、社会、语言、艺术五个领域,并规定了每一个领域的教育目标。

美国教育心理学家布卢姆等人从儿童心理结构的维度,以人的身心发展整体结构为框架,建立了一个较为完整全面的教育目标体系。在这个教育目标分类理论中,将教育目标分为三大领域:

(1) 认知领域目标。这一领域的目标包括知识的掌握和认知能力的发展。认知领域的目标按照从简单到复杂的顺序又分为六个层次,即知识、理解、运用、分析、综合、评价。

(2) 情感领域目标。这一领域的目标包括兴趣、态度、习惯、价值观念和社会适应能力的发展。根据价值内化的程度,可分为接受、反应、价值判断、价值的组织、价值的个性化五个层次。

(3) 动作技能领域目标。这一领域的目标主要指感知动作、运动协调、动作技能的发展等。美国教育学者辛普逊将动作技能活动分为七类,即知觉、定势、引导的反应、机械动作、复杂的行为反应、适应、创作。

认知、情感和动作技能三个领域之间存在一种层次结构关系,即情感、动作技能以认知为基础,而它们又对认知产生影响,情感与动作技能可以相互联系和影响。

为了促进儿童的全面发展,幼儿园课程目标在设计的过程中不仅关注目标的纵向层次分析,也要关注横向的儿童的心理发展结构(知识、情感、技能)及幼儿园课程的内容结构(语言、社会、科学、艺术、健康),只有三大维度结合,才能制定适宜的幼儿园课程目标。也就是说,幼儿园课程目标从内容上分解为五大领域,同时每一个领域目标在表述中要兼顾儿童年龄阶段和儿童心理结构(见图5-1)。如健康领域目标,从年龄上分为3—4岁、4—5岁、5—6岁三个年龄阶段目标,每一个年龄段的目标又要考虑到儿童的认知、技能和情感发展。

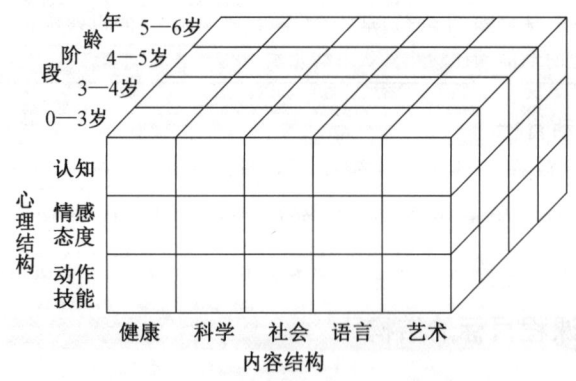

图5-1 幼儿园课程目标体系的建构模式

### 三、幼儿园课程目标的表述

幼儿园课程目标的表述涉及两大方面,即表述的角度和表述的形式。

#### (一) 幼儿园课程目标的表述角度

幼儿园课程目标有两种表述角度,即从教师的角度表述目标和从幼儿的角度表述目标。

从教师的角度来表述目标,就是从教师的行为出发,说明教师应该干什么和应该达到的教育结果。一般常用"鼓励……""引导……""帮助……""使……""激发……"等词语表述。例如:养成幼儿注意倾听的习惯,发展幼儿语言理解能力;利用图书、绘画和其他多种方式,引发幼儿对书籍、阅读和书写的兴趣,培养幼儿前阅读和前书写技能;引导幼儿参加各种集体活动,体验与教师、同伴等共同生活的乐趣;帮助幼儿正确认识自己和他人,养成对他人和社会亲近、合作的态度,学习初步的人际交往技能。

从幼儿的角度来表述目标,指明幼儿通过学习应该达到的结果。常用"感受……""喜欢……""理解……""能……"等词语。例如:能清楚地说出自己想说的事;喜欢听故事、看图书;对周围的事物、现象感兴趣,有好奇心和求知欲;能运用各种感官,动手动脑,探究问题。

对于幼儿园课程目标,从幼儿的角度来表述更为合理。因为幼儿园教育活动的效果主要体现在幼儿的身心发展变化上,课程目标应该是对幼儿学习活动结果的描述。这样可以促使教师将注意力向幼儿转移,克服教育中教师较多注意自己教的行为的倾向,更加重视幼儿的学习过程和学习效果。

#### (二) 幼儿园课程目标的表述形式

幼儿园课程目标在具体表述时可以采用行为目标、展开性目标、表现性目标三种表述形式。

1. 行为目标

行为目标是用可以观察的、具体的幼儿行为来表述的课程目标。它指明了课程实施以后在幼儿身上所发生的行为变化。按照美国心理学家梅杰的观点,行为目标的编写一般应该包括四个构成要素:① 行为主体。指谁完成课程所预期的行为。行为目标描述的应该是幼儿的行为,而不是教师的行为。② 行为动词。行为动词用来描述幼儿的具体行为,如"说出""指出""背诵"等。③ 行为条件。指幼儿行为产生的特定情境或条件,如行为是"在老师的指导下"还是"自己独立完成"等。④ 表现程度。指幼儿对目标所达到的最低表现标准,用来评价幼儿学习结果所达到的程度,如"完全无误"等。基础知识和技能方面的目标,采用行为目标比较适合。例如:

在用日常用品测量时,感知"1米有多长",并能清晰表述记录结果。

看图学唱歌曲《圈圈》,能随歌曲有节奏地表演。

行为目标的特点是具体、精确与可操作性。不足之处是容易导致"只见目标,不见儿童","只见外显,忽略内隐"。

## 2. 展开性目标

展开性目标,又叫生成性目标。生成性的根本特点是过程性,相对行为目标而言,展开性目标关注儿童的学习过程,反映的是教育过程中儿童经验的生长和解决问题的过程与结果。例如:

乐于与人交往,讲话有礼貌。

在活动中理解他人,学会合作。

这两个目标在表述上关注儿童学习过程中的交往与合作,使教师将关注点放在儿童的交往能力与合作能力的培养上,而不是特定的知识与技能。

生成性目标以人的自主发展作为课程目标的取向,把课程看作是一种动态生成的师生互动过程,强调儿童自主性的发挥,尊重儿童的自主权。但缺乏实践的指向性,对教师的要求很高。

## 3. 表现性目标

表现性目标是由美国课程专家艾斯纳提出的,他在研究中发现在艺术教育领域里,预定的行为目标是不适用的,因而提出表现性目标作为补充。表现性目标把课程看作儿童个性发展和创造性表现的过程,以人的个性化发展为课程目标的取向。不规定儿童在完成学习活动后应该获得的行为,而是指向每一个儿童在教育情境中所产生的个性化表现。例如:

能清楚连贯地谈论自己过生日的情景,表达自己的愉快心情。

参观动物园并讨论那儿有趣的事情,用自己喜欢的方式来表述。

从中我们可以看到,表现性目标关注的是幼儿在活动中表现出来的某种程度上的创造性的反应,而不是事先规定的幼儿行为变化的结果,指向每一个儿童在教育情境中所产生的个性化表现。

# 第三节 幼儿园课程内容的选择与组织

课程内容是实现课程目标的手段,它指向的是应该教什么和学什么的问题。课程内容的选择是课程设计的一个关键环节,是实现幼儿园课程目标的手段。

## 一、幼儿园课程内容的选择

### (一)幼儿园课程内容的选择原则

幼儿园课程内容不是随意提供给幼儿的东西,它是人们根据一定的标准精心选择出来的。结合学前教育的特点,幼儿园课程内容的选择应该坚持全面性、启蒙性、兴趣性、生活性和发展性等原则。

#### 1. 全面性原则

幼儿园课程内容的选择应覆盖幼儿身心发展的诸方面,这是实现幼儿园教育任务的需要。我国幼儿园的任务是对幼儿实施德、智、体、美等全面发展的教育。各方面彼此联系,互相制约,又具有不同的内容、特点、作用。因而不可偏废,亦不宜孤立强调某一方面的重要性,这也是基于幼儿整体发展的需要。幼儿是一个有着生理的、安全的、情绪的、智力的、社会的等多种需求的个体,只有全面安排课程内容,才能培养出身心、人格完整的儿童。从世界范围看,这也是学前教育课程内容发展的必然趋势。在美国,学前教育课程内容有身体、情感、社会、创造力和认知五个方面;在英国,学前教育课程内容有自我意识、社会能力、文化意识、交际能力、动作与感知能力、分析问题能力、美感与创造意识;在日本,学前教育课程内容有健康、人际关系、环境、语言和表现五个领域。

2. 启蒙性原则

幼儿园课程的内容应是广博、浅显且具有启蒙性的。学前教育是人生教育的起点,幼儿园是向幼儿进行"初步"的全面发展教育的机构,是对个体进行素质教育的起始阶段。对幼儿进行教育的重点不在于使他们掌握多少知识和技能,而在于其启蒙作用,不仅要关注智力的早期开发,还要关注兴趣、求知欲、独立性、自信心、成功感等非智力因素以及健康的生理和心理的培养,因为后者对幼儿未来的成长发展有着更为重要的作用。限于幼儿知识经验比较浅显、思维水平较低、注意不够稳定、神经系统容易兴奋和疲劳等原因,幼儿园课程内容难度必须适当。如果难度过高,超越幼儿身心成熟水平可能提供的发展阈限,只能使幼儿陷入知识积累的迷惘和思维发展的困境之中。

3. 兴趣性原则

《纲要》指出,教育活动内容的选择要"既贴近幼儿生活来选择幼儿感兴趣的事情和问题,又有助于扩展幼儿的经验和视野"。兴趣是幼儿有效学习的前提条件。只有幼儿感兴趣的,幼儿才会主动去学,也只有这样的学习才是高效的学习。因此,为了促进幼儿的健康成长,引导幼儿有效地学习,幼儿园课程内容要关注幼儿的兴趣与需求,听听幼儿们在说什么,看看幼儿在做什么,问问幼儿在想什么,从中发现教育的契机。只要留心观察,教师就可以看到许多幼儿的关注点,如春天到来的时候,幼儿会对各种花草树木产生兴趣,会被落在花朵上的蝴蝶吸引目光,会去思考蚯蚓如何松土等。凡此种种,都为我们生成教育内容提供了指引。

4. 生活性原则

"大自然、大社会都是活教材。"早在20世纪40年代,陈鹤琴就极力反对把幼儿关在"幼稚监狱"里过呆板的生活,指出幼儿所接触的环境愈广,幼儿所获得的知识就愈丰富,能力的提高也就愈快,倡导让幼儿与自然环境和社会环境充分接触。大自然和社会生活中的人、事、物都可经过教师的选择、加工而成为幼儿园课程的重要内容。首先,自然界的山川河流、风云景物、花草树木、鸟兽鱼虫等都能成为增长幼儿知识才干的良好素材,并对丰富幼儿的直接经验、陶冶幼儿的性情气质、唤起幼儿对生活的热情起到独特的作用;其次,社会生活中各类事物及活动(如不同地区的建筑、饮食、风俗等)也是幼儿园课程的独特内容;再次,社会生活是以人的活动为中心组成的,如幼儿每天要穿衣服,衣服上有扣子,扣子有大小、多少,还有各种各样的形状;随着身体长高,衣服会变小;幼儿每天要吃饭,吃饭要用餐具,餐具是由各种不同的材料做的,有不同的用途;餐具的摆放是分类的、有序的……如果教师合理地加以选择和组织,就能加深幼儿对生活的理解和热爱。

5. 发展性原则

幼儿园课程的内容不仅要有规律性、稳定性,同时还应具有发展性、变化性。一方面,幼儿园课程内容要不断更新,跟上时代发展的步伐。当代社会,随着科学技术的迅猛发展,许多新技术、新材料、新工艺的成果介绍应逐步纳入幼儿园的课程内容之中,从而使幼儿园课程内容的建设充满时代气息。

另一方面,幼儿园课程内容在整个三年中要不断扩展、拓宽,以适应幼儿发展的需要。不同年龄班的幼儿身心发展的水平不同,课程内容的安排也截然不同,从小班到大班,知识点应逐渐开阔。比如,培养幼儿的自我保护能力,在小班,要求幼儿不跟陌生人走,不远离亲人,不触摸危险物品,如电源插头、插座;到了中班,则要求幼儿不玩危险物品,如火柴、打火机、蜡烛,不去危险的地方,不在火源附近玩耍,懂得交通安全规则;而到了大班,则要求幼儿会处理简单危险事故,见到燃烧着的烟头能踩灭它,知道着火时用水浇或用沙子扑灭,衣服着火时会停步、倒地、翻滚,知道119是火警电话等。可以说,随着幼儿的发展,教师每天都应给幼儿提供不同层次的具有挑战性的内容,从简到繁,从易到难,由近及远,环环相扣,循序渐进,促进幼儿不断进步。教师还应根据幼儿的个别差异,为每个幼儿安排适当的课程内容,使幼儿有自由选择的机会,并根据教育效果不断调整课程内容,以促使每个幼儿都能在原有水平上有所提高。

(二)幼儿园课程内容的选择范围

《纲要》指出:幼儿园的教育内容是全面的、启蒙性的,可以相对划分为健康、语言、社会、科学、艺术等五个领域,各领域的内容相互渗透,从不同的角度促进幼儿的发展。根据幼儿园教育目标和幼儿的年龄特点,幼儿园课程内容主要包括以下四个方面。

1. 关于自己及周围世界的粗浅知识经验

幼儿园教育的基本任务是使幼儿获得基本的生活和学习经验,掌握与他们生活和学习相关学科的基础知识,促进幼儿身心各方面得到充分和谐的发展。因此,知识是幼儿学习的重要内容,知识是幼儿园课程内容的重要组成部分。对幼儿来说,实际上主要是学习关于自己和周围世界的粗浅的知识经验,这能够帮助幼儿初步认识自己生活的环境,学习适应环境。如"认识我自己""我的家""我身边的动物朋友""认识四季""认识时间"等内容就是关于自己及周围世界的粗浅的知识经验。

2. 关于基本的活动方式方法的知识、技能和经验

"事必有法,然后可成。"无论从事什么活动,只有凭借合适的方式方法才能顺利实现活动目的。幼儿在日常的生活和学习中进行着许多的活动,如进餐活动、游戏活动、交往活动等。对幼儿来说,学习和掌握一些基本的关于活动的方式方法的知识、

技能和经验,是成功进行这些活动的必要条件,也是以后获得更复杂的活动方式方法的基础。如"我是干净小超人""我会整理""安全过马路""我会交朋友"等内容就是让儿童掌握基本的行为与技能,掌握活动中的方式方法。

3. 关于发展智力和能力的经验

《纲要》中提出,要培养幼儿的生活自理、自我保护、语言表达、人际交往、思维和创造等能力。《纲要》提到的五个领域中,每个领域都包含着关键能力的培养,如健康领域的生活自理能力、自我保护能力,语言领域的倾听和表达能力,社会领域的交往能力,科学领域的思维能力,艺术领域的创造能力。只有抓住这些关键能力的培养才能保证每一个领域的长远发展。儿童能力的发展是在"做中学"的过程中实现的。例如交往能力是在交往的过程中发展起来的,表达能力是在运用语言的过程中发展起来的,因此教师要创造条件,鼓励儿童从事游戏、艺术创作、实验、观察、交往等活动,在活动中促进儿童能力的发展。

4. 关于形成良好情感态度的经验

态度是个体对客观事物的内在心理倾向。情感是个体对客观事物是否满足自身需要而产生的态度体验。良好的情感态度也是幼儿园全面发展教育所不可或缺的。热爱亲人、老师和同伴,热爱家乡和祖国,互相帮助、与人合作和分享,有同情心、责任感、自尊心和自信心等,都是从幼儿时期就应该着重培养的良好的情感态度。从根本上讲,情感态度不是"教"出来的,它是伴随着活动而产生的一种体验,类似的体验积累多了,就形成了比较稳定的倾向性。因此创设良好的情境,在情感体验中陶冶情感,是幼儿阶段培养良好的情感、品质的有效途径。

## 二、幼儿园课程内容的组织

在课程内容选择完成以后,要对选择出来的课程内容加以组织,以产生适应幼儿学习特点和规律的课程内容呈现形式。

### (一) 幼儿园课程内容的组织线索

1. 纵向组织与横向组织

纵向组织,或称垂直组织、序列组织,就是按照某些准则以先后顺序排列课程内容。在教育史上,最有影响的课程组织原则是纵向组织原则。纵向组织要求考虑知识的序列性及儿童心理发展的逻辑性。首先,根据知识的难易程度,按照由简到繁、由具体到抽象、由已知到未知的顺序排列课程内容,这是教育家们的一贯主张。我国古代就有"不凌节而施""先其易者,后其节目"的观点。夸美纽斯也提出要按由简到繁的序列安排课程内容。其次,发展心理学家认为,学习应遵循儿童生理、心理发展的内部顺序,课程内容的组织必须充分考虑到儿童身心发展的阶段。如皮亚杰把儿童思维发展分为感知运动阶段、前运算阶段、具体运算阶段、形式运算阶段。他认为,儿童思维是按顺序发展的,是不可逆的,那么学习内容的安排也必须与思维发展的阶段相适应。

横向组织,也称水平组织,是指打破学科之间的界限和传统的知识体系,找出不同课程内容之间的内在联系,求同存异,整合为一个有机的课程整体,使课程内容与儿童已有的经验连为一体。一些教育家在20世纪70年代以后开始强调课程内容的横向组织原则。他们认为,如果要使儿童所学的内容对他们的成长具有重要意义,就必须摆脱传统学科的形式和结构,使课程内容与儿童的兴趣经验有效地联系起来。

一般来讲,纵向组织强调知识和技能的层次性,注重课程内容的独立体系和知识的深度,认为儿童的学习是从简单到复杂、从具体到抽象的推进过程。横向组织原则强调课程内容的综合性和知识的广度,强调知识与儿童成长的联系而不是知识本身,这种组织方式与学龄前儿童的发展特征和学习方式更为接近。我们一般会将这两种原则有机结合起来,合理地组织幼儿园课程内容。一方面,强调课程内容组织的连续性与顺序性,强调后续的学习经验与先前经验之间的关系,将新学习的课程内容建立在儿童已有经验的基础之上,并根据儿童的认知、学习特点,由浅入深、由易到难、由简单到复杂、由具体到抽象,对已有经验进行扩展与加深。另一方面,关注课程内容的整合性,把课程当中各种不同的内容之间建立适当的联系,以整合由于分割所造成的知识支离破碎的状态,以达到最好的学习累积效果。换言之,整合性是指课程经验之间"横"的联系,包括认知、技能、情意的整合与领域内容的整合。

2. 直线式组织与螺旋式组织

直线式就是把一门课程的内容组织成一条在逻辑上前后联系的直线,使前后内容基本上不重复。螺旋式组织指的是在不同的阶段,课程内容会重复出现,但是这些重复出现的内容在深度和广度上都有所加强。例如同样是"认识食物",每个年龄段都有不同的关键经验。小班重点在于运用各种感官直观了解不同食物的味道;中班则从食物的营养这一抽象概念入手,通过对食物金字塔的认识,知道要平衡膳食;大班重点放在让幼儿自己设计营养套餐,幼儿结合认识亲身实践,更深入地了解平衡膳食的重要。

直线式组织与螺旋式组织两种组织方式各有其长处和不足。直线式组织有益于儿童逻辑地思考问题,而且对于一些接受性知识和技能的传递,具有较高的效能。螺旋式组织有益于儿童在与环境交互作用的过程中逐步获得经验,有益于儿童创造性思维的发展。通过表5-4我们可以看到,幼儿园课程内容的组织采用螺旋式居多。

表5-4 幼儿园课程内容螺旋式组织形式

| 序号 | 小班主题 | 中班主题 | 大班主题 |
| --- | --- | --- | --- |
| 1 | 我上幼儿园了 | 我升中班了 | 我长大了 |
| 2 | 我自己 | 我的家 | 我的祖国叫中国 |
| 3 | 秋天到了 | 多彩的秋天 | 秋天多美好 |
| 4 | 亲亲小动物 | 我的动物朋友 | 动物王国 |
| 5 | 冬天里 | 新年到 | 快乐的一年 |

### (二) 幼儿园课程内容的组织形式

由于对课程内容要素的偏重不同,就会产生不同的课程组织形式。

1. 以学科为中心的组织形式

学科中心课程是以学科为中心的课程组织形式,强调按学科的体系组织教育内容,课程设计和实施的目的是使儿童学习和获得系统的文化知识和技能。

学科中心课程是从一定的儿童观和知识价值观出发,精心选择学科及学科知识作为课程内容,每一学科的知识根据从易到难的原则加以组织和排列,计划性、系统性较强,有利于幼儿系统地掌握各学科的知识。学科中心课程虽然注重系统的学科知识,但是忽视幼儿的实际活动和直接经验,忽视幼儿的兴趣、需要与个性发展。

2. 以儿童为中心的组织形式

以儿童为中心的组织形式即儿童中心课程,要求从儿童的兴趣和需要出发,以儿童的活动为中心组织课程内容。这一组织形式以幼儿的生活经验为依据,根据幼儿的兴趣和需要选择课程内容,围绕他们从事某种活动的动机来组织活动;不预先规定活动内容与活动目标,活动过程中教师只作为顾问进行指导;打破学科界限,围绕幼儿生活经验将各科知识中相关的部分综合起来,引导幼儿获得关于某一经验的完整知识。

这一组织形式为幼儿提供了更多的自主活动的机会,有利于幼儿思维能力和动手操作能力的提高,也有利于幼儿个性的发展。但它不能让幼儿获得系统的知识和技能,对教师的知识准备、组织活动等方面要求较高,不允许教师干预幼儿的活动,会降低教师的作用。

## 第四节 幼儿园课程的实施与评价

### 一、幼儿园课程的实施

课程实施是指把课程计划付诸实践的过程,它是达到预期的课程目标的基本途径。幼儿园课程实施就是将幼儿园课程计划付诸实践的过程。

#### (一) 幼儿园课程实施的取向

课程实施的取向是指对课程实施过程本质的不同认识以及支配这些认识的相应的课程价值观。它集中表现在对课程计划与课程实施过程之关系的不同认识上。

1. 课程实施的忠实取向

忠实取向即课程实施过程是忠实地执行课程计划的过程。忠实取向被比喻为建筑施工,课程计划是设计图纸,课程实施是具体施工。建筑工人要忠于图纸,严格按照图纸的规定或说明来施工。施工的质量是根据实际施工与设计图纸之间的吻合程度,即能够与设计图纸方案保持一致来考核的。在课程实施的忠实取向中,教师的角色就像"建筑工人",严格按照课程专家制定的课程计划实施教学。但由于课程专家编制的课程计划不一定被教师把握和实施,因此在课程实施前需要对教师进行适当的培训,在课程实施中对教师的教学工作进行有效的支持和监督。

忠实取向强调的是课程设计的计划和目的,有利于教师进行操作,但是这种忠实取向抹杀了教师和幼儿的双重主体价值。在对幼儿开展的教育活动中,教师头脑里只有计划,没有儿童,教师在其中扮演的角色就是一个计划的追随者,教师的工作变成一道机械的程序。幼儿的兴趣和需要没有得到及时有效的满足,成为被动的接收容器,幼儿的学习变成了一种外部强加的活动。

2. 课程实施的相互适应取向

相互适应取向认为,课程实施是课程计划与学校实践情境在课程目标、内容、方法、组织模式等各方面相互调整、改变与适应的过程。相互适应取向被比喻为球赛,课程计划是一场球赛的战术方案,这个方案是比赛前教练与参赛球员一起制订的,课程实施是球赛进行的过程。尽管球员要贯彻预先制定好的战术计划,但是如何完成这项方案的具体细节由球员把握,并根据球场的具体情况进行灵活的处理。

相互适应取向既强调课程的计划,又关注幼儿在其中的表现和具体的教育实践,使得计划能够适合具体的实践需要。在对幼儿开展的教育活动中,教师既要执行计划又要注意观察儿童,教师在其中扮演的角色是一个计划的修订者。由于教育实践的复杂性,在具体的实践过程中,需要教师具有较强的教育智慧。

3. 课程实施的创生取向

创生取向认为,真正的课程是教师和幼儿联合创造的教育经验,课程实施在本质上是在具体教育情境中创生新的教育经验的过程,而课程计划只是供这个经验创生过程选择的工具而已。因此在课程实施的创生取向中,教师是课程的开发者,课程创生过程是教师和幼儿持续成长的过程。

课程创生取向有利于教师、幼儿主体性的体现。教师具有课程设计和实施的主动权,课程实施过程同样是教师成长的过程,教师是课程开发者、幼儿活动的支持者,教师的工作是充分关注幼儿的活动过程和其获得的各种体验。幼儿成为课程实施的主体,课程实施过程就是幼儿体验的过程。因此课程创生过程是教师和幼儿持续成长的过程。个性发展成为课程实施的标准,但是这种取向具有浓厚的理想色彩,对教师素质要求非常高。

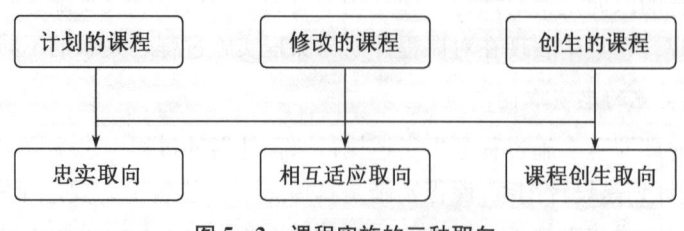

图 5-2 课程实施的三种取向

 案例

### 案例1：滚瓶子跑

一次体育活动中，幼儿发明了一种"滚瓶子跑"比赛：边跑边推动灌了水的可乐瓶，看谁能先到达终点。比赛中幼儿发现：有的小朋友的瓶子滚得又快又直，有的则总往一边斜，有的瓶子一直在原地打转转。这是为什么？体育活动结束了，孩子的问题一个接一个提了出来，并且出现了各种猜测和讨论。可是，接下来老师按照她的原有计划，开展了下一个活动"认识磁铁"。

### 案例2：认识雪

绍兴的冬天虽然寒冷，但是很少下雪，经常出现大雾天气，于是教师计划在幼儿园开展"认识雾"的活动。在"认识雾"活动的前一天，一场鹅毛大雪突然降临，地面上积了厚厚的一层雪。幼儿们非常激动，对雪充满了好奇，并有了想玩雪的冲动，于是教师调整了活动方案，活动由"认识雾"变为"认识雪"，并生成了新的目标：自主表达对雪的感受，初步了解下雪与我们生活的关系；在欣赏和玩耍中体会雪花飘舞的情趣。

### 案例3：狮子的故事

有一段时间孩子们在电视上看了《狮子王》的卡通片，在幼儿园中经常自发性地谈论有关狮子的话题或在角落扮演狮子。对"狮子的体型究竟有多大？""公狮子与母狮子有什么不同？"等问题极感兴趣，教师便鼓励他们利用各种媒材、方式（例如：绘画、黏土、角色扮演）来表达自己心目中所认知的狮子，组织团体讨论，让幼儿分享对这些问题的看法，并猜测有哪些方式可以证明他们对于狮子的想法是否正确。之后，师生决定到动物园观察狮子，寻找与狮子相关的照片、录像带或书籍，长期研究狮子的生活习性，以便对狮子有更进一步的了解。

通过以上三个案例我们可以看到，案例1的教师头脑里只有计划，没有儿童，教师在其中扮演的角色就是一个计划的追随者。教学过程成了展示课程计划的过程。案例2中，教师在其中扮演的角色是一个计划的修订者，在制定计划的同时会关注到具体实践情境的需要，根据实践的需求对课程计划进行调整，将对雾的学习调整为对雪的认识。案例3中教师根据儿童的兴趣与需求，生成了对狮子的研究，教师是课程开发者，是幼儿活动的支持者。

### （二）幼儿园课程实施的途径

幼儿园课程实施的途径是实施幼儿园课程的具体渠道，它影响着幼儿园课程实施的效果。幼儿园课程实施的主要途径有日常生活活动、游戏活动、教学活动、幼儿园与家庭、社区的合作等。

1. 日常生活活动

幼儿园生活活动是幼儿一日生活的重要组成部分,对幼儿身心发展具有重要价值。幼儿园教育目标和内容很多都是通过日常生活完成的,尤其是幼儿良好生活习惯和行为规范的养成。因此,要使幼儿园的一日生活教育化,在真实的情景中用先进的教育理念,将各种问题转化为教育契机,让幼儿获得长足发展。

 案例

一个教师的反思

很多教师发现幼儿洗手时很喜欢玩香皂和水,对此很是很苦恼。我的想法不一样。当我观察到孩子喜欢玩泡泡,那就设计一个吹泡泡的游戏,探究一下什么样的肥皂水更容易吹泡泡,能吹出大泡泡。当我观察到孩子是对水流更感兴趣,那就给予幼儿玩水的机会,在天气好、温度允许的时候,提供水和容器,让孩子自己感受和水的亲密接触的过程。另外,我和幼儿共同讨论的了水对人身体的重要性,引导幼儿思考在日常生活中,我们应该节约用水,洗手的时候不浪费水,并区分开"玩水、玩泡泡的时间"和"洗手的时间"。

此案例中的教师敏锐抓住了日常生活中的环节,让幼儿对"水"的基本特性有了更深入、更全面的认识。这位教师用自己的智慧和爱心,保护了幼儿的好奇心,为幼儿打开了一扇探索自然奥秘的大门,让他们在快乐的学习中成长。

2. 游戏活动

游戏是儿童最喜欢的并且最适合其年龄特征的活动。游戏不是一种单纯的儿童娱乐活动,而是一种具有社会意义的教育性活动。儿童在游戏中学习和成长,游戏对儿童身心发展具有特殊的意义,它对幼儿的身体、智力、情感、人格等的发展具有重要的积极作用。如角色游戏中幼儿的语言表达能力、想象能力得到发展,建构游戏中幼儿的空间思维能力得到锻炼。因此,游戏是幼儿园课程实施的一条重要途径。学前教育工作者应该高度重视游戏这一途径,为幼儿游戏创设良好的物质条件,组织多种形式的游戏来实施课程。

 案例

乘着高铁去旅行

在"认识交通工具"的主题中,教师在班级创设"乘着高铁去旅行"的角色游戏环境。在游戏开始之前,幼儿共同讨论了游戏中需要的角色,确定了旅客、司机、列车长、售票员、乘务员几类角色,并了解了各种角色的职责及文明乘车的规则。游戏区创设了购票处、安检处、候车室、检票口、站台等地方,幼儿扮演了不同的职业,学会了

看票找座位,加深了对生活经验的理解。随着游戏的不断深入,幼儿还开始探索不同交通工具之间的换乘。他们利用教室的角落,模拟了机场、汽车站等交通枢纽,在游戏中体验从高铁换乘飞机、汽车等交通工具的乐趣,不仅丰富了游戏内容,还对交通工具有了更全面的认识。

通过这个游戏,幼儿不仅加深了对交通工具和交通规则的了解,还培养了社会责任感以及团队合作能力。在游戏中,他们学会了如何与他人沟通、如何解决问题,为日后的发展打下了坚实的基础。

3. 教学活动

教学活动是由教师依据课程目标和内容,有目的、有计划、有组织地设计和安排活动,引导儿童获得学习经验。它具有目标明确、内容精选、计划性强、教师的组织指导作用强的特点。这类活动可以帮助儿童获得新知识、新技能,整理和提升已有的经验。

 案例

### 制作五谷豆浆

一、活动目标
1. 认识不同种类豆子,了解豆类的营养价值及作用。
2. 掌握豆浆的制作方法,增强动手能力。
3. 体验制作豆浆的乐趣。

二、活动重点
认识不同种类豆子,了解豆类的营养价值,掌握豆浆的制作方法。

三、活动难点
学会使用豆浆机制作豆浆。

四、活动准备
1. 物质准备:各类豆子以及芝麻、红枣、花生等,豆浆机。
2. 经验准备:提前和爸爸妈妈在家制作美味的豆浆。

五、活动过程
1. 通过谈话活动熟悉豆浆制作材料

教师:"我们上次活动认识了很多豆子,并了解了它们的生长过程,今天老师又带来了一些新朋友,谁能说出它们的名字,说一说它们会给我们身体带来什么好处呢?"

2. 认识豆浆机,了解豆浆机的使用方法

幼儿通过观察,了解豆浆机的基本结构和操作方法。豆浆机由机头、加热器、刀片、杯体、网罩等组成。它是通过电机的高速旋转带动刀片,对黄豆、红枣、五谷等食材进行强力的打击、搅拌、切割、加热,做出美味的豆浆。

3. 选择食材,了解不同食材的作用

教师:"每个人的口味都不一样,下面,请小朋友根据自己喜欢的口味选择食材哦。"

4. 制作豆浆,了解豆浆的基本制作步骤

幼儿各自选择好自己喜欢的食材后,开始操作。

操作的过程中有的小朋友遇到了水加多了、豆子加多了等问题,教师引导幼儿找来量杯,观察豆浆机上的水位线,总结得出:"水位要加到中间(1 000 ml)才合适,加太多或者太少都不行。"

5. 品尝美味的豆浆

幼儿一边品尝一边交流,感受劳动的喜悦。

六、教师反思

本次活动让幼儿在做中学,通过让幼儿认识豆浆机、了解豆浆机的使用方法、学会按刻度提示加入适量的水、按量杯加入适量的豆子等,知道了可以根据自己喜欢的口味,选择不同的材料来制作出不同口味的豆浆。幼儿在劳动中提高各种动作技能,体会快乐,体会自我的重要性和贡献力,继而产生成就感,增强自信心。

4. 幼儿园与家庭、社区的合作

家庭和社区既是幼儿的生活环境,又是幼儿的学习环境,是支持幼儿发展的重要因素。幼儿园课程的实施离不开与家庭和社区的通力合作。如带领幼儿认识"买与卖"的时候,可以与附近的超市进行合作,让幼儿在真正的购物中,体验买与卖。因此,幼儿园应该以社区为依托,构建家、园、社共育平台,促进家、园、社幼儿教育一体化。

除了教学活动、游戏活动、日常生活活动外,幼儿园开展的其他类型的活动,如节日活动、外出活动、亲子活动、家长开放日等,也是幼儿园课程实施不可缺少的途径。

## 二、幼儿园课程的评价

英国著名课程理论专家劳顿曾指出,"评价"一词是整个课程研究领域最难理解的概念之一。在我国,更多的是把课程评价看作对课程的价值做出判断的过程。幼儿园课程评价就是对幼儿园课程的价值进行判断的过程。具体来说,是根据一定的评价标准,运用多种方法和手段搜集信息,从而对幼儿园课程的价值做出判断的过程。

任何的课程评价都会涉及评价目的、评价对象、评价主体、评价方法等要素。幼儿园课程评价也不例外,它是由一定的评价目的、对象、主体和方法所构成的价值判断过程。

### (一)幼儿园课程评价的目的

为什么要进行评价,评价的目的是什么? 评价目的的确立影响着整个评价过程。评价的目的不同,具体的评价活动相应地会有所不同。例如,课程评价的目的是发现课程实施中存在的问题,为课程编制和改进提供指导意见,还是鉴定课程的优劣好坏,为教育决策提供信息。课程评价的目的不同,那么课程评价的方法、人员都可能不同。因此,在课程评价中,首先必须明确评价的目的。

**(二) 幼儿园课程评价的对象**

评价什么,即评价对象的确定也是课程评价的有机组成部分。例如,是评价整个课程计划,还是评价某一门课程的实施情况。幼儿园课程评价的对象,从大的方面来看主要包括课程方案、课程实施过程、课程效果等。每一方面的评价又包含许多具体内容,例如对幼儿园课程方案的评价具体包含对课程方案的理念、课程的目标、活动内容、组织形式等的评价。

**(三) 幼儿园课程评价的主体**

课程评价的主体可以是外部人员,如教育行政部门、社会人士,也可以是内部人员,如课程设计者或使用者。课程评价应该是一个多主体共同参与、相互支持与合作的过程。这些主体包括教师、幼儿、家长、幼儿园和教育行政部门的管理人员、课程专家等,他们在课程评价中分别发挥不同的作用。其中,教师的评价对改进教育工作极为重要。《幼儿园教育指导纲要(试行)》中明确指出:幼儿园教育工作评价实行以教师自评为主。

**(四) 幼儿园课程评价的方法**

课程评价的方法,从类型上可分为量化评价和质性评价。所谓量化评价,是力图把复杂的教育现象和课程现象简化为数量,根据量化的数据进行分析与比较,从而推断某一评价对象的成效。量化评价具有简单、明了的特点,能够直接反映评价对象的特质,适用于某些简单、单纯的教育现象。所谓质性评价,是力图通过自然的调查,全面充分地揭示和描述评价对象的各种特质,以彰显其意义。质性评价具有全面深刻的特点,更适于评价复杂的教育现象。在幼儿园课程评价中,应该把量化评价和质性评价有机结合起来,以达到相得益彰的效果。

根据评价功能与评价时间,可以将课程评价划分为形成性评价与终结性评价。形成性评价是关注过程的评价,强调儿童的学习过程。终结性评价是一种以结果为导向的评价,是在课程实施中对所获得的实际效果进行验证的评价方式。由于幼儿的学习是在操作中进行的,因此形成性评价比较契合当今的教育理念,有助于教师根据儿童的学习过程对课程实施进行再次调整,促进了生成性的发展。落实形成性评价需要教师观察、记录、分析、引导幼儿,关注儿童在学习过程中的个性化表现,促进儿童的个性化发展。

## 第五节 幼儿园典型课程方案

在幼儿园课程的发展历程中,形成了一些极具特色、富有影响力的课程方案,对学前教育机构的课程设置与实施具有强烈的现实指导作用。下面撷取其中较有代表性的课程方案作简要介绍。

## 一、蒙台梭利课程方案

### (一) 产生背景

蒙台梭利是教育史上一位杰出的幼儿教育家,意大利历史上第一位学医的女性和第一位女医学博士。蒙台梭利于1870年出生,1896年毕业于罗马大学医学系,毕业后进入精神病院做临床助理医生,主要研究智障儿童的心理与教育,并取得了显著的效果。1901年,蒙台梭利再次回到罗马大学,进修哲学、普通教育学、实验心理学和教育人类学,以扩大和加深自己的理论基础,进一步研究正常儿童的教育方法,为以后从事正常儿童的教育打下了坚实的基础。1907年,蒙台梭利创办"儿童之家",开始实验她的教育思想和教育改革方案,形成了独特的幼儿教育的理论与方法,并在欧美国家产生了广泛而强烈的社会影响。迄今为止,蒙台梭利的幼儿教育理论和方法仍在世界范围内广泛使用,有力地促进了现代幼儿教育的发展。

### (二) 理论基础

蒙台梭利教育理论的基础主要表现在她的儿童观方面。具体内容如下:

(1) 儿童存在着与生俱来的"内在生命力"或"内在潜能",这种生命力是积极的、活动的,具有无穷无尽的力量,它按照遗传的生物学规律发展。教育的任务是激发儿童的"内在潜能",并使之遵循着自己的规律获得自然的和自由的发展。

(2) 儿童的发展是个体与环境交互作用的结果。儿童由于内在生命力的驱使或生理和心理的需要而产生一种自发性活动,从而不断地与环境交互作用来获得经验,促进生理和心理的发展。所以,儿童的发展是一个连续的不断前进的过程。蒙台梭利强调儿童早期的环境经验对于以后发展的重要性,尤其是对于儿童智力发展的重要意义。同时,她也注意到儿童发展具有阶段性,各年龄阶段儿童生理、心理发展各有特点,因而应有不同的教育任务、教育内容和教育方法。

(3) 儿童有自己的兴趣和需要,会积极主动地同外界环境相互作用。教育者不应把儿童看作可以任意填充的容器,而应热爱儿童,积极观察和研究儿童,发现儿童内心的秘密,尊重儿童的个性,在儿童自由和自发的活动中帮助儿童的身体、智力、个性自然发展。

(4) 儿童的心理发展和学习过程中存在"敏感期"。所谓敏感期,是指在不同发展阶段儿童表现出对于某种事物或活动特别敏感或产生一种特殊的兴趣爱好,这时学习也特别容易且迅速,因此是教育的最好时机。但是,这种现象经过一定时间便随之消失。根据长期的观察和研究,蒙台梭利指出了一些心理现象的敏感期。例如,儿童对颜色、声音、触摸等感觉的敏感期在2—4岁,对行为规范的敏感期在2—6岁。

(5) 儿童发展是在活动中实现的。蒙台梭利认为,活动在儿童的心理过程发展中有着很重要的意义。儿童更倾向于通过直接经验来感知和理解世界,为此,她设计了一系列的操作材料,并把儿童的操作活动称为"工作"。她认为,只有工作才是儿童最主要和最喜爱的活动,只有工作才能培养儿童多方面的能力并促进儿童心理的全面发展。和其他学前教育家所不同的是,她不把游戏看作是儿童最主要的活动,因为她觉得游戏特别是假想游戏会把儿童引向不切实际的幻想,这不利于培养儿童严肃、认真、准确、求实、负责任和遵守纪律的精神和行为习惯。

### (三) 方案的建构

1. 课程目标

蒙台梭利认为,教育的目的是运用科学的方法去激发儿童的"内在潜力",使之获得自由的展现和自然的发展,将儿童培养成为独立的人。

2. 课程内容

蒙台梭利课程方案的内容主要有日常生活教育、感官教育、数学教育、语言教育等。

日常生活教育主要包括与儿童自身有关的日常生活练习,如穿衣服、脱衣服、洗脸、洗手、刷牙等,以及与环境有关的日常生活练习,如扫地、拖地、擦桌椅、摆桌椅、端盘子、整理房间等。日常生活教育的目的是使儿童学习实际的生活技能,养成良好的生活习惯,训练儿童日常生活自理能力,培养幼儿的独立性、自主性、专注力、协调力以及意志力。

感官教育包括触觉、视觉、听觉、味觉、嗅觉等感官的训练,其中,触觉训练最为主要。触觉训练有辨别物体光滑程度、冷热程度、轻重程度以及物体大小、长短、厚薄等的训练;视觉训练包括识别物体形状、颜色、量度的训练;听觉训练包括分辨音高、音响、音色的训练;味觉训练包括识别不同味道的训练;嗅觉训练包括提高嗅觉敏锐度的训练。感官教育通过训练视觉、触觉、味觉、嗅觉、听觉来提高儿童的观察能力和分辨能力。

数学教育的内容主要有:0 到 10 的认识,十进制连续数的认识,分数的认识,平方、立方的认识,加、减、乘、除四则运算等。蒙台梭利的数学教育主要培养儿童初步的数量概念、逻辑思维能力、理解能力和判断能力,建立儿童的数学基础。

语言教育主要包括口头语言训练和简单的书写活动。蒙台梭利发现儿童语言的敏感期在 6 岁之前,因此不但强调母语教学,同时培养儿童多种语言,特别是英语的发展。

3. 课程方案的实施

蒙台梭利课程方案的实施包括三个方面:① 有准备的环境。蒙台梭利认为儿童是不知疲倦的探索者,他们从环境中获取一切他们想要的东西,并且把它变为自己的一部分。有准备的环境包含生理的和心理的两部分。生理环境被设计为有序的、适合孩子身高的、美观悦目的以及视觉上和谐的环境。心理环境主要表现在教师对儿童的态度上,教师尊重每个孩子及其需要,支持儿童与环境的相互作用。② 使用蒙台梭利教具。在蒙台梭利的教室里教具繁多,这些教具并非教师用来教学的工具,而是儿童工作的材料,儿童通过重复练习操作这些教具,来建构完善的人格。③ 做好观察、示范、指导和准备。蒙台梭利主张 3—7 岁儿童的教育不是以灌输知识为主,而是以活动为主,儿童在教师的指导、关心、鼓励和帮助下,从活动中获得知识和经验,身心和谐发展。教师是儿童活动的观察者、示范者、指导者和准备者。

### (四) 对蒙台梭利课程方案的评价

蒙台梭利课程方案重视儿童的内在需要,强调借助于能满足其内在需求的环境与活动来促进儿童的自我发展。但由于脱胎于智障儿童的训练方案,加之时代的限制,蒙台梭利教育方案不可避免地具有一些局限性,主要表现在以下几个方面:① 强调孤立的感官训练,脱离实际,不太适合正常儿童;② 在操作教具时强调给儿童选择教具和操作时间上的自由,但儿童操作教具的方法、规则是固定的,她要求儿童按照某种固定的步骤和方法不断地进行重复练习,这十分不利于儿童创造性的发展;③ 过于强调读、写、算的学习,忽视儿童实际的生活经验,不利于儿童的发展。

## 二、高瞻课程方案

### (一) 产生背景

高瞻(High/Scope)课程是美国现代幼儿教育课程的一个重要流派。高瞻课程方案包括学前教育方案、小学教育方案、青少年教育方案。在这些方案中以学前教育方案最先形成,也最为有名。目前,在全世界范围内已经有众多学前教育机构在使用高瞻课程,可以说高瞻课程是当今世界上应用最广泛的幼儿园课程之一。

高瞻课程开始于1962年,是在美国儿童心理学家戴维·韦卡特的领导下建立的。当时韦卡特注意到来自低收入家庭的学生在学校大半处于失败群体之中,他初步分析后提了假设:如果能对这类家庭三四岁的幼儿进行早期介入服务,有可能提升他们入学后的表现。于是,在此基础上开展了一个著名的佩里实验。

**佩里实验**

实验对象是家庭贫困的黑人孩子。他们智力水平相当,随机分为两组。一组为实验组,接受高瞻课程理念指导下的学前教育,定期家访;另一组为对比组,不接受高瞻教育,也没有家访。之后对两组孩子持续跟踪直至成年。实验表明:实验组的孩子成年后在智力、社交能力、心理健康、文化水平、职业发展等方面都明显高于对比组的孩子。

佩里实验的研究成果提高了社会各界人士对学前教育重要性的认识。

1965年美国开始实施开端计划(Head Start),这是一项追求教育公平、向贫困开战的计划,它关照工薪阶层和低收入家庭,让儿童都能接受最专业的教育,消除贫困的恶性循环。高瞻课程就是开端计划第一批通过的项目,并由此发展,逐渐成熟、壮大。1970年,高瞻教育研究基金会正式成立。高瞻的创始人戴维·韦卡特在说到高瞻名称的时候表示,选择"高(high)"是表示儿童的抱负,而"视角(scope)"是描绘儿童所期望的远景或者梦想的广度。

### (二) 理论基础

高瞻课程是吸取现代教育学和心理学的研究成果而建立起来的一种颇具特色的

幼儿认知发展课程,理论基础是皮亚杰的儿童发展理论。皮亚杰认为,儿童的发展是一个持续的过程,儿童的活动在发展中具有重要作用,儿童具有主动性,儿童是在与环境积极的相互作用中获得发展的。因此,这一课程方案将儿童看作是主动的学习者,非常强调儿童主动学习,让幼儿在主动活动中学习并获得发展。

（三）课程方案的建构

1. 课程目标

高瞻课程的课程目标是以认知发展理论为基础,在设计之初,其重要目的是促进儿童认知能力的发展,1995年之后,"主动学习"成为其教学设计的核心。

2. 课程内容

20世纪70年代后期,"关键经验"这一概念出现在美国高瞻课程的理论体系中,用来描述学前儿童在社会、认知、身体和情感等方面的发展状况。高瞻课程内容最初包括5大类49条关键经验,即主动学习的关键经验、语言运用的关键经验、经验和表征的关键经验、发展逻辑推理的关键经验(分类、排序、数概念)、理解时间和空间的关键经验。2009年,高瞻课程研究人员将"关键经验"正式更名为"关键发展性指标",主要包括五大领域,即学习方式,语言、读写能力与交流,社会性和情感发展,身体发展和健康,艺术和科学。2010年,高瞻课程的研究人员又对该课程内容进行了修订,从艺术和科学分出数学、科学和技术、创造性艺术、社会学习四个方面,共计8个领域,58条关键性指标,具体内容如下:

一、学习方式

1. 主动性:探索世界时展示出主动性;
2. 计划:制定计划并按计划行事;
3. 参与:集中于引起他们兴趣的活动;
4. 问题解决:解决游戏中遇到的问题;
5. 资源利用:收集信息并对他们所处的世界形成一定的认识;
6. 反思:对自我的经验进行反思。

二、社会性和情感发展

1. 自我认同:有积极的自我认同;
2. 胜任感:感到自己是有能力的;
3. 情绪:识别、归类和管理自己的情绪;
4. 同理心:展示对他人的同理心;
5. 共同体:参与到班级的共同体中;
6. 建立人际关系:与其他儿童和成人建立人际关系;
7. 合作游戏:参与合作游戏;
8. 道德发展:形成内在的是非观;
9. 冲突解决:解决社会性冲突。

三、身体发展和健康

1. 大动作技能：展示使用大肌肉的力量、柔韧性、平衡性和收放自如；
2. 精细动作技能：展示使用小肌肉的灵活性和手眼协调能力；
3. 身体知觉：了解自己的身体并知道如何控制；
4. 个人护理：自己进行个人的日常护理；
5. 健康行为：参与健康方面的实践。

四、语言、读写能力和交流

1. 理解：理解语言；
2. 说：用语言进行自我表达；
3. 词汇：理解并使用各种各样的词汇和短语；
4. 语音意识：识别口语中的不同发音；
5. 字母知识：识别字母及其发音；
6. 读：为了消遣和获得信息而阅读；
7. 印刷物概念：展示对周围环境中印刷物的知识；
8. 书本的知识：展示对书本的知识；
9. 书写：基于各种目的进行书写；
10. 英语语言学习（如果适用）：使用英语和他们的家庭语言（包括手势语言）。

五、数学

1. 数字和符号：识别和使用数字和符号；
2. 计数：数数；
3. 部分—整体关系：合并和分解物体的数量；
4. 形状：识别、命名和描述形状；
5. 空间意识：识别人、物体间的空间关系；
6. 测量：通过测量对物体进行描述、比较和排序；
7. 单位：理解和使用单位的概念；
8. 模式：识别、描述、复制、完成和创建模式；
9. 数据分析：利用数量的信息得出结论、作出决定和解决问题。

六、创造性艺术

1. 艺术：通过二维、三维的艺术表达表现他们所观察的、所思考的、所想象的和所感受的；
2. 音乐：通过音乐表达表现他们所观察的、所思考的、所想象的和所感受的；
3. 动作：通过动作表达表现他们所观察的、所思考的、所想象的和所感受的；
4. 假装游戏：通过假装游戏表达表现他们所观察的、所思考的、所想象的和所感受的；
5. 欣赏艺术：欣赏创造性艺术。

七、科学和技术

1. 观察：观察所处环境中的材料和程序；
2. 分类：对材料、行为、人和事件进行分类；

3. 实验:通过实验验证想法;

4. 预测:预测他们所希望发生的事情;

5. 得出结论:基于经验和观察得出结论;

6. 交流想法:交流他们对事物的特征以及其工作机制的想法;

7. 自然和物理世界:收集有关自然和物理世界的知识;

8. 工具和技术:探索和使用工具与技术。

八、社会学习

1. 多样性:理解人们有不同的性格、兴趣和能力;

2. 社区角色:认识到人在社区中有不同的角色和作用;

3. 决策:参与制定班级决策;

4. 地理:识别并解释他们所处环境的特征及地理位置;

5. 历史:理解过去、现在和未来;

6. 生态:懂得爱护他们所处环境的重要性。

3. 课程方案的实施

高瞻课程的具体内容反映在班级内外的环境设置中,它们往往是以"活动区"为形式展开的,其中有积木区、娃娃家区、美工区、安静区、音乐区、木工区、玩沙玩水区、动植物区、户外活动区等。活动主要包括计划—操作—回忆(Plan—Do—Review)三个环节和其他一些活动。

高瞻课程把一天的时间分成几个固定的时间段,包括计划—操作—回忆时间、小组活动时间、大组活动时间、户外活动时间。每个时间段都有一个固定而灵活的活动内容,各时间段之间的转换是顺畅而自然的。

在所有的活动中,计划—操作—回忆时间是最重要的活动时间。在计划时间,幼儿自主、自由地计划自己将要做什么,当然,计划的制订需要教师的帮助。教师与幼儿讨论计划,帮助幼儿形成自己的想法。在工作(做)时间,幼儿把自己的计划与想法付诸实施,即进行他们所计划的活动,教师则鼓励、指导和支持幼儿的活动。在回忆时间,幼儿和教师一起讨论回忆自己的活动,并可以展示自己工作的成果。通过"计划—做—回忆",可以引发幼儿主动学习,增强幼儿独立思考和解决问题的能力。

高瞻课程的实施还借助其他活动来开展,诸如在小组活动时间,幼儿可以利用教师提供的材料进行活动。在集体活动时间,教师给幼儿提供参与大组活动、交流和表达思想等的机会,全班幼儿一起唱歌、做手工、做游戏、讨论问题等。在户外活动时间,幼儿可以活动身体,或者在户外尝试工作时间的想法。

高瞻课程的实施中,还非常重视物理环境的布置和材料的挑选。从"幼儿在一个具有丰富刺激但同时又是井然有序的环境中学习最佳"的观点出发,要求活动室物质环境的准备和布置必须是吸引人的,也就是必须符合幼儿身心发展的特点,材料应是丰富的,能够支持幼儿多种多样的游戏活动,支持幼儿各种感知觉的发展,反映不同儿童家庭的文化。同时,这些材料都按类存放,幼儿能够容易地拿到这些材料,并易于正确地归还原处。整个幼儿教育中心通常被分成几个兴趣区,如沙水区、建筑区、积木区、玩具区、娃娃家区等。这些兴趣区数量的多少不是固定的,兴趣区的内容也不是一成不变的,可以根据各幼儿教育中心的实际情况及幼儿的兴趣而设置或改变。而且每个兴趣区安置在幼儿中心的什么地方,每个区应该放些什么材料,都有具体细致的说明。

**(四) 对高瞻课程的评价**

高瞻课程强调幼儿主动学习、主动建构,注重提供材料和挑战性情景来锻炼幼儿的思维能力,注重教师和幼儿之间的积极互动,突出了教师的指导作用。高瞻课程被认为是"适宜儿童发展的教育实践",是一个具有较高质量的学前儿童教育方案。

## 三、瑞吉欧课程方案

**(一) 产生背景**

瑞吉欧教育体系是第二次世界大战后在意大利的瑞吉欧·艾密里亚小镇形成的。20世纪60年代以来,该市在马拉古兹的发起和领导下,依靠政府、社区民众的大力支持,结合意大利传统文化,尝试运用和借鉴了很多教育学和心理学理论,进行了长时间的探索,形成了继蒙台梭利之后,又一个颇具特色、堪称影响世界的幼儿教育体系。

**(二) 理论基础**

1. 进步主义教育思想

瑞吉欧教育体系的创始人马拉古兹称,该体系的建立曾受到杜威、克伯屈等一些欧美进步主义思想家、教育家的影响。

杜威是进步主义理论的代表人物,他对瑞吉欧教育体系的影响主要体现在三个方面:① 儿童中心的教育理念。马拉古兹说:"在我们的教育体制中,最基本的就是以幼儿为中心。"瑞吉欧教育尊重儿童的身心发展特点,成人不对儿童施加权威,而是儿童的伙伴和指导者。② 教育应鼓励民主与合作。在瑞吉欧教育体系中,教师根据儿童的兴趣、需要与儿童一起开展教育与学习,学校的教师、家长、社区的代表共同参与学校的决策和管理,民主、合作的精神在瑞吉欧的儿童观、教育观以及学校实行的社区式管理中得到了充分的体现。③ "从做中学"的思想。瑞吉欧的"方案活动"的开展正是以此为基础,提倡儿童决定活动目的,儿童自己制订计划,自己进行活动,自己进行评价。

2. 建构主义理论

马拉古兹指出,瑞吉欧教育体系的建立还受到了皮亚杰、维果茨基等心理学家的建构主义思想的影响。皮亚杰认为,知识来源于主客体的相互作用,活动是促使儿童主动学习的基础,这种相互作用的活动观体现在瑞吉欧教育体系中。维果茨基认为,人与人之间的交往是人高级心理发展的源泉和动力,他强调社会交往在儿童心理发展中的作用。因此,瑞吉欧教育非常重视每一个幼儿与其他幼儿、教师、家长及周围的社会文化环境之间的关系与互动。

**(三) 课程方案的实施**

1. 方案教学

方案活动是瑞吉欧教育体系课程的主要特征之一。在瑞吉欧的幼儿园中,课程的组织结构就是幼儿参与的广泛而深入的方案探索活动。所谓方案活动,是指儿童针对某个主题所做的探索活动,是儿童以小组活动为主的形式与教师一起合作探索他们感兴趣的问题。

瑞吉欧的方案活动包括三个阶段:

一是方案准备阶段,或称起始阶段。其主要任务是回顾儿童现有的知识和兴趣,确定儿童的兴趣所在。教师鼓励儿童采用语言或动作表达、绘画、表演等多种形式共享一些经历和回忆,并根据儿童所共享的信息和经历来确定儿童的兴趣,进而与儿童一起确定所要进行的主题。这个过程也是主题探索的过程和主题网络编制的过程,在这个过程中,家长也可以以各种方式参与进来,为儿童提供丰富的信息资源。

二是方案实施阶段,或称发展阶段。确定了活动主题后,方案便可以展开实施。该阶段主要是为儿童提供新的经验和研究机会,使其获取直接经验。儿童在进入主题后根据其关注的不同方面来验证自己的假设,探寻事实的真相等,同时对客观的环境加以有目的的改造。这个阶段教师要做好详细和客观的过程记录,并鼓励幼儿自己记录所获得的信息。幼儿可以通过谈论、绘画、表演等多种形式对所进行的活动进行回忆并记录,以便为下一个阶段做好准备。

三是总结方案活动阶段,或称方案评价阶段。在活动结束时,幼儿已经获得了丰富的经验和多样化表达所展现出的作品,这时教师和幼儿可以对方案进行总结,对方案进行评价和分析工作。该阶段是对幼儿活动的记录与见证,更是一个信息分享和展示的过程,并且很有可能在这个过程中会延伸出新的主题。通过这个过程,教师更加了解幼儿,而幼儿也对已经完成的方案活动进行了回顾,强化了幼儿的经验和技能。在这个阶段中,教师可以鼓励幼儿对自己的活动进行评价,与方案进行前后的状态进行对照。

2. 小组教学

瑞吉欧教育体系强调儿童在学习和发展中社会交往的重要性,相信儿童在作用于材料的过程中产生与他人交流自己想法的需要,并在与他人相互作用的过程中共同建构知识。因此,方案活动多以小组方式进行,小组一般是3—5人,有时是2人。瑞吉欧认为这种小组工作的方式有利于保证同伴间的合作研究。方案活动中的同伴合作体现在许多方面,如能力强的幼儿可以向同伴提供经验或技能上的指导与支持等。瑞吉欧也认为小组内同伴间在发展水平上的差异也不应过大,应有一个适当的距离,既能互相进行观点的交换和切磋,又不会因差异过大而产生过度的不平衡。

### 3. 多语言的表征系统

瑞吉欧创始人马拉古兹认为,只要成人能为儿童安排促进其创造性发展的环境,儿童就有可能运用多种符号系统(他称之为"儿童的一百种语言")表现和表达自己。在课程实施过程中,教师鼓励儿童运用各种符号系统,创造性地表现和表达自己。马拉古兹指出,儿童创造性潜能的发展是与教育环境不可分离的,应为儿童提供机会,让他们去探索自己的和别人的想法,去作用于材料,并有所发现和发明。瑞吉欧学校为儿童提供大量的材料,如画纸、画笔、黏土等,让幼儿以此为媒介自由地表现和表达,极力倡导让幼儿运用多种语言,尤其是图像文字来表征他们对世界的认识,鼓励幼儿运用除口头、文字语言之外的诸多种方式,去表达自己的想法和情感。

儿童的一百种语言
马拉古兹

孩子
是由一百种组成的
孩子有
一百种语言
一百双手,
一百个想法
一百种思考、游戏、说话的方式,
一百种倾听、惊奇、爱的方式,
一百种歌唱与了解的喜悦。
一百种世界,
等着孩子们去发现;
一百种世界,
等着孩子们去创造;
一百种世界,
等着孩子们去梦想。
孩子有
一百种语言
(还多了一百种的百倍再百倍)
但是他们偷走了九十九种。
学校和文化,
把脑袋与身体分开。
他们告诉孩子:
不要用脑袋去想,
不要用双手去做,
只要倾听不要说话,

了解但毫无喜悦，
只有在复活节与圣诞节的时候，
才去爱与喜悦。
他们告诉孩子：
去发现早已存在的世界，
而一百种世界，
他们偷走了九十九种。
他们告诉孩子：
工作与游戏，
真实与幻想，
科学与想象，
天空与大地，
理由与梦想，
不是一起的。
他们告诉孩子，
一百种并不在那里。
孩子说：
不，一百种是在那里。

4. 记录既是学习的过程，又是学习的结果

瑞吉欧学校的墙上贴满了教师记录儿童活动过程的各种材料，特别是他们参与长期方案活动的材料。运用文字，特别是运用录像和照片等视觉记录材料，教师与儿童、家长一起重温活动过程，"幼儿透过记录，看着自己所完成的工作时，会更加好奇、感兴趣以及有自信心"。透过记录中幼儿自己的活动或与同伴的比较，或透过倾听记录中其他小朋友的对话，幼儿进一步肯定、修正自己，进一步进行自我整合，构建知识。记录也为教师和家长懂得儿童、理解儿童创造了机会，记录为教师提供了一个再一次倾听、观察、思考幼儿的独特机会。透过记录，教师个人可以重新检视或与其他教师共同思考自己的思路、想法，从而修正自己的教学行为和策略，获得新的讯息、点子，为下一步的教学规划做准备。

### （四）对瑞吉欧课程的评价

瑞吉欧教育体系在20世纪70年代末开始受到关注，特别是名为"儿童的一百种语言"瑞吉欧教育成就展使其声名显赫。瑞吉欧教育获得了人们的高度赞赏与肯定。加德纳曾说："瑞吉欧在我的印象中是行之有效的和具有人性的教育，儿童在此所受的充满人文色彩的教育将使其受用终身。"布鲁纳在访问了瑞吉欧后则说："眼中所见实在出乎意料，并非他们是我所见过中最为优秀的缘故，最打动我的地方是他们如何培养孩子的想象力，同时在这个过程中如何强化孩子们对'可能性'的认识与知觉。"瑞吉欧教育以儿童的生活经验，兴趣能力为基础，关注儿童的情绪情感、社会性发展

和创造力的培养,促进了儿童的多样化表征和个性化发展。

### 四、陈鹤琴"五指活动"课程方案

**(一) 产生背景**

陈鹤琴是我国现代著名的儿童心理学家和儿童教育家,他早年留学美国,师从克伯屈、孟禄、桑代克、罗格等人,专心研究和学习教育学和心理学。1919年回国后任教于南京高等师范学校,教授教育学和心理学。1923年在南京创办了南京鼓楼幼稚园并任园长,后来又建立了我国第一个幼儿和心理学研究中心,从事并领导幼儿园课程等方面的研究工作。针对当时中国幼儿园中的外国幼儿教育课程严重充斥的状况,他与张宗麟等人一起进行幼儿园课程的中国化和科学化的探索,提出了"活教育"思想,极大地推动了中国幼儿园课程的改善和发展,成为我国幼儿园课程改革的先驱。

**(二) 理论基础**

20世纪40年代末形成的"活教育"理论体系,构成了陈鹤琴"五指活动"课程的理论基础。为了将当时的"死教育"变为前进的、主动的、有生气的"活教育",陈鹤琴提出了要使教师"教活书,活教书,教书活",使儿童"读活书,活读书,读书活"的教育主张,并把这一教育主张定义为"活教育"。陈鹤琴"活教育"理论的内涵主要体现在"三大纲领"——目的论、课程论、方法论中。

1. "活教育"的目的论——强调做人教育

陈鹤琴在"活教育"目的论中明确而全面地提出了教育目的,即要教人"做人,做中国人,做现代中国人"。他强调了"做人"的基本条件:第一,要有强健的身体;第二,要有建设的能力;第三,要有创造的能力;第四,要有合作的态度;第五,要有服务的精神。在此基础上他又进一步丰富了"目的论"的内涵,提出"做人,做中国人,做现代中国人,做世界人"。这一目的论全面而深刻地概括了做人的内涵——做一个具有现代综合素质的新人,体现了陈鹤琴的爱国主义精神和放眼世界的情怀,具有高度的哲理性和时代性。

2. "活教育"的课程论——强调"活教育"的本质

陈鹤琴批评旧教育是"死教育",针对课程、教材的盲目和呆板,教学方法欠适宜和灵活,提出了"活教育"的课程论,其主要观点表现在:第一,课程应为目标服务;第二,课程内容的选择应注重儿童的生活环境,以大自然、大社会为中心;第三,课程结构以"五指活动"为基本成分;第四,课程实施应采用"整个教学法"、游戏法和小团体式教学。他的课程论强调了目标性、生活性、自然性、社会性、环境性、综合性、灵活性的理念,突出了"活教育"的本质,体现了活课程观、活教育观、活学习观的理念,具有超前性和科学性。

3. "活教育"的方法论——强调实践教育

"活教育"方法论的基本原则是"做中教,做中学,做中求进步"。"活教育"方法论重视直接经验,强调以"做"为中心,主张打破班级、时间、空间、教材的界限。不提倡班级授课制,重视室外活动,提倡"共同研究学习"。陈鹤琴把教学过程分为四个步骤:实验观察—阅读参考—发表创作—批评研讨,明确教师的责任是引发、供给、指导、欣赏。"活教育"方法论的宗旨是反对封闭教育,强调实践教育,体现了主动学习、发现学习、自主学习、探究学习、共同学习的过程,具有创新性。

### (三) 方案的建构

1. 课程目标

陈鹤琴在研究中国二十世纪二三十年代幼儿园课程实际的基础上,从身体、智力、情感等方面提出了自己的幼儿教育目标。① 身体方面的目标:"应有健康的体格,养成卫生的习惯,并有相当的运动技能。"② 智力方面的目标:"应有研究的态度、充分的知识、表意的潜力。"③ 情感方面的目标:"应能欣赏自然美和艺术美,养成欢天喜地的快乐精神,消泯惧怕情绪。""应该具有协作精神,同情心和服务他人的精神。"

2. 课程内容

陈鹤琴认为书本知识是间接的、形式化的,主张"大自然、大社会是我们的活教材"。大自然、大社会提供给儿童的是最生动、直观和鲜明的知识,切合儿童的生活实际,容易激发儿童的兴趣,为儿童所理解,因此应该以大自然、大社会为中心选择课程内容。

陈鹤琴用人的五个连为一体的手指作比喻,提出了课程结构的"五指活动"理论。五指活动包括:

(1) 健康活动:饮食、睡眠、早操、游戏、户外活动、散步等。
(2) 社会活动:朝夕会、周会、纪念日、集会、每天的谈话、政治常识等。
(3) 科学活动:栽培植物、饲养动物、研究自然、认识环境等。
(4) 艺术活动:音乐(唱歌、节奏、欣赏)、图画、手工等。
(5) 语文活动:故事、儿歌、谜语、读法等。

这五个方面是相互联系的,就像人的五个手指,共同构成了具有整体功能的手掌。幼儿园课程的全部内容包括在这五种活动中。但是这五个方面是有主次之分的。陈鹤琴认为,儿童健康是幼儿园课程中第一重要的,因为强国需先强种,强种要先强身,强身要先重视年幼儿童的身体健康。另外,他认为幼儿园应特别注重音乐,因为音乐可以陶冶儿童的性情,鼓励儿童进取。还有,应该重视语言,因为它是人际交流的工具和儿童学习的工具。

3. 课程方案的实施

五指活动课程的实施原则是"做中教,做中学,做中求进步"。陈鹤琴指出:"凡是儿童自己能够做的,就让儿童自己做;凡是儿童自己能够想的,就让儿童自己想;你要儿童怎样做,就应当教儿童怎样学。"在课程实施中具体可以采用整个教学法、游戏法和小团体活动。

所谓整个教学法,就是把儿童所应该学习的东西整个地、有系统地去教给儿童。因为学前儿童的生活是整个的,学前儿童的发展也是整个的,外界环境的作用也是以整体的方式对儿童产生影响的,所以为儿童设计的课程也必须是整个的、互相联系的,而不能是相互割裂的。

陈鹤琴主张幼儿园应当采用游戏式的教学去教导儿童。游戏是学前儿童最喜欢的活动,儿童在游戏中、在活动中学习,能收到事半功倍的效果。

他还强调幼儿园应多采用小团体的教学法。由于学前儿童都是具有差异的不同个体,每个儿童都是相对独立的,他们的智力发展水平不一,兴趣不同,采用小团体式教学,可以使处于不同发展水平的儿童在相互作用中都获得长进。

### (四) 对课程的评价

五指活动课程是陈鹤琴对幼儿教育中国化、科学化的一大贡献,对我国幼儿园课程的发展产生了重要的影响。他所倡导的以大自然、大社会为中心选择课程内容,以及"做中教,做中学"的课程实施方法,是我国幼儿园课程发展历史中的一笔宝贵财富,对我国目前幼儿园课程实施具有强烈的现实意义。

1. 如何理解幼儿园课程的内涵?
2. 如何制定幼儿园课程目标?
3. 如何选择幼儿园课程内容?
4. 幼儿园课程实施的价值取向有哪些?
5. 你认为世界经典的幼儿园课程方案对我国幼儿园课程实施有何启示?

幼儿园的山楂树成熟了,从山楂树上开始结出小山楂开始,孩子们就经常到树边对山楂进行观察,讨论什么时候可以吃到山楂,并分享着对山楂味道的认识。当山楂开始慢慢变红的时候,孩子们开始讨论:"山楂可以吃了吗?""山楂可以做山楂糕,可好吃了。""山楂还可以做冰糖葫芦呢。"因此,教师带着幼儿亲自采摘山楂,了解山楂的生长过程,制作冰糖葫芦,开启了对山楂的探索之旅。

根据本章所学内容,请分析此活动实施中的优点有哪些。

1. 冯晓霞.幼儿园课程[M].北京:北京师范大学出版社,2001.
2. 朱家雄.幼儿园课程[M].上海:华东师范大学出版社,2003.

# 第六章 幼儿园日常生活活动

1. 了解幼儿园日常生活活动的内涵与特点。
2. 掌握幼儿园日常生活活动中不同环节的组织要点。
3. 理解保育活动在幼儿园一日生活中的价值。

**内容结构图**

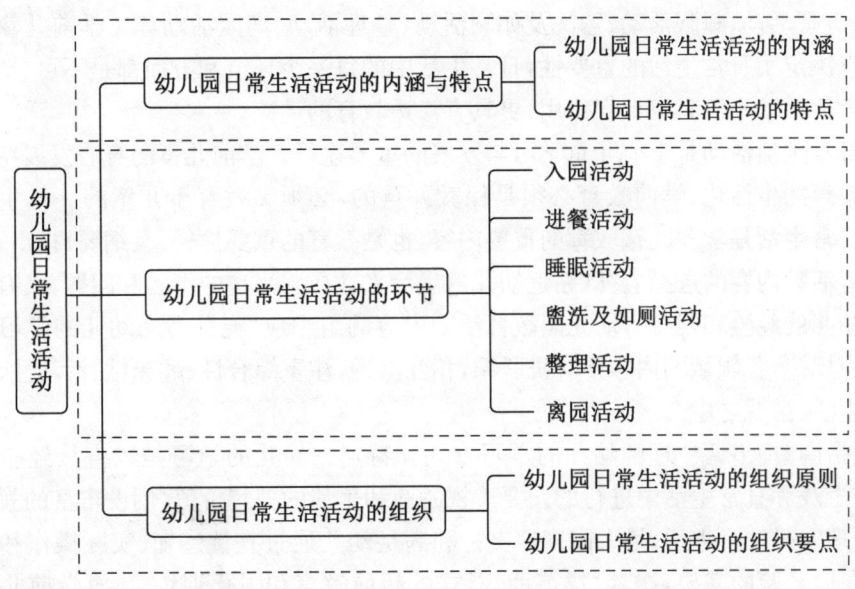

**问题导入**

张老师发现班上大部分幼儿洗手的方法不正确,手总是洗不干净。于是张老师让幼儿相互看看、摸摸自己和别人的手,比比谁的手更干净。她还利用娃娃家的脸盆、肥皂、毛巾等,带领幼儿总结洗手的"小诀窍",学习并练习洗手的正确步骤。为了帮助幼儿牢固掌握正确的洗手方法,她在洗手池旁贴上了洗手步骤图,并让幼儿在一日活动的盥洗环节及角色游戏中进行练习巩固。你认为张老师的做法有什么优点?

## 第一节 幼儿园日常生活活动的内涵与特点

《幼儿园教育指导纲要(试行)》指出:"幼儿园应为幼儿提供健康、丰富的生活和活动环境,满足他们多方面发展的需要,使他们在快乐的童年生活中获得有益于身心发展的经验。"因此,重视幼儿在园的日常生活活动是学前教育的重要理念,既满足了幼儿身心发展的需要,也符合时代发展的需求。

### 一、幼儿园日常生活活动的内涵

从语义上看,"日常"强调的是一种常规性和反复性,是日日都要发生的事情。幼儿园日常生活活动是一种常规性的生活活动。从内容上看,"生活"在广义上是指与人的存在和发展相关的活动的总和,既包含以重复、琐碎、习惯为特征的周而复始的日常生活,也包含人类为了提高生存和生命质量而进行的有目的的特殊活动。幼儿园日常生活活动是指学前教育机构中满足儿童基本生活需要的活动,主要包括入园活动、进餐活动、睡眠活动、盥洗及如厕活动、整理活动、离园活动等。学前儿童的年龄特点决定了日常生活的重要性,日常生活中的每一个环节和方面都是不可分割的,日常生活活动不仅具有保育作用,更具有渗透教育的功能。

日常生活活动是学前儿童学习与发展的重要途径。学前儿童的身心发展特点决定了教育的生活化,学前教育必须是保教并重的,必须寓教育于儿童的一日生活之中。日常生活是学前儿童教育的重要内容,也是教育的重要途径。《纲要》指出,幼儿园教育活动内容的选择应"既贴近幼儿的生活来选择感兴趣的事物和问题,又有助于拓展幼儿的经验和视野",幼儿园教育活动内容的组织应"充分考虑幼儿的学习特点和认识规律,各领域的内容要有机联系,相互渗透,注重综合性、趣味性、活动性,寓教育于生活、游戏之中"。

《指南》提出,要"理解幼儿的学习方式和特点。幼儿的学习是以直接经验为基础,在游戏和日常生活中进行的。要珍视游戏和生活的独特价值,创设丰富的教育环境,合理安排一日生活,最大限度地支持和满足幼儿通过直接感知、实际操作和亲身体验获取经验的需要,严禁'拔苗助长'式的超前教育和强化训练"。对学前儿童而言,大部分的学习是生活化的、游戏化的,学习内容就是日常生活本身。因此,学前教育机构应从儿童的一日生活中挖掘教育资源,把各种教育内容与儿童一日生活联系起来,把教育活动同儿童一日生活结合起来。儿童日常生活的每一个环节都具有教育价值,都应从儿童发展的现实出发,加以充分的组织和利用。

## 二、幼儿园日常生活活动的特点

### (一) 生活性

儿童的年龄特点和身心发展需要决定了幼儿园教育目标和内容的广泛性。对于幼儿来讲,除了认识周围世界、启迪其心智的学习内容以外,一些生活和"做人"所需要的基本态度和能力,如卫生习惯、生活自理能力、交往能力等都需要学习,这样广泛的学习内容不可能仅仅依靠教师设计和组织的教育教学活动来完成,还要依靠平时日常活动的教育功能,这样儿童才能在生活中学习如何生活,在交往中学习如何交往。因此,日常生活活动体现了生活性的特点。

### (二) 自在性

日常生活活动具有自在性特征,在现实生活中我们可以发现,很多儿童的日常生活一般都没有固定的活动内容。他们可以根据自己的意愿随意去做自己喜欢的事情,没有时间限制,也没有空间限制,一切遵循自己的喜好。

### (三) 规律性

学前教育机构的日常生活是平常而琐碎的,但又反复出现。在日常生活活动中,学前儿童的能力和习惯的形成是日积月累的,并具有反复的特点。学前儿童良好行为习惯的养成贯穿于日常生活的方方面面,与他们各方面的发展有着紧密的联系。良好生活习惯的培养,重点是从日常生活中的琐事、小事做起。

### (四) 情感性

学前儿童在日常生活活动中要接触许多事物,了解许多物品的名称、性能和用途,这对于他们增长知识、丰富认知有一定的促进作用。在日常生活活动中,要鼓励并帮助幼儿不断克服困难,从而获得成功的体验。而成人及时的鼓励与肯定,都将强化这种体验,使他们获得成功的满足感、充实感和自信心。另外,在日常生活活动中学前儿童逐步建立良好的生活卫生习惯、生活自理能力、自我保护意识,学会关注和理解自己及他人的情绪情感,学会用恰当的方式表达情感和需要,也提高了他们的自信,促进了社会化的发展。

学前儿童的年龄特点决定了学前儿童日常生活的重要性,这种日常生活的每一种形式、每一个环节、每一个方面都是不可分割的,要正确认识日常生活活动的重要性。

## 第二节 幼儿园日常生活活动的环节

学前儿童身体机能发育尚不成熟,神经系统发育尚不完善,在自我调节方面还不能收放自如,这就要求教师合理地安排他们的生活活动,培养儿童良好的作息习惯,掌握初步的卫生常识,逐步提高生活自理能力。日常生活活动的环节主要包括入园活动、进餐活动、睡眠活动、盥洗及如厕活动、整理活动、离园活动,下面就将这些活动逐一进行介绍。

## 一、入园活动

### 1. 入园准备

幼儿入园之前,教师需要对幼儿活动室、卧室开窗通风,保持室内空气清新、阳光充足,对桌面进行消毒,把已消毒的口杯、毛巾摆放到固定位置。教师需检查班级环境(地面、玩具、物品等)是否存在不安全因素。

### 2. 入园接待

热情主动向幼儿问好,并鼓励幼儿积极主动向老师、同学问好;及时关注幼儿入园情绪,对情绪不佳的幼儿及时向家长了解原因,并给予安慰;与家长做好交接手续,并和家长进行简单、必要的交流,记录家长反映的特殊情况,如幼儿是否生病,是否需要服药等。教师要对特殊情况的幼儿加以特殊关照,发现问题及时处理或通知家长。

### 3. 入园晨检

在幼儿进入班级前,幼儿需要在幼儿园晨检处进行手部消毒、测体温,保健老师询问幼儿在家有无异常情况,观察幼儿精神状况,查看有无发热和皮肤异常,检查有无携带不安全物品,发现问题及时处理等。对有异常的幼儿,保健老师及时记录并询问相关情况,对有特殊需求的幼儿及时与班级老师联系。

## 二、进餐活动

进餐活动包括早餐、午餐、晚餐和午睡后的点心以及日常生活的饮水,幼儿进餐必须定时定量,三餐进餐间隔时间以 3—4 小时为宜。在日常生活的进餐活动中要注意做到以下几点。

### 1. 进餐环境

教师及保育员要努力为幼儿营造安全、整洁、温馨、有趣的进餐环境。购买的餐具要便于消毒、轻巧、美观,适合并吸引幼儿尝试自己动手吃饭。进餐的环境要明亮宽敞,进餐过程中切勿大声呵斥幼儿,进餐时可播放一些轻松愉快的音乐,使他们愉快进餐。

**案例**

*开心餐吧*

午餐时间到了,活动室播放着轻音乐。老师有秩序地把餐具和食物放在活动室一侧的餐桌上,幼儿用餐盘有序地来取。特别有趣的是,小朋友们的餐厅(区)是可以自选的:有小猫咪餐厅、小猪餐厅、大象餐厅和小兔子餐厅。选择小猪餐厅的小朋友们看起来吃得快,而选择小猫咪餐厅的小朋友吃得相对慢一些。用餐过程中偶尔也有小朋友轻声地聊天,而老师的表情一直很温和,不时地向小朋友点头微笑,或走到有需要的小朋友身边……用餐是幼儿园一日活动中主要的生活环节,"开心餐吧"的用餐环境让人感觉和谐而温暖,让用餐成为令人期待的美好享受。这样的生活环境对幼儿充满关爱和鼓励,传递着积极的信息。

2. 进餐习惯

首先,教师及保育员应有意识地培养幼儿按时吃饭和坐定进食的习惯,这是幼儿在集体生活中必须遵守的常规;其次,要逐步培养幼儿独立吃完自己饭菜的能力;再次,注意让幼儿不要把饭菜洒落在桌上和地上;最后,要注意进餐时不大声说笑并学会吃完饭后自己收拾餐具。这些进餐习惯的养成对幼儿以后生活习惯的养成有着重要的作用。

3. 进餐中的自我服务

教师要多用赞赏的眼光、动作、语言鼓励幼儿的自理行为,并在集体面前赞扬他们。在进餐活动中,尽可能让幼儿自己动手,使他们尝试自我服务,体验独立。自主是幼儿乐于自我服务的内驱力,教师应多给幼儿自主选择的机会,如有条件的学前教育机构可提供不同品种的点心,开展自助餐等,让幼儿自选食物,增强他们自我服务的兴趣。

4. 进餐活动的指导

对胃口小、食欲差的幼儿,可以少盛多添;对吃饭特别慢的幼儿,可以让其提前一点时间进餐,使他感觉自己也能同别人一样按时吃完;对吃得过快的幼儿,要提醒他们细嚼慢咽;对挑食的幼儿,除了要引导其不挑食,还可根据幼儿的口味来烹调,吸引他们去尝试吃不爱吃的东西,并以同伴和教师的良好情绪去影响、感染他们;对生病的幼儿,应允许他们少吃一些;对肥胖的幼儿,注意适当控制他们的进食量。

## 三、睡眠活动

学前儿童正处于生长发育的重要时期,《指南》指出:保证幼儿每天睡眠时间在11—12个小时,其中午睡一般应达到2小时左右。午睡作为幼儿在园一日生活的必要环节,起到了对幼儿生理机能的调节和对生长发育的促进作用。在午睡活动中教师要努力做到以下几点。

1. 睡前检查

幼儿睡前,教师需要对幼儿进行午检,测量幼儿的体温,检查幼儿是否带有小棒、玻璃、扣子、硬币或其他尖锐物品,以免刺伤幼儿或幼儿将其塞入耳鼻内;检查幼儿口腔内是否留有食物,以免发生窒息事件。教师要提醒经常尿床和尿频的幼儿小便后再睡觉,并让他们睡在离厕所较近的床铺。

2. 睡眠环境

幼儿床的摆放要统筹安排,床头及两排床铺之间应保持一定的距离。床位要宽松,被褥的薄厚要根据季节和气候的变化适当调节。

睡眠室环境要安静、通风,温度适宜。色彩、光线要柔和温馨。可以让幼儿在舒缓的音乐或动听的故事中慢慢入睡。

3. 安全巡视

教师每隔15分钟巡视一次,仔细观察幼儿的动态,掌握幼儿的午睡情况。对于个别入睡困难或身体不适的幼儿给予重点关注,对未入睡的幼儿,教师可在旁看护。

 **案例**

最近一段时间,平日里一直表现乖巧的晨晨午睡时有些反常。以前很快就入睡,但他最近总是难以入睡,或者入睡很晚醒来,起床时常常需要花费很长时间才能完全清醒,而且起床后的状态也并不好,偶尔还会情绪不佳。经过和晨晨妈妈的沟通,才发现是因为国庆长假期间,家里事情比较多,以及出去玩,晨晨没有时间午睡。现在双休日也没有保持午睡的习惯,因此之前培养的良好午睡习惯被破坏了。我和晨晨妈妈进行了沟通,建议保持晨晨的生活作息规律,晨晨妈妈表示会配合老师,确保晨晨养成好的生活习惯。通过两三个星期的家园沟通和共同努力,晨晨的睡眠逐渐恢复到正常状态。

此案例中的老师通过观察,能够察觉幼儿的午睡变化,并和家长进行了沟通与合作,促进了幼儿午睡质量的提高。

4. 个别照顾

新入托、入园的幼儿有些在睡眠时会有恋家、恋床、恋物等表现,对于这些有特殊需要的幼儿,教师应给予特殊关照,允许他们一开始保持自己的入睡习惯,并陪伴他们入睡,慢慢帮助他们适应集体生活。对于精力充沛的幼儿,可以允许他们减少午睡的时间,但要注意不让他们影响其他幼儿的睡眠。

5. 培养生活技能

教师应逐步引导幼儿学习穿脱鞋子、穿脱外衣、整理床铺等基本生活技能,让幼儿形成良好的生活习惯。低龄幼儿常会发生尿湿裤子的现象,教师应安慰幼儿,并帮他们及时更换、清洗衣裤。冬天,有的幼儿衣着增多,穿裤脱裤的困难会影响他们及时如厕,教师要细心观察,帮助幼儿解决困难。

## 四、盥洗及如厕活动

在幼儿玩沙、玩泥等活动后及餐前、便后,教师要组织幼儿进行盥洗活动,培养幼儿良好的卫生习惯。

1. 盥洗及如厕环境

盥洗室的安排要合理,要有较宽敞的场所;幼儿的洗手池、便池、毛巾架等设施设备要符合幼儿的身高、体型;盥洗室内应常备肥皂、毛巾、卫生纸等物品;便池、水龙头的数量要足够幼儿使用;毛巾架、水杯架要有明显的标识,每个幼儿一个格子,置放自己当天使用的毛巾和水杯。

盥洗室的地面要防滑,挂物品的挂钩、钉子应钉在幼儿碰不到的地方,以防幼儿滑倒撞伤。洗衣粉、消毒水等物品的放置要安全、隐蔽,以防幼儿误碰误食等。盥洗室要保证干净无异味,定期消毒。幼儿的毛巾等物品要常洗、常晒、常消毒。

2. 盥洗及如厕指导

幼儿园盥洗活动主要包括洗手、洗脸、漱口等活动。一般刚入园、饭前便后、喝水前、运动后等环节,都有盥洗活动的组织。首先要培养幼儿正确的盥洗习惯。指导幼儿使用流动水洗手,按顺序或分组盥洗,掌握正确的洗手方法,用自己的毛巾擦手,能够节约用水;指导幼儿正确洗脸,并将毛巾放在固定的地方;指导幼儿养成早晚刷牙、饭后漱口的好习惯,掌握正确的刷牙方法。其次,注意盥洗安全。提醒幼儿在盥洗过程中注意安全,避免滑倒、跌倒等意外,能正确使用肥皂、毛巾等盥洗用品,避免浪费和误用。

如厕环节中允许幼儿按需要随时大小便,饭前、外出、入睡前提醒幼儿如厕,掌握幼儿排便规律。同时,教师要及时帮助尿床、尿裤子和穿脱衣服困难的幼儿,给予适当的引导。针对中大班,教师应组织幼儿分性别如厕,对幼儿如厕过程中出现的问题给予正确引导,指导幼儿便后独立擦屁股、整理衣服。

3. 盥洗及如厕环节注意事项

(1) 避免活动中长时间等待,一些幼儿在等待时缺乏耐心,喜欢催促正在如厕或洗手的幼儿,也可能会引发伙伴间的争执和冲突。

(2) 幼儿边洗边玩,很容易把洗手液弄到眼睛里或把水弄到身上,还有可能造成地面积水,稍有不慎就会滑倒或摔伤。

(3) 饮水环节经常出现幼儿被烫伤的情况,过高的水温或缺少防护措施的茶水桶都会增加幼儿烫伤的风险。

(4) 如果幼儿园为了省事,省略了给幼儿水杯、毛巾等消毒的环节,而且不加区分,很容易造成疾病传染。

**五、整理活动**

幼儿在园内生活,自己的个人生活用品、学习用品及游戏时使用的材料等物品,需要自己收拾、整理。教师应根据他们需要自己整理的物品的实际情况,设计和指导他们的整理活动。

1. 个人生活用品整理

个人生活用品的整理包括入园后、运动后脱下的衣物鞋帽的折叠和整理,下雨天进入教室换下的雨鞋、雨衣、雨伞的摆放和整理,自己的毛巾、茶杯等物品的放置和整理等。教师要有意识地培养幼儿自己整理自己物品的习惯,这样既可以减轻教师的工作量,又可以培养幼儿自己的事情自己做的好习惯。在整理个人生活用品的过程中,幼儿既可以学会衣服折叠的方法,又可以养成将衣物有序摆放的习惯。

2. 学习用品整理

幼儿学习用品的整理包括自己的水彩笔、油画棒、本子、作业纸等物品的放置和用后的整理等。在幼儿园的活动中,经常可以看到这样的情景:幼儿在小组绘画活动中,油画棒、橡皮泥撒得满地都是,他们一边进行绘画活动,教师一边帮他们整理绘画物品。教师应在活动中培养幼儿自己整理学习用品的好习惯。

3. 游戏材料整理

幼儿园的游戏材料包括体育活动的器械、角色和区域游戏的材料等方面。游戏材料的整理,不仅可以促进幼儿自我管理,养成好的生活习惯,也是幼儿感知材料、再学习的过程。如建构游戏结束后,幼儿需要对游戏材料按照形状、大小、颜色等进行分类摆放,就是再次学习的过程。因此,要引导不同年龄阶段幼儿养成游戏结束后及时整理游戏材料的良好习惯。小班幼儿可以在教师的提醒下,将游戏材料放回原位;中班幼儿能够在游戏后主动整理材料,按类收纳游戏材料;大班幼儿能分工协作,动作迅速地将玩具和辅助材料分类收纳整齐。

## 六、离园活动

离园是幼儿园生活活动中的最后一个环节,也是重要的组成部分。离园环节在一日生活中起到承上启下的作用,不仅关乎着幼儿在园一日活动整体状况的展示,还是家长了解幼儿园的一个窗口。教师要高度重视,努力做到以下几点:

1. 幼儿生活自理方面的提示和检查

离园前,教师要提示或指导幼儿清洁仪表、整理衣裤、系好鞋带,如组织幼儿进行"摸摸自己的扣子,披好自己的衣服,提提自己的裤子,看看自己的鞋子,找找自己所带的东西"等自我检查的活动,以及"找一找,看一看,你有困难我来帮忙"等同伴互相帮助的活动。这样既有利于幼儿自理能力的培养,又加强了幼儿之间互相关心、互相帮助的情感教育。

2. 离园游戏的组织

幼儿等待离园时,教师应组织一些适合在室内开展的、活动量较小的、安静和有趣的活动,让活动牢牢吸引幼儿的注意力,可大大减少因幼儿情绪兴奋带来的安全隐患,使离园活动变得安全有序。

3. 家长沟通

离园时,教师要准确识别家长,亲自将班级中的每一位幼儿交到其家长手里,确保交接安全。教师可向家长适当反映幼儿在园情况,有针对性地向幼儿家长提出指导性建议,合作共育。

4. 离园整理

离园时,教师可和幼儿一起整理各个活动区,将玩具、材料等摆放整齐,发现坏了或旧了的材料及时修理好或用新的材料替换。教师组织幼儿适当劳动,既有利于培养幼儿的自理能力,又有利于形成幼儿为集体服务的意识。幼儿离园后,教师要做好教室物品、材料的整理,检查水电、门窗是否关好。

## 第三节　幼儿园日常生活活动的组织

### 一、幼儿园日常生活活动的组织原则

#### (一) 保教结合原则

保教结合原则是指在学前儿童的生活活动中,教育者要将保育与教育结合在一起。幼儿园的教育对象为3—6岁的学前儿童,他们身心发展的规律和特点决定了在幼儿园中保教工作必须相互结合、相互统一、相互协调。幼儿园保育工作直接影响儿童的身体健康与生活质量,除此之外,它还蕴藏着独特的教育价值。譬如,在精心设计的进餐活动中,儿童不但能吸收来自食物的均衡营养,还能了解各种食物的营养价值;在自我整理活动中,儿童学会自己的事情自己做,掌握一定的独立生活技能,为独立人格的培养打下基础。应该说,保教结合原则是幼儿园生活活动组织与管理的首要原则。

#### (二) 全面管理与个别照顾相结合的原则

全面管理与个别照顾相结合的原则是指教师要树立学前儿童生活管理全局观,既要顾及整体,又要注意儿童的个别差异。具体实施时要注意两点:一方面,制订合理的生活常规,科学安排每日的作息时间,作统一要求,以保障儿童的健康安全,保证集体生活的顺利进行。对学前儿童而言,有规律的集体生活活动不但有利于其秩序感、安全感的建立,也有利于其良好生活卫生习惯的形成。另一方面,全面管理的同时不可忽视对个别儿童的照顾,满足其不同的需要。如对生病或体质较差的儿童应予以特殊关照;对能力弱的儿童可适当降低要求,并加倍耐心地指导;对情绪不佳的儿童应及时予以疏导。

#### (二) 整合性原则

整合性原则是指教师应当有意识地寓教育于生活之中,不能人为割裂生活与教育之间的关联。正如《纲要》中所指出的:"教育活动内容的组织应充分考虑幼儿的学习特点和认识规律,各领域的内容要有机联系,相互渗透,注重综合性、趣味性、活动性,寓教育于生活、游戏之中。"对于学前儿童而言,周围环境中充满着令他们好奇不已的事物,生活中到处都有有趣的现象。学前儿童的思维发展尚处于具体形象思维阶段,对他们而言,只有贴近生活的教育内容才是真实存在的、可感知的,才能引发他们的兴趣。

#### (四)流畅性原则

流畅性原则是指生活活动结构要紧凑,各环节转换要自然流畅,活动中和活动间隙要尽量避免拖沓,同时,要善于把儿童静坐等待的时间变为积极的活动过程。幼儿园生活活动形式多样且较为琐碎,如若安排得不紧凑、过渡得不顺畅,容易导致儿童出现"消极等待",造成时间的隐性浪费。《纲要》中指出,幼儿园应科学、合理地安排学前儿童的一日生活,"尽量减少不必要的集体行动和过渡环节,减少和消除消极等待现象"。在判断生活活动的组织与管理是否流畅时,我们应多从儿童的角度出发,多关注他们的感受、体验,而不能单单追求管理上方便。

幼儿园的一日生活环节在组织中如果太碎片化,儿童的自由探索时间就会减少,高控就凸显出来。因此,在一日生活环节的组织中,要为儿童提供长时间投入一项游戏活动或学习探索活动的机会,发展儿童的专注力。儿童不必要等到一件事情做完了才能够做另一件事情。将多项活动放进块状时间内,增强一日活动安排的模块化与弹性化,把安排处理这些时段内具体事项的自主权交还给儿童,让每个儿童根据自己的需要,以分散、自主的方式来进行如厕、洗手、饮水等生活活动。科学合理地安排儿童一日生活后,给儿童带来了安全感和有规律的生活,也使一日活动的安排与实施体现出有效性,从而促进儿童生动活泼、健康和谐地发展。

#### (五)实践性原则

实践性原则要求教师在生活活动中给予学前儿童充分的练习和学习的机会,不能一味地包办代替。学前儿童作为未成熟的个体,其身心发展的特点决定了动手操作、亲身经历才是适合他们的学习方式。正如美国华盛顿儿童博物馆的格言:"我听见就忘记了,我看见就记住了,我做了就理解了。"通过一次次独立进餐、独立穿脱衣物,他们渐渐掌握简单的生活技能,学会自我服务;通过一次次整理玩具,他们真正学会将物品归位;通过一次次饭前便后洗手,他们逐步养成良好的卫生习惯。对学前儿童而言,良好的生活习惯、卫生习惯、行为习惯的形成,需要依靠生活活动中的反复实践。作为幼儿园教师,应该尽可能为儿童创造条件,多提供练习的机会,千万不要抱有"等你做太烦、太慢,不如自己来得省事、来得快"的想法,要学会耐心地观察、等待,在适当的时候以适当的方式给予儿童帮助。

## 二、幼儿园日常生活活动的组织要点

#### (一)创设良好的生活环境及和谐的心理氛围

班级教师要注重为幼儿创设良好的生活环境。要保持室内空气流通,午睡时掌握关窗、开窗的时间;创设安静、舒适、清洁和安全的进餐、睡眠和活动环境;定期做好消毒工作,如被子和毛巾消毒、玩具消毒、定期换晒被褥等。

班级教师要营造和谐的班级心理气氛。要注意让幼儿在一日生活中情绪愉快、平稳,避免过度亢奋、浮躁不安或过于压抑的情绪;教师要调整与幼儿相互交流的方式,关注、倾听和接纳幼儿,理解具体情境下幼儿的行为特点,使幼儿感受到教师对自己的关注和爱。教师要注意以良好的言行举止规范自己,做幼儿的表率,用积极的情绪和良好的形象感染和影响幼儿。

### (二) 科学合理地安排幼儿的一日活动

科学合理地安排幼儿的一日生活可以使幼儿的生活内容丰富而有规律,调动幼儿在一日生活中的主动性和积极性。教师指导的集体活动、幼儿自选的区域活动、户外活动、午餐等均属于较稳定的环节,因为在一天中幼儿需要知道接下来应该干什么,这表明事件的顺序是可预测的,这种可预测性能使幼儿在心理上为下一个事件做好准备,使幼儿能顺利适应日常生活。教师可以使用相对固定的一日活动日程表帮助幼儿掌握每一环节的名称,使他们容易知道下一环节应该做什么。

在稳定和有序的生活中,教师可以根据教学内容的需要和幼儿的需要以及幼儿在活动过程中的实际反应适当调整一日生活安排。如果大部分幼儿都对所参与的活动表现出极大的兴趣和积极性,教师就可以考虑延长活动时间,以满足幼儿的需求;反之则要缩短活动时间,或者以其他形式的活动引起幼儿新的兴趣。

### (三) 充分挖掘生活中的教育契机

幼儿园的一日生活中处处是教育契机。利用生活中的事件进行随机教育是幼儿园生活环节管理的重要内容,也是幼儿园保教并重教育特点的具体体现。如在进餐活动中,除了让幼儿养成细嚼慢咽、不挑食、不偏食等良好的饮食习惯和独立进餐能力外,教师还可对幼儿进行其他教育,如餐前教师向幼儿介绍今天的食物或让幼儿自己说说菜的色、味、形和营养等,这不但可以激起幼儿的食欲,还可使他们认识各种食物并促进语言的交流。

### (四) 家园共育,保持教育的一致性

教师要悉心照料好每一个幼儿,仔细观察、了解他们在集体生活中的表现与特点,经常向家长反馈,赢得家长的信任。同时教师要对幼儿在园或在家的生活情况、能力、行为表现等与家长定期沟通,使家长能感受和体会到孩子自理能力的提升,向家长积极宣传科学育儿以及从小培养幼儿自理能力的意义和方法,引导家长在家庭生活中支持孩子做力所能及的事,使幼儿的自理行为和生活习惯能在家园一致的环境中有效养成。

1. 什么是幼儿园日常生活活动,日常生活活动有什么特征?
2. 幼儿园的日常生活活动有哪些主要环节?
3. 日常生活活动的组织原则有哪些?

请分析下面两个幼儿园一日生活环节安排的异同。

**A 幼儿园一日生活环节**

| 中大班时间 | 环节 | 内容 |
|---|---|---|
| 8:00—8:20 | 入园、晨检 | 晨间接待,做好记录 |
| 8:20—8:40 | 晨间活动 | 幼儿自由选择区域活动 |
| 8:40—9:10 | 早操 | 组织幼儿做早操 |
| 9:10—9:20 | 喝水、如厕 | 组织幼儿喝水、如厕 |
| 9:20—9:30 | 上午点心 | 组织幼儿吃点心 |
| 9:30—10:00 | 第一节教学活动 | 组织活动,自选活动 |
| 10:00—10:30 | 第二节教学活动 | 组织活动,集中活动 |
| 10:30—10:40 | 喝水、如厕 | 户外活动前喝水、如厕 |
| 10:40—11:10 | 游戏和户外活动 | 组织幼儿户外体育游戏 |
| 11:10—11:50 | 快乐午餐 | 照顾幼儿进餐,介绍有关食物的知识 |
| 11:50—12:10 | 餐后休息 | 散步或者组织看书、玩手指游戏 |
| 12:10—14:30 | 午休 | 组织幼儿安静午休 |
| 14:30—14:50 | 音乐唤醒 | 幼儿在音乐声中起床、盥洗,教师午检 |
| 14:50—15:20 | 午点 | 组织幼儿吃午点 |
| 15:20—16:20 | 游戏和户外活动 | 集体、小组游戏 |
| 16:20—16:30 | 餐前准备 | 洗手、如厕 |
| 16:30—17:10 | 晚餐 | 照顾幼儿进餐,介绍有关食物的知识 |
| 17:10—17:20 | 离园准备活动 | 整理、回顾一天的生活学习内容 |
| 17:20 | 老师再见 | 离园 |

**B 幼儿园一日生活环节**

| 中大班时间 | 环节 | 内容 |
|---|---|---|
| 8:00—8:50 | 晨间活动 | 包括晨间接待、如厕、洗手、自选活动、种植管理、值日生活动、整理评价等 |
| 8:50—9:50 | 户外活动 | 早操、区域性体育活动 |
| 9:50—10:10 | 盥洗、点心 | 洗手、如厕、吃早点 |
| 10:10—11:00 | 学习活动 | 活动区游戏、专门的教学活动、主题系列活动 |
| 11:00—12:00 | 快乐午餐 | 进餐、餐后整理、餐后自由活动、户外散步 |

(续表)

| 中大班时间 | 环节 | 内容 |
| --- | --- | --- |
| 12:00—14:30 | 午休 | 组织幼儿安静午休 |
| 14:30—15:20 | 盥洗、点心 | 起床、喝水、盥洗、音乐欣赏、吃点心 |
| 15:20—16:20 | 学习活动/户外活动 | 游戏活动、主题系列活动、体育游戏 |
| 16:20—17:20 | 进餐活动 | 进餐、餐后整理 |
| 17:20 | 离园活动 | 离园整理 |

推荐阅读

1. 陈群.幼儿园班级活动规则下儿童精神的缺失[J].学前教育研究,2007(04).

2. 史爱华.儿童的"潜声音"是一种有价值的存在——教育情境视角[J].学前教育研究,2007(06).

3. 侯海凤.儿童的时间观念与儿童教育时间的"取法自然"[J].学前教育研究,2009(08).

4. 华爱华.学前教育改革启示录[M].上海:上海社会科学院出版社,2009.

# 第七章　幼儿园游戏活动

## 学习目标

1. 了解幼儿游戏的概念、特征及分类。
2. 理解幼儿游戏的条件,掌握游戏的观察和指导策略。
3. 理解游戏在儿童发展中的价值,树立游戏是幼儿园的基本活动的观念。

## 内容结构图

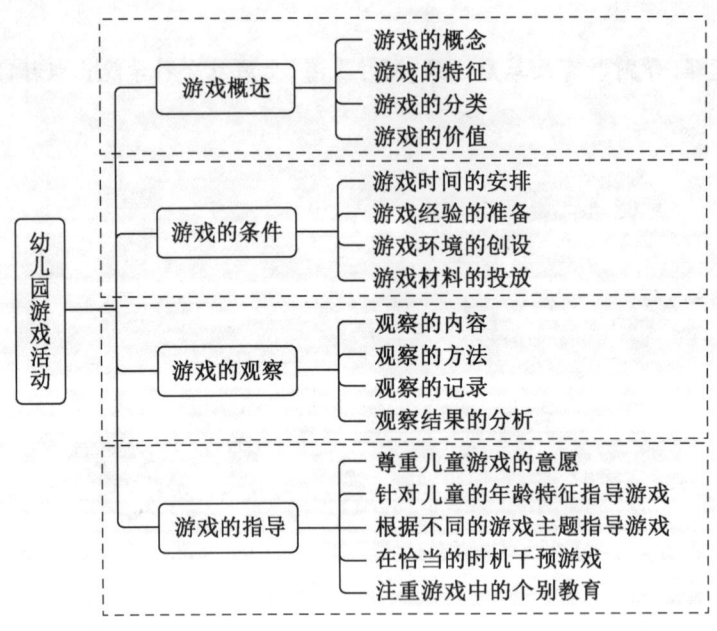

## 问题导入

某幼儿园的家长会上,有的家长代表提出:如果游戏是幼儿园的基本活动,自己在家里就能让孩子玩,"业精于勤荒于嬉",长时间下去,孩子怎么能在幼儿园毕业后适应小学生活?

对此现象,你怎么看?你认为游戏活动在幼儿发展中具有什么样的价值?

## 第一节　游戏概述

游戏是幼儿园的基本活动,在幼儿的学习与生活中发挥着重要的作用。幼儿教师首先要理解游戏的概念、特征、分类和价值,这既是研究游戏的逻辑开端,又深刻地影响着对幼儿游戏的科学指导。

### 一、游戏的概念

幼儿几乎无时无刻不在游戏,游戏占据着幼儿生活的大部分时间。可以说,幼儿的生活是以游戏为中心的,因此"寓教育于游戏之中"是学前教育的一大特征。但是,由于对游戏产生的原因、作用等各方面的认识不同,人们对游戏各有其论述,迄今为止,还没有一个确定的概念。

德国思想家席勒认为,"游戏就是动物所剩余精力的活动。"身体健康的儿童在维持正常生活外,还有剩余精力,而当其剩余精力需要发泄时,就产生了游戏。因此,游戏是儿童内部精力过剩的发泄方式,剩余精力是产生游戏的根源。

与剩余精力学说相反,德国心理学家拉查鲁斯·艾加克认为,游戏不是发泄精力,而是帮助儿童松弛和恢复精力的一种方式,因为活动会带来身体和心理能量的消耗,儿童在紧张的学习后,为娱乐而游戏。

德国心理学家卡尔·格罗斯认为,游戏是对未来生活的一种无意识的准备。儿童有天生的本能,但本能不能适应将来复杂的生活,要有一个准生活的阶段,游戏就是儿童在本能的基础上进行练习,锻炼自己为生存竞争所具备的能力。因此,儿童的游戏就是为将来的生活做准备。如女孩子玩娃娃家,是为将来做妻子、做母亲、养育子女做准备;男孩子喜欢争斗、打仗、开车也是为将来的尽责做准备。

弗洛伊德与艾里克森则从精神分析的角度来解释游戏,认为游戏是情感和思想的一种健康的发泄方式。在游戏中,儿童可以"复活"他们的快乐经验,也能度过自己精神的创伤,发泄情感,减少忧虑,发展自我力量,以补偿现实生活中不能满足的欲望和需要,从而得到身心的愉快和发展。该理论还认为,儿童可以通过游戏解决内在的心理矛盾和冲突。

皮亚杰认为,游戏是儿童学习新的复杂客体和事件的一种方法。他从儿童认知结构发展的角度指出,游戏是学习新的物品和事物的方式,是形成和扩大知识与技能的方式,是把思维和行动结合起来的方式。在皮亚杰看来,游戏可以使个体把信息纳入原有的认知图式,是同化的一种形式。在同化和顺应的过程中,游戏是第一位的,因为游戏是儿童实践及巩固他所知道和理解的环境知识的重要方式。皮亚杰还认为儿童游戏的发展与其智力发展的阶段相适应,儿童智力的发展决定着儿童游戏的方式。

从上面论述中我们可以看出,游戏在儿童的发展中具有重要的价值。正因为如此,1989年第44届联合国大会通过的《儿童权利公约》中规定游戏是儿童的正当权利。《幼儿园工作规程》中规定幼儿园"以游戏为基本活动,寓教育于各项活动中",进一步明确了游戏在学前教育中的地位。所以我们不能仅从娱乐的角度去理解游戏,还必须从学习和发展的角度去理解游戏的意义。

近年来,我国学前教育工作者就如何界定游戏概念在理论和实践层面做了大量探索,并得到了一些共识:"游戏是学前儿童最基本的活动","游戏是为了寻求快乐而自愿参加的一种活动","游戏活动实质上是学前儿童的主体性活动",等等。许多专家学者认为,无论我们怎么界定游戏,重要的是应该抓住游戏最基本的因素和特征进行研究及探讨,即游戏是学前儿童借助对现实的认知与理解,在假想的情境中模仿和再现成人的实践活动,是学前儿童内部动机驱使的感知与操作活动。

## 二、游戏的特征

游戏是儿童最喜爱的活动,儿童之所以喜欢游戏,是因为游戏具有以下特征。

### 1. 游戏是儿童自主自愿的活动

游戏是适应儿童内部需要而产生的,无须成人的指点或者引导,儿童会主动地进行游戏。因此,从游戏的动机来分析,儿童参加游戏活动是出自内在的动机,完全是主动自愿的。因为游戏往往满足于儿童玩游戏的过程而不是玩游戏的结果,所以,游戏无须达到外在的任务和要求,没有严格的程序和方式,儿童完全可以自由自在地进行游戏,玩什么,怎么玩,均由儿童自己决定。可以说,在游戏中,儿童是创造者,自己选择主题,并以力所能及的手段运用自己已有的经验、知识和本能,扩大游戏的主题。在这里,没有成人为了取得统一效果而提出严格要求,儿童是出于自己的兴趣和愿望而自发自愿自主地进行游戏,他们可以自由表达自己的内心,显露自己的潜力,从而使自己的积极性得到充分发挥。所以,学前儿童乐于从事游戏,游戏是学前儿童自主自愿的活动。

### 2. 游戏是让儿童感到愉悦的活动

游戏既符合儿童身心发展的水平,又能满足儿童身心发展的需要。在游戏中,儿童没有任何心理负担,能够全身心地使自己放松,保持身心最佳的状态,无拘无束地自由活动,充分表现自己的能力和实现自己的愿望,体验游戏本身带来的成就感。另外,在游戏中,儿童通过与物品、同伴等的互动,学会了适应和控制周围的环境,体会到了自己的力量和自信,从成功和创造中获得了愉悦的体验。游戏不可预测的偶然性,又让儿童体验着意想不到的惊喜;游戏的可重复性,使其有趣的情节可以不断重复,而快乐也在一遍又一遍地重复。所以,游戏是使儿童感到快乐的活动。

### 3. 游戏是虚构和现实统一的活动

游戏是在假想的情景中反映真实的生活,是虚构和现实的统一。首先,儿童的游戏是在假想的情景中反映现实生活。如在游戏中,房间既是海洋又是森林,既是公园又是公交车站,儿童使情景具有游戏的构思和内容所规定的意义。游戏不受真实生活中物质条件、时间、空间和活动程序的严格限制,使儿童能专注于他们所从事的活动。其次,虽然儿童游戏的成分、角色、情节、行动以及玩具或游戏材料,具有明显的虚构性,但儿童的游戏并不是主观臆断或者空想,而是以客观现实为依据,是周围生活的反映和写照。如儿童可以在游戏中充当他们在真实生活中不可能充当的妈妈、司机、售货员等人物;他们也可以假装成各种动物;他们可以把常用的积木作为真实物品的代替品,如当作长枪、大炮、菜肴等。游戏的主题、内容、角色、情节、规则以及儿童的行为方式都具有社会性,是对现实世界的反映,是儿童渴望参与成人社会生活的反映。有调查表明,儿童一般喜欢玩的角色游戏主题有娃娃家、火车站、医院、幼儿园、理发店、食堂、电影院、照相馆、百货公司、菜场、动物园、图书馆等。儿童之所以喜欢这些角色游戏主题,一个重要原因就是这些主题是学前儿童所熟悉的内容,他们了解其中人物的活动。因此,儿童的游戏既是周围生活的反映,但又不是周围生活的机械模仿,而是通过想象,将日常生活中的表象形成新的形象,用新的动作方式去重演别人的活动。所以,游戏是虚构与现实相统一的活动。

4. 游戏是充满想象和创造的活动

儿童在游戏过程中能够充分发挥其想象力,创造不同的玩法。儿童在游戏中使用玩具,以物代物,往往一种物品在不同时间和不同环境中可替代多种真实物品,如小椅子一会儿当汽车,一会儿当火车,一会儿又当娃娃床,这种替代正是儿童创造性想象活动的结果。游戏的假想性是以模仿现实生活的某一个侧面为基础,但又不是照样模仿,而是加入了儿童的想象活动。儿童可以依靠想象不断变换物体的功能,不断变换人物的角色,不断变换游戏的情节,儿童在想象中把狭小的游戏场所变成无比广阔的天地。可以说,正是儿童的想象力和创造性,才使游戏的方式千变万化,多姿多彩,富有趣味性。

案例

幼儿要表演"小熊请客",教师让孩子们自主筹划布置主题所需要的场景,鼓励幼儿自主选择不同的材料。有的幼儿用红色塑料围成一个家,用白色的大积木当桌子;有的幼儿用木椅子围成一个家,用活动柜当桌子;有的幼儿用栅栏围成一个家,用纸箱当桌子……再加上花布、纱巾、餐巾等装饰,每个家都显得那么温馨、简洁而美丽。

在此案例中,幼儿对"家"的布置,一方面体现了对生活的观察与体验,同时又创造性地使用材料,赋予了游戏更多的想象空间。

### 三、游戏的分类

儿童的游戏世界丰富多彩,游戏种类的划分方法也多种多样。

#### (一) 从认知发展的角度分类

儿童的游戏与其知识经验、身心发展水平是直接相连的。皮亚杰认为儿童游戏是以认知的发展为基础的,他从儿童认知发展的角度出发,把游戏分为以下三类。

1. 练习性游戏

练习性游戏主要出现在0—2岁阶段,其主要特征是动作的不断重复。如来回跑和跳,反复地抓取东西和摆弄玩具。通过动作的不断重复,儿童获得感官的刺激,从而理解动作与物品之间的关系。2岁以后,练习性游戏逐渐减少,开始出现大量的象征性游戏。

2. 象征性游戏

象征性游戏主要出现在2—7岁阶段。其典型特征是"假装",也就是以人代人、以物代物,主要体现为儿童借助自己的身体或者其他物品,来再现不在眼前的事物和生活情景。例如,两臂张开,说自己在"开飞机";把自己假装成另外一个人(如娃娃家的爸爸);拿根棍子当"马"骑。象征性游戏是儿童想象力发展的重要标志。需要注意的是,儿童对物品的象征性想象必须以其生活经验为基础,儿童的生活经验越丰富,他们对物品的象征性想象水平就越高;生活经验越贫乏,他们对物品的象征性想象水平就越低。

3. 规则性游戏

六七岁以后,儿童规则游戏开始发展。其主要特征是:至少两个人共同参与并形成一种互补关系;以规则为中心,摆脱了具体情节,具有竞赛性质,如捉迷藏、下棋等,参与游戏者共同约定需遵守的规则和玩法。规则性游戏有助于儿童理解社会规则的意义,去自我中心。

(二) 从社会性发展的角度分类

当儿童一起游戏时,社会性游戏就产生了,它为儿童发展彼此之间的良好关系和友谊打下了基础。美国教育家帕顿从儿童社会性发展的角度出发,把儿童的游戏分为以下几个阶段。

1. 非游戏行为

主要发生在0—2岁阶段,此阶段儿童行为无明确目的,在房间里闲逛或跟随成人,或坐在固定的位置东张西望,注视偶然的碰巧能引起兴趣的事物。

2. 旁观游戏

2岁以后的儿童开始旁观其他儿童的游戏,但并不介入游戏中。此阶段的幼儿大部分时间在看其他儿童玩,听他们谈话,或向他们提问题,但是始终没有要参加游戏中。如很多幼儿在玩游戏,他会在旁边一直看,很感兴趣,时不时问一两个问题,或者提些意见,但是让他参与游戏中他又表示不玩。

3. 独自游戏

2岁半以后儿童能自己玩玩具,进行游戏,不参与别人的游戏,似乎没有意识到其他儿童的存在。例如,家里的两个小孩各自玩自己的游戏和玩具,一个玩洋娃娃,一个玩小汽车,互相不理睬对方在玩什么。

4. 平行游戏

3—4岁的儿童在一起玩，一般各玩各的，彼此之间交流很少，但是会相互模仿，形成了初步的玩伴关系。我们经常看到这阶段的儿童经常玩一模一样的玩具或游戏也就是这个原因。

5. 联合游戏

4—5岁的儿童虽然各玩各的，但在玩的过程中经常交换玩具，并对别人的行为做出评论，有时也会加入对方的游戏中，并且相互交谈，但没有建立大家一致的共同目标，没有真正的组织者或领导者，每个儿童在游戏中仍以自己的兴趣为中心。

6. 合作游戏

5岁以上的儿童开始出现合作游戏。合作游戏是社会性程度最高的游戏。游戏中，儿童有一个共同的目标，合作做一件事。这一时期的儿童已有较丰富的社会交往经验及较好的语言表达能力，他们可以一起商讨，确定游戏的主题、角色的分配、材料的选择等，有了集体活动的共同目标。

(三) 从游戏教育作用的角度分类

从游戏教育作用的角度，幼儿游戏可以分为角色游戏、表演游戏、结构游戏、智力游戏、体育游戏、音乐游戏等。

1. 角色游戏

角色游戏是学前儿童在模仿、扮演角色的过程中，通过语言、动作、表情等，创造性地反映周围现实生活的游戏。在游戏中，儿童可以根据自己的生活经验回忆周围成人的各种活动。角色游戏来源于生活又高于生活，主要表现在两个方面：第一，角色游戏与幼儿的生活经验密切相关，有什么样的生活经验就会玩什么样的角色游戏。第二，角色游戏不是完全照搬生活，在角色游戏中需要幼儿发挥自己的想象力和创造力。角色游戏结构包括对角色的扮演、对物品的假想、对游戏动作和情节的假想，体现出来的就是以人代人(假装自己是爸爸、妈妈、医生等)、以物代物(把椅子当作火车，用两个小木棍当作筷子)、情景转换(娃娃家中，妈妈假装天黑正在带孩子睡觉，1分钟后，伸伸懒腰，假装天亮了)。

2. 表演游戏

表演游戏是根据故事、童话、舞蹈等文艺作品的内容，指导儿童进行扮演的游戏。表演游戏需要儿童背诵文学语言，在充分理解的基础上，依据作品情节，分角色表现人物性格。表演游戏有两大特点：一是艺术表演性。表演游戏和角色游戏很相似，都是通过模仿和想象来扮演角色，但角色游戏来源于儿童的真实生活，是儿童按照自己熟悉的经验来进行演绎，表演游戏内容来自文学作品，在主题、角色、情节、道具上更具有戏剧性。第二，创造性与自娱性。表演游戏与真正艺术表演有所区别，艺术表演严格按照故事情节、语言进行表演，但表演游戏则是学前儿童创造性的自娱自乐活动，并不严格要求儿童按照文学作品的情节和内容进行表演，儿童可以发挥想象力和创造力对文学作品的内容进行一定的创编和改编。

#### 3. 结构游戏

结构游戏是儿童利用各种不同的结构材料或玩具进行建构,反映周围生活的游戏。儿童可以用积木、积塑、橡皮泥、竹木制品或金属配件等材料进行建造,也可以利用自然材料,如沙、泥、雪等进行建构活动。不同的材料可以启发儿童的建构兴趣,还可以丰富建构活动的内容。结构游戏对物体的建构离不开儿童对现实生活的想象,同时,建构材料是开展结构性游戏的物质保证。结构游戏具有操作性,需要丰富的想象力和创造力,同时需要一定的艺术审美性。

#### 4. 智力游戏

智力游戏是根据一定的智力任务而设计的一种有规则的游戏。其目的是增进儿童知识,发展儿童的感知觉、注意力、记忆力、想象力、创造力和操作能力等。

> **拓展阅读**
>
> **七巧板**
>
> 七巧板是我国一种传统的智力玩具,顾名思义,是由七块板组成的。而这七块板可拼成许多图形(1 600 种以上),如三角形、平行四边形、不规则多边形,玩家也可以把它拼成人物、动物、建筑物等各种形象(见图 7-1)。
>
>
>
> 图 7-1 七巧板

#### 5. 体育游戏

体育游戏可以发展儿童的走、跑、跳、钻爬、投掷、攀登等基本动作能力,增强身体素质。体育游戏内容广泛、有趣,有的体育游戏有角色、有情节,有的带有竞赛性,不仅能锻炼动作能力,而且可以培养儿童自我控制、遵守规则的良好品德和机智、勇敢、顽强的个性。

**拓展阅读**

《3—6岁儿童学习与发展指南》中强调指出,幼儿园要"利用民间游戏,适当地向幼儿介绍我国主要民族的民族文化,帮助幼儿感知文化的多样性和差异性"。民间传统体育游戏有着悠久的历史传统,是人们在长期的生活和生产实践中逐步积累的精华,凝聚着广大劳动人民的集体智慧。民间体育游戏浓郁的趣味性、娱乐性,可以满足幼儿强烈的好奇心和活泼好动的年龄特点。开展民间体育游戏,还可以促进幼儿感知、了解传统文化,增加民族自豪感,同时还可发挥民间传统体育游戏强身健体的作用。我国传统的体育游戏有跳绳、丢沙包、跳皮筋、拔河、老鹰捉小鸡等,这些活动所需材料简单,趣味性强,能促进幼儿身体协调能力的发展。例如,跳皮筋是一种非常受欢迎的民间游戏,它仅需要两人将绳撑开即可游戏。孩子们可以随着音乐、儿歌的节奏欢快地跳着皮筋,锻炼身体的协调性和节奏感。

6. 音乐游戏

音乐游戏是在音乐伴奏或歌曲伴唱下进行的游戏,有一定的规则。游戏时的动作、表情必须符合音乐的节拍、内容、性质等。这类游戏能够发展儿童的音乐感受能力和音乐表现能力。

为了便于教师运用和指导游戏,根据幼儿园游戏的特点,我们将这几种将游戏分为两大类:第一类,创造性游戏。这类游戏强调儿童的主动性和创造性,大都由儿童自由地玩,包括角色游戏、表演游戏和结构游戏。第二类,规则性游戏。这类游戏是在儿童自发游戏的基础上为一定的教育目的而编制的,大都由教师组织儿童进行,有时也可以由儿童组织进行,包括智力游戏、音乐游戏和体育游戏。

## 四、游戏的价值

游戏是学前儿童主动学习的重要方式,对学前儿童智力、社会性、情感等的发展有促进作用。然而,游戏的重要性往往被成人所忽视,相当多的家长和部分幼儿教师错误地认为游戏是儿童无意识地消磨时间的玩耍,并以"业精于勤荒于嬉"限制甚至反对其游戏。因此,我们必须深刻理解游戏的教育价值,认识到游戏对学前儿童来说,并不只是一种消遣和娱乐,而是学前儿童身心发展的重要途径。

### (一)游戏促进儿童身体发展

游戏对学前儿童来说意味着行动与操作,学前儿童的许多游戏都含有生理活动,能够促进学前儿童身体的生长发育,增强儿童的体质。当学前儿童在进行行走、奔跑、跳跃、平衡、投掷、钻爬、攀登、挖掘等方面的游戏时,他们四肢肌肉的协调性和灵活性会有所提高。当学前儿童玩玩具时,他的手部肌肉得到了训练,手指活动变得越来越精确。通过游戏,学前儿童的感觉运动能力得到发展。另外,游戏还有助于学前儿童对身体机能的认识。在游戏中,学前儿童能逐渐意识到自己的身体能做什么事情,自己喜欢做什么事情等。比如,儿童通过玩"洗衣机"的游戏(当听到"洗衣机开了"的指令时,儿童先向左转一圈,再向右转一圈,依次循环;当听到"洗衣机关了"的指令时,儿童原地不动;当听到"用衣架晒衣服了"的指令时,儿童往上跳、下蹲、站直、伸胳膊、踢踢腿),就能知道自己的身体能够做出各种不同的姿势和动作。

可以说,游戏不仅减少了儿童锻炼身体的枯燥感和疲劳感,而且促使儿童主动地练习各种动作。因此给儿童充分的游戏机会,有利于其动作技能的发展,进而有利于儿童身体素质的提高。

### (二) 游戏促进儿童认知和语言的发展

通过游戏,儿童开始认识世界和了解事物之间的关系,知识、技能、能力等方面都得到了相应的发展。

第一,游戏提高了儿童的感知能力。儿童对于客观世界的了解是通过探索和操作实现的,而游戏恰好强调了探索和操作的过程。儿童在游戏中通过使用材料能更好地认识物体的颜色、形状、大小等特性,习得了许多关于周围世界的基本知识和主要概念。例如,通过玩水,儿童了解了水无色无味、透明、流动、有重量等特性;通过玩积木,儿童学会了"相等"的概念,知道两块小的积木放在一起等于一块大的积木;通过玩"开汽车",在公路上开,在桥下开,在隧道里开,儿童了解了"上""下""穿过"等概念。

第二,游戏激发了儿童的想象力。游戏的特征之一就是具有想象性或假想性。因此,游戏过程中儿童可以充分发挥想象力,充分表现自己的创造性。儿童在游戏中要进行想象,把一个物体想象成另外一个物体,把一个人想象成另外一个人,在此过程中,儿童的想象力得到了发展。例如,儿童把小竹竿当马骑,把小椅子当汽车开;在"医院"游戏中,儿童用冰棒棍来代替"注射器",给"病人"打针;在"幼儿园"游戏中,儿童扮演"教师",给"小朋友"讲故事,这种以物代物、以人代人的活动,是学前儿童想象力发展的重要标志。

第三,游戏发展了儿童的思维能力。在游戏中,儿童要对自己的行为做出决定——玩什么,怎么玩,和谁一起玩,用什么样的游戏材料和玩具来玩,使儿童有机会去进行分析、判断、推理、概括和总结,发展抽象逻辑思维能力。例如,在"银行"游戏中,"行长"要思考设几个"营业"窗口,安排几个"职员"上班,用什么材料做"刷卡机""取款卡""钱币""一米线"等,儿童解决问题的能力得到了提高。再比如,在"娃娃家"游戏中,"妈妈"要给"宝宝"(玩具娃娃)包好小包被,带"宝宝"出去看国庆灯展。"妈妈"怎么包也包不好这个小包被,因为横着包,长度不够,而竖着包,宽度又不够。"妈妈"多次尝试,终于想出了一个好办法——沿着对角线斜着包。

第四,游戏培养了儿童的语言能力。儿童的语言表达能力是在活动和交往中发展的,又是在活动和交往中体现出来的,因此,活动和交往是儿童语言发展和提高的基础和源泉。游戏是儿童最为喜欢的活动和交往方式。在游戏中,儿童彼此交流思想、表达情感,学会处理人与人之间的关系,扩大了词汇量,加深了对词义的理解,语言表达能力得到了训练和提高。

### (三) 游戏促进儿童创造力的发展

游戏是幼儿园的基本活动,也是培养儿童创新精神与创新意识的主要方式。在游戏中,儿童能够无拘无束地玩耍,产生许多新颖的想法和独特的行为,进一步发展创造力。

儿童的创造性只有在自由、轻松、愉快的气氛中才能产生,而游戏则为儿童提供了这种心理氛围。在游戏中,儿童的神思遐想、奇异行为,不但不会受到教师的批评与指责,反而还能得到接纳与赞赏,而这又会成为一种信息反馈,强化儿童的创造思想和行为。在一项研究中,被试儿童被分成游戏组和对照组两组,游戏组的儿童可以自由使用所提供的游戏材料,对照组的儿童要按照规定的方法来使用与游戏组相同的材料,随后两组儿童都参加了创造力测验,结果显示,游戏组儿童的得分明显高于对照组的儿童。可见,游戏为儿童创造的这种自由气氛是有助于其创造性发展的。

游戏激发了儿童的探究行为,有利于儿童发散性思维的形成。在游戏中,儿童能变换各种方式来对待物体,通过对同一游戏材料做出不同的设想和行为,或对不同的物体做出同一种思考和动作,扩大了儿童与游戏材料相互作用的范围,增加了相互作用的频率,使求异思维得到充分的训练。例如,在积木游戏中,儿童用长方形积木来当"娃娃家"的"床"、"加油站"的"加油筒"、"医院"的"袋装药"、"快餐店"的"托盘"等;在玩沙游戏中,当面临"没有卡车运沙"这一问题时,儿童能用豆腐盒、花篮、石块、饮料瓶等多种物体来代替。

### (四) 游戏促进儿童情感的发展

游戏在儿童的情感发展中有重要作用,它不仅能满足儿童表达自己情感的需要,而且还能使儿童的良好情感得到发展,不良情感得到控制和矫正。

第一,游戏使儿童有机会表现自己的情感。儿童的喜、怒、哀、乐等各种情感,都能在游戏中完全、妥当地表现出来。例如,在表演游戏中,儿童戴上一个"咧嘴大笑"的面具,来表现文学作品中人物的喜悦心情;戴上一个"横眉冷对"的面具,来表现文学作品中人物的愤怒心情。

第二,游戏能使儿童充分体验到快乐。儿童喜欢游戏,游戏是由快乐原则所支配的,游戏能给儿童带来极大的欢愉。

第三,游戏能起到缓解儿童的紧张心理、降低儿童的惧怕情绪的作用,从而减少儿童的心理压力,使儿童的心理处于健康状态。

第四,游戏能使儿童进行情感宣泄。"游戏治疗"的理论和实践已经表明,游戏是儿童发泄自己不良情感的一种重要形式,游戏使儿童的情绪变得平静、缓和,有利于抑制、降低消极情绪的负面作用。例如,在体育游戏中,儿童凭借拳打脚踢"沙袋"、用力拉"响力器"、使劲投掷"豆包"等,来释放气愤之情。

### (五) 游戏促进儿童社会性的发展

游戏是儿童的主要活动,它是儿童社会交往的主要形式,尤其是集体性游戏,体现着人与人之间的关系和态度,对儿童社会性的发展有重大影响。通过游戏,儿童可以提高自我意识;理解和体验人们之间平等友好的关系,增强与同伴的协作精神;学会如何遵守规则,如何发展自己的力量和技能;学会如何尊重别人、服从领导;学会如何共同努力完成任务等。

第一,游戏有助于克服儿童的自我中心。自我中心是儿童的一种非社会行为,有效地控制这种行为是儿童与同伴进行交往的基础。在游戏过程中,儿童学会认识自己,了解自己的行动会带来什么样的后果,同伴会对自己的行为做出什么样的反应,从而迫使儿童站在同伴的角度去思考问题,从自我中心中解放出来,否则,游戏就无法进行下去。

第二,游戏促进了儿童的合群行为。有些儿童比较孤僻,不喜欢参加集体活动,不爱与别人交往,喜欢独自一个人进行活动,显得不合群。游戏能为儿童提供与别人相互交往的机会,使儿童感受到"大家一起玩"真开心,用集体的欢乐来温暖孤独的心,使之变得合群起来,为将来的学习和生活创造良好的条件。可见,游戏扩大了儿童的社交范围,增加了儿童的社交频率,使儿童掌握了与人交往的技能和艺术,社交能力也得到不断的提高。此外,游戏还能使儿童在满足自己的需要和同伴的需要之间以及在学会分享、给予和索取之间找到平衡。

第三,游戏增强了儿童遵守规则的意识。在游戏中,儿童作为集体的一员,要受到集体规则的制约,按照集体的意志去行动,否则,他就会被这个游戏集体所淘汰。例如,在儿童开展角色游戏之前,需要对角色进行分配,有的角色很有吸引力,人人都想扮演,而有的角色却没什么吸引力,没人想去扮演,那么,究竟应该如何来分配这些角色呢?大家都同意用一个公正的办法——"石头剪刀布"来决定胜负,胜者先挑选角色,败者后挑选角色,如果哪个儿童失败了,即使剩下的角色不喜欢,他也得去扮演,如果不想扮演,同伴就不会让他参加游戏。为了能与别人一起游戏,儿童不得不遵守集体的规则。

## 第二节 游戏的条件

### 一、游戏时间的安排

时间是开展游戏活动的重要保证,教师要在儿童的一日活动中安排出游戏的时间,以保证游戏得以顺利进行而不至于被其他活动所占用。为此,教师应注意如下几点。

#### (一)充足的时间是儿童游戏的前提

充足的游戏时间是儿童开展游戏活动的前提,游戏时间的多少直接影响游戏的数量和质量。有了充分的游戏时间,儿童就有时间去寻找伙伴,准备环境,安排过程,使游戏既有好的开端,又能发展下去,并进入高潮,还能进行集体评议和收拾整理玩具。如果游戏的时间不充分,那么儿童在刚进入游戏没多久就得停止,这导致儿童不能玩比较复杂的游戏,从而影响儿童游戏水平的发展。《幼儿园工作规程》中明确规定:要保证幼儿有充足的户外活动和游戏时间。全日制幼儿园每日不得少于 2 小时,寄宿制幼儿园每日不得少于 3 小时,其中包括每日 1 小时的户外体育活动。

#### (二) 巧妙利用各种时间进行游戏

在学前儿童一日活动中,可用于游戏的时间很多,教师要善于捕捉。例如,早晨儿童陆续来园时,可以安排一些小型多样又便于收拾与整理的桌面游戏、结构游戏;教学活动前后的间隙,可以进行智力游戏、音乐游戏;午睡起床以后的整理时间,可让儿童从事角色游戏、体育游戏。另外,在游戏过程中,教师要使室内游戏时间与室外游戏时间基本均等。室内游戏与室外游戏对学前儿童的发展有不同的影响,室内游戏有利于学前儿童社会情感的陶冶,而室外游戏则有助于学前儿童运动技能的培养。为了保证学前儿童身心的健康成长,教师既要为儿童规定室内游戏的时间,也要为学前儿童安排室外游戏的时间,并注意使这两种游戏的时间处于平衡状态,而不偏向任何一方。

### 二、游戏经验的准备

游戏是儿童对现实生活的创造性反应。现实生活经验是游戏的源泉,生活中有什么,儿童的游戏中就会有什么。儿童的游戏建立在实际经验的基础上,这个基础是没有任何东西可以替代的。儿童掌握的知识经验与其游戏的水平成正比,儿童所积累的经验越坚实宽厚,儿童的游戏就会越多姿多彩,因此,教师要注意游戏经验的储备,竭尽全力丰富儿童的知识经验。儿童只有具备了某种经验,才有可能在游戏中表现出来。如儿童要开展过生日的游戏,因为他们有过生日吃生日蛋糕的经验,那么其游戏情节和内容自然就会更丰富。因此,为儿童储备游戏经验就是为儿童提供多种途径,丰富和完善儿童的知识经验,并在游戏之前以多种方式刺激、激活儿童的已有经验,充分调动儿童已获得的相关经验,为游戏的顺利开展提供前提和保证。

#### (一) 要发挥园内资源的作用

教师可通过讲故事、看图片、科学实验等形式拓宽儿童的生活面。比如,当教师在教学活动中让儿童认识"我的家",在自由活动的时候,儿童就自发开展"娃娃家"活动,并尝试扮演"家"中的角色。

#### (二) 要利用园外资源

教师可定期组织儿童外出参观、郊游、野餐等,加深儿童对附近环境的认识和对周围生活的印象。如教师带领儿童参观野生动物园后,儿童回到班级中就会萌发用积木搭建"野生动物园"开展游戏的念头。教师带领儿童参观了"超市",回到班级里玩"超市"游戏时,儿童就会自己布置游戏环境,分配游戏角色。

#### (三) 调动家长参与幼儿园活动的积极性

教师可鼓励家长利用空余时间经常带孩子外出活动,使孩子有更多的机会了解生活,认识人与人之间的关系。如有一个男孩特别爱玩"理发店"的游戏,每次他当

"理发师"的时候,生意就会特别好。每当顾客进门的时候,他都说:"你好,欢迎光临,请坐下!"一边给"顾客"围上白围裙,一边开始询问:"你想用哪一种洗发水?""你对你今天的发型满意吗?"还会拿出小镜子让"顾客"照一照。原来这个小朋友经常跟妈妈去理发店,从中受到了潜移默化的影响。

### 三、游戏环境的创设

游戏环境是开展游戏所必需的基本条件,包括游戏的空间环境和心理环境。

#### (一)游戏的空间环境

1. 户外游戏环境

游戏的空间环境包括户外游戏场地和室内游戏环境。《托儿所、幼儿园建筑设计规范》规定,托儿所、幼儿园室外游戏场地应满足下列规定:一是必须设置各班专门的室外游戏场地,每班的室外游戏场地面积不得少于60平方米,各游戏场地之间采取分割措施。二是全园共有的室外游戏场地要放置数量适宜的大型设备和用具,器具的数量与场地面积保持合理比例,场地的设计要考虑安全性,以不妨碍幼儿奔跑、活动为原则。除此以外,室外还应该有30米跑道、沙坑、洗手池和注水深度不超过0.3米的戏水池等。三是游戏场地应没有任何危及儿童人身安全的隐患,以保证儿童能安然无恙地进行游戏。教师要保证游戏场地的清洁卫生,场内的设备或器械应适合儿童的身高和运动能力,置放牢固、井然有序,做到地面上无铁钉、碎玻璃、砖瓦,以免儿童的身体受到损伤。同时,场地的设计要尽量利用地形地貌的自然特点,减少不必要的人工装饰,让儿童在接近大自然的环境中愉快地游戏。

2. 室内游戏环境

室内游戏环境首先要考虑面积的大小,使空间密度保持在一个适中的位置上,让儿童有机会参加各种游戏活动。美国学者史密斯和科罗利早在1980年就对15平方英尺、25平方英尺、50平方英尺、75平方英尺这几种不同的空间密度进行了比较研究,发现:当空间密度依次变小时,儿童大肌肉游戏逐渐减少;当空间密度降到25平方英尺时,儿童游戏中的社会行为及合作行为减少,侵略行为增多;当空间密度降到15平方英尺时,这种情况更加严重。他们的研究还证明:当把一个大的开阔的游戏空间分成几个小的空间时,儿童意外事故减少,合作行为增多,认知能力增强。所以教师在安排游戏空间时要关注面积的大小,能够满足幼儿的游戏需求。

其次,注重游戏区域的划分。教师要根据学前儿童的人数和特点来划分游戏区。一般而言,教师在室内要设立4—6个游戏区,在各个游戏区之间,教师可用玩具柜、书架等作为隔离物,将其分开,并留下通道,以避免相互干扰。教师还要把安静的游戏区与喧闹的游戏区严格分开,使静态游戏与静态游戏、动态游戏与动态游戏彼此相邻,使各种游戏既相互独立,又相互联系,构成一个整体。

#### (二)游戏的心理环境

心理环境虽是一种无形的环境,但对儿童的发展特别是情绪、社会性、个性品质的形成和发展具有十分重要的作用。在游戏中为儿童营造一个宽松的心理氛围,可以让儿童产生愉快的情感体验,提高兴趣,从而激发儿童的独立自主性,形成积极的自我意识,增强自信心。因此,我们应该在游戏中为儿童提供一个能让他们感到安全、温暖、平等、自由,能鼓励他们探索与创造的心理环境。

首先,亲切、平等、和谐的师生关系是儿童游戏的重要支柱之一。只有在平等、和谐的师生关系中,儿童才能自然地表现自己,更加积极地投入游戏中。教师应明确自己在游戏中的角色,教师在儿童的游戏过程中,不是领导,也不是权威,而是儿童的帮手和支持者。教师的主要任务是鼓励和引导儿童构思,协助他们创作,但不可因此去支配儿童或干预他们的决定,更不可教儿童如何做或代替他们做。过多的干预会限制儿童的想象,太高的期望会给儿童造成压力。在游戏中,教师要扮演好支持者、引导者的角色,为儿童创造一个平等、和谐、有趣、安全的游戏环境,鼓励儿童去思考,让儿童在游戏中感受到自由与尊重,从而激发他们的创造力和想象力。

其次,良好的心理环境还需要教师帮助儿童建立互助、友爱的伙伴关系。儿童间互相关心、互相帮助、文明礼貌、友好谦让,在游戏中互相协商或交换玩具,不仅能帮助他们学会如何与人相处,理解他人的想法和需求,从而建立起更加深厚的友谊,更为游戏继续深入增加了可能性,从而提高儿童游戏的主动性和积极性,让儿童在游戏中获得快乐和成长,为他们今后的学习和生活打下坚实的基础。

最后,教师之间的真诚合作是儿童最好的榜样。教师的行为直接影响儿童活动的主动性和积极性。教师之间真诚合作、互相尊重的关系是儿童建立友好同伴关系的榜样。同时,教师之间友好、和谐的气氛,也为儿童建立了宽松、愉快的心理环境。因而,教师要以良好的自身素质为儿童树立榜样,做到举止大方、语言文明、态度和蔼、行为规范,使儿童从中耳濡目染,学会体察别人的情绪情感,学会正确、适宜的行为方式。

### 四、游戏材料的投放

游戏材料是儿童游戏所用玩具和物品的总称。材料是游戏的支柱,是儿童游戏的工具,如果离开了游戏材料,儿童的游戏就难以进行。由于儿童思维的具体形象性,离开了材料,儿童很难调动已有的经验,实现思维的发展。因此,教师应为儿童准备丰富多彩的游戏材料,使儿童通过探索接收丰富的感官刺激,利用不同的材料去替代和想象,使儿童在与材料的互动中发展思维。为了保证游戏的顺利开展和游戏材料教育作用的充分发挥,教师应该注意以下问题。

#### (一) 提供符合卫生和安全要求的材料

幼儿园必须把保护学前儿童的生命和促进学前儿童的健康发展放在工作的首位。游戏材料安全、卫生是选购游戏材料的基本标准。为儿童提供游戏材料时,在保障安全的基础上,应选择无毒、无味、对儿童无伤害隐患的制作原料,游戏前应进行彻底的清洁消毒,避免将带有锋利边缘和尖角的游戏材料提供给儿童。对比较坚硬、原始的易拉罐、包装盒等材料,可用彩纸、丝带等辅助材料进行装饰或改造,还可选用质地柔软的绒布、包装纸、美工纸等进行艺术加工。另外,教师除了要确保游戏材料的安全和卫生外,也要教会儿童正确地使用材料并照看好儿童。

### (二) 提供符合儿童年龄特征的材料

不同年龄阶段的儿童生理和心理发展不同,有不同的兴趣和需要,教师应该根据儿童的年龄特征,分别提供适宜种类和数量的材料。一般而言,2岁以内的婴儿正处于各种感觉器官迅速发展的重要时期,他们主要通过看、听、摸、抓、握等感觉运动来认识事物,应为他们提供发展感觉运动的玩具,如彩球、彩带、摇鼓、音乐盒等;3—4岁的儿童是形象思维形成和发展的时期,应该为他们提供较丰富的形象材料;而5—6岁儿童抽象思维开始发展,可以为他们提供复杂、能组合的材料。

### (三) 提供具有可操作性的材料

不同材料有不同的功能和特点,但都要以儿童的操作为基础。在幼儿园里,常会碰到这样的事:教师为儿童准备的玩具、材料,过于追求形象的逼真,常常把"饺子""汉堡""饼干"等一个个精心包好,游戏时还不许儿童拆开弄坏。儿童失去了动手操作探索的机会,而这些"不许"也大大减弱了其游戏的积极性。如果我们准备的材料,让儿童不感兴趣,不想去玩,那么,我们准备的材料就是无意义的。反过来,如果游戏环境、游戏材料选择得当,就能激发儿童的活动欲望,促使他们充分利用提供的材料,积极主动地进行探索,接受信息,并能反作用于这些材料,从而获得新的知识和技能,发展各方面的能力。因此在提供游戏材料时,我们一定要注意材料的可操作性,让游戏材料成为活动的、变化的、可塑造的、可以承载孩子想象的材料。

### (四) 提供无固定功能的材料

有的游戏材料如果只是让儿童看或只是按固定的模式让儿童模仿,那么无论这类游戏材料表面上多么精致,实际上是死的游戏材料。好的游戏材料应该是便于儿童操作、组合和重新设计的,有利于儿童创造性思维的培养。无固定功能的游戏材料,往往可以使儿童按照自己的想象创造出游戏的多种玩法。比如,喝完牛奶之后的吸管,可以将它们一小捆一小捆放在一起,练习数数;可以进行吸管贴画,贴出花、太阳、小动物等;还可以将它们剪成一小段一小段,然后用绳子将它们穿起来,变成了美丽的手镯、项链。类似这种材料,使儿童的发散性思维在与材料的互动中得到发展。另外,在无固定功能的基础上,教师要多为儿童建立超级组合游戏材料单元,使各种游戏材料能相互联系,相互依存,共同促进儿童的发展。例如,把钻桶与平衡木、攀登架、滑梯等器材融为一体,这样,几个儿童能同时进行游戏,互相学习,相互竞赛,既培养了儿童的社会交往能力、与人合作能力,又促进了创造力的发展。

### (五) 提供具有差异性的材料

即使是同一年龄段的儿童,他们发展的速度也是有差异的。因此,在投放游戏材料时,教师既要考虑发展快的儿童,也要考虑发展慢的儿童,有时还要兼顾有特殊需要的儿童,使每个儿童都能在适宜的环境中获得发展。这就需要教师注意为不同发展水平的儿童提供不同层次的材料。比如,小班生活区中提供的串珠,孔可有大有小,绳子可粗细不一、软硬不同等;大班的棋类活动区准备各种不同棋种的棋子,以满足儿童不同的需求。同时,游戏材料的投放要有计划,要根据儿童的学习特点和认知发展规律,分期分批由易到难、由浅入深有序地投放材料,不断激发儿童主动参与活动的兴趣,使儿童在不断变换的环境中循序渐进地得到发展。

### (六) 鼓励儿童自由使用游戏材料

游戏材料对儿童的发展具有隐蔽的作用,只有当儿童使用材料时,才能发挥出其价值。为儿童营造宽松的环境,鼓励他们大胆使用游戏材料,他们的创造力更强,往往会得到更好的效果。因此,教师要充分地尊重、信任儿童,有目的、有计划地为儿童提供各式材料,使儿童根据自己的兴趣爱好、能力水平,自由地选择材料,在活动过程中,按自己意愿,独立、自主地进行活动,与材料充分互动,在游戏中真正获得发展,成为游戏的主人。有的游戏过程中,教师往往控制性比较强,儿童的游戏活动通常是在教师的高控制、高指导下进行的。孩子玩什么、什么时间玩、怎么玩、玩到什么程度,均由教师决定,这样的游戏并不是儿童主观愿望中想要的游戏。《幼儿园教育指导纲要(试行)》指出:"幼儿园应为幼儿提供丰富的生活和活动环境,满足他们多方面发展的需要,使他们在快乐的童年中获得有益于身心的经验。""幼儿园教育应尊重幼儿的人格和权利,尊重幼儿身心发展的规律和特点,以游戏为基本活动。"这就要求教师转变教育观念,改善指导方法,发挥教师在儿童游戏中的引导作用,及时观察儿童的游戏状态,捕捉他们的兴趣点和需求,尊重儿童的个性和差异,给予他们充分的信任和支持,鼓励儿童自主选择和组合材料,激发儿童的探索欲望和创造力,真正实现"以游戏为基本活动"的教育理念,让儿童在游戏中快乐成长。

## 第三节 游戏的观察

对儿童游戏进行观察是了解儿童游戏行为的关键。通过观察,我们可以了解儿童游戏的丰富信息。观察并不等于表面地看,我们看到的是表面的,而我们观察到的往往是本质的。比如,教师看见两个小朋友玩规则游戏,其中一个总是不按规则做。这是看到的表面行为,最后教师通过观察发现是他不会 5 以上的按数取物。这是观察到的本质。再比如,看到幼儿故意把鞋子在水里弄湿,这是表面的,最后观察后就会发现幼儿在比较湿鞋与干鞋之间的差异,这是本质的。所以,通过观察儿童的游戏,我们就会明白自己面对的儿童有什么样的特点,喜欢什么类型的游戏,需要什么样的帮助。因此作为教师,我们应该有观察儿童游戏的意识,重视对儿童游戏的观察。

### 一、观察的内容

游戏观察一般可从以下几个方面着手:① 观察游戏主题是否积极健康;② 观察游戏是否符合儿童的年龄特征和认知水平;③ 观察游戏环境是否安全、卫生,并富有教育性;④ 观察游戏材料是否丰富多样,是否符合儿童的游戏水平;⑤ 观察儿童游戏行为与需要,方便教师随时参与儿童游戏,为儿童游戏提供新的材料。

## 二、观察的方法

1. 扫描观察法

观察扫描法即观察者(主要指教师)对班级全体幼儿平均分配时间,在相等的时间内对每个幼儿轮流进行扫描观察。此法适合了解全体幼儿游戏的总体情况,一般多用于游戏的起始和结束环节,了解和把握以下情况:全班幼儿的游戏围绕哪些主题,每个幼儿选择了哪些主题游戏、扮演了什么角色、使用了哪些游戏材料等。

2. 定点观察法

定点观察法,即观察者在游戏过程中固定在某一地点观察、记录所有进入该地点的幼儿表现的一种方法。即定点不定人。这种方法适合了解一个主题或一个区域幼儿游戏的情况。

3. 追踪观察法

追踪观察法也称定人不定点法,指观察者事先确定一两个幼儿作为观察对象,相对集中地观察他们在游戏中的行为表现。这种方法有利于观察者了解个别幼儿更全面、翔实的信息,从而为确定其游戏发展水平、加强个别指导提供依据。

**拓展阅读**

### 陈鹤琴对陈一鸣出生第一天的纪录(节选)

第一天:

(1) 这个小孩是在 1920 年 12 月 26 日凌晨 2 点零 9 分生的;

(2) 生后 2 秒钟就大哭,一直哭到 2 点 19 分,共持续地哭了 10 分钟,以后就是间断的哭了;

(3) 出生 45 分钟,就打哈欠;

(4) 出生 2 点 44 分,又打哈欠,以后再打哈欠 6 次;

(5) 出生的 12 点钟,生殖器已经能举起,这大概是因为膀胱盛满尿的缘故,随即就小便了;

(6) 同时大便是一种灰黑色的流汁;

(7) 用手扇他的脸,他的皱眉肌就皱缩起来;

(8) 用指触他的上唇,上唇就动;

(9) 打喷嚏两次。

## 三、观察的记录

当我们运用上述方法进行观察的时候,需要将我们观察到的随时记录下来,这就涉及游戏的观察记录。一般来说，主要会用到以下记录形式。

1. 行为核对表

行为核对表主要用来核对幼儿在游戏中重要行为的出现与否，观察者预先将准备观察的项目列出，当出现此项目行为时，就在该项上画"√"。运用行为核对表进行的游戏观察比较系统，记录信息更快捷（见表7-1）。

表7-1　儿童行为核对表

| 姓名 | 益智区 | 角色区 | 建构区 | 美工区 |
|---|---|---|---|---|
| 幼儿1 | √ | | | |
| 幼儿2 | | √ | | |
| 幼儿3 | | √ | | |
| 幼儿4 | | | √ | |
| …… | | | | √ |

2. 等级量表

等级量表与行为核对表有相似之处，两者都关注特定的游戏行为，便于记录信息。然而，等级量表不仅仅简单地显示幼儿出现或未出现的行为，观察者还可以呈现游戏行为的等级，并评价这些游戏行为的质量（见表7-2）。

表7-2　幼儿活动区活动评价表

幼儿姓名：_____　性别：_____　游戏名称：_____　观察时间：_____

| 项目 | 等级（1—5分别代表从低到高的程度） | | | | |
|---|---|---|---|---|---|
| | 1 | 2 | 3 | 4 | 5 |
| 能主动收拾玩具 | | | | | |
| 能主动与同伴交流，提出自己的看法 | | | | | |
| 能与同伴合作完成游戏 | | | | | |
| 能遵守游戏规则 | | | | | |

3. 轶事记录

轶事记录是指简短地记录幼儿的游戏行为或游戏中的偶发事件。这些记录可反映幼儿的游戏技能以及社会性、认知、情感和身体等方面发展的状况。

轶事记录的内容可能很简短，但应包含以下信息：幼儿的姓名、性别，记录的日期，游戏的背景，事件发生的过程。在记录过程中应该客观，还原实际情况。客观记录幼儿所说的话，保留游戏情节发展的顺序（见表7-3）。

表 7–3　轶事记录表

| 区域名称： | 幼儿姓名： | 性别： | 年龄： | 编号： |
|---|---|---|---|---|
| 观察日期：<br>开始时间：<br>观察地点： | | 观察目的：<br>结束时间：<br>观察者： | | |
| 观察过程记录 | | | | |
| 分析 | | | | |
| 建议 | | | | |

4. 摄像记录

教师可以用数码相机、摄像机、网络摄像头等多媒体手段对幼儿的游戏行为进行观察记录。这种记录方法的优势是不受时间的限制，同时获得的结果是真实的、原始的，可以很好地补充教师描述性记录的不足。

### 四、观察结果的分析

一般来说，观察记录描述的是看到了什么，观察结果分析就需要了解行为背后的原因，并给予一定的建议。例如以下角色游戏记录：

两个幼儿各种摆弄"注射器""听诊器"，由于没有人来看病，他们无所事事。我去看病，他们说我要住院，就再也不管了。

分析：幼儿经验不足，材料准备不充分

建议：组织活动，回忆看病经历，了解材料的使用方法和医院的看病流程。

当我们分析观察记录的时候，可以从以下几个方面入手：

游戏空间：游戏场地安排是否合理，有无浪费的地方或过于拥挤的区域，相邻区域是否适宜。

游戏时间：游戏开始、进行、结束的时间分别是多少，幼儿游戏的时间是否满足了幼儿的需要，幼儿在游戏中的坚持性如何等。

游戏材料：游戏材料的数量、种类是否符合幼儿的需要，有无替代物，是否有争抢玩具的现象发生；幼儿是利用玩具进行操作还是进行交往；幼儿对新出现的材料有什么反应等。

游戏的主题：游戏中有些什么主题，这些主题是教师安排的还是幼儿自发产生的，新主题是怎样产生的等。

游戏的态度：幼儿在游戏中的情感体验怎样，是表现活泼开朗、兴趣高涨，还是无所事事、闲逛、发呆等。

游戏的发展水平:幼儿的游戏水平及认知水平达到什么程度。

## 第四节　游戏的指导

在幼儿园的游戏活动中,教师的游戏指导具有不可替代的作用。虽然游戏是儿童自主自愿的活动,但并不意味着对儿童游戏的放任。教师不仅是儿童游戏的引导者,更是他们游戏中不可或缺的合作伙伴。良好的游戏指导能够激发儿童积极参与游戏,丰富儿童的游戏内容,提高儿童的游戏水平。

### 一、尊重儿童游戏的意愿

每一个儿童都是独立的个体,有着自己的兴趣、爱好与特长,尊重儿童游戏的意愿,就是要尊重儿童游戏中的需求和感受,尊重他们对游戏的理解,给予儿童自由表达自己的想法和尝试各种可能的机会,让儿童充分体验游戏的乐趣和挑战,并在游戏中发展创造力、想象力和解决问题的能力。

1. 尊重儿童对游戏的选择

儿童是独立的人,他们有着自己的意愿和兴趣。玩什么游戏、扮演什么角色、游戏怎样发展等,儿童都有自己的想法。当儿童按照自己的意愿和兴趣活动时,儿童在游戏中的态度是积极主动的,反之,如果游戏失去了自主性这一特征,由教师精心安排和导演,从表面上看,儿童是在参加游戏,实际上儿童并没有真正地玩游戏,他们认为是在完成教师布置的任务,也就失去了游戏的积极性。因此游戏必须是儿童自由选择的,是以游戏活动本身为目的的愉快活动。经过学前儿童自由选择的游戏才能真正成为自主自发的对学前儿童产生巨大教育影响的儿童游戏。教师必须清楚,游戏反映的是学前儿童自己所经历过的能够理解并感兴趣的生活经验,而不是反映教师的知识经验。

2. 尊重儿童游戏的氛围

儿童游戏时的氛围是儿童积极主动参与游戏的结果,是游戏"假想"的特点在游戏中的体现。教师不能随意去破坏这种氛围,否则会使游戏索然无味。如儿童用积木围了一个"公园",此时教师应从"公园"的门进出,而不能在"墙"上跨来跨去。教师更不能表现出不重视儿童游戏,甚至嘲笑儿童的游戏行为等。

3. 尊重儿童对游戏的创造

在游戏中,教师应该尊重儿童的尝试和探索,允许他们自己去发现、去创造,而不应该把自己的意志强加给儿童,以免妨碍儿童的游戏。如通常情况下,幼儿都是把长方形积木当作"床"来使用,但是在一次角色游戏中,一位幼儿把半圆形积木当作"宝宝的摇篮",这种情况下应该鼓励他们的想象。

## 二、针对儿童的年龄特征指导游戏

不同年龄儿童的游戏水平是不同的,因此他们在游戏中的表现是有差异的,这是由他们的发展水平和社会经验所决定的。因此,教师要根据儿童的年龄特点,创造不同的环境,投入不同的材料,承担不同的角色,指导儿童游戏更好地开展。如2岁左右的幼儿用积木建构简单物体,可能会把单块积木当汽车,在地板上移来移去,但目的性很不明确,往往是先做后想,随时改变主意,不能按一定目的做下去。3岁幼儿建构的目的性比较明确,能克服一定困难,全神贯注地去做。4—5岁幼儿单纯使用积木建构物体的现象减少了,开始选择多样化的材料,建构形象逼真的物体,表现出一定的创造性,甚至可以联合起来,共同设计、建构公园等复杂造型,并在结构游戏的基础上发展出象征性游戏,加入角色和情节等。5—6岁儿童可以合作共同建构建筑群。这些都体现了年龄的差异性。

### 1. 3岁以前儿童的游戏水平

3岁之前的儿童喜欢练习性游戏,喜欢独立游戏。这一时期,儿童身心发展都处于起步阶段,整个世界在他们眼中都是新鲜而陌生的,他们需要利用一切机会去探索周围世界中的每一件新事物,去体验刚学会的每一个新动作,在探索和体验中认识世界。对于这个时期的孩子来说,探索周围世界的主要手段是感知和动作,于是就表现出了"动即快乐"的游戏原则。此阶段儿童主要以感觉运动性游戏为主,如大运动游戏、手指游戏、感觉游戏等。另外,此阶段儿童喜欢独自游戏或平行游戏。在这一阶段亲子游戏是其主要形式,指导要点是加强儿童的动作发展,鼓励幼儿大胆探索,引导他们参与游戏中。

### 2. 3—4岁儿童的游戏发展水平

3—4岁的儿童处于象征性游戏的初期,喜欢模仿同伴。此阶段儿童的象征性游戏内容和情节都比较简单,游戏主题不稳定,常随外部条件和自己情绪的变化而变化,儿童对游戏规则的理解较差,自我控制的水平较低。另外,这个时期儿童的明显特点是他们不再喜欢独自游戏,而是喜欢和同伴们一起玩。在与其他儿童共同游戏的过程中,儿童的思维、想象和各种社会性交往能力都得到了一定的发展。因此,在这一阶段,要注重激发儿童游戏兴趣,增强同伴交往,加强幼儿的体验性,积累游戏经验。为幼儿提供相似度较高的游戏材料,但要保证数量充足。

### 3. 4—5岁儿童的游戏发展水平

4—5岁儿童的游戏的情节和内容都丰富了许多,喜欢玩象征性游戏和结构游戏。这一时期是儿童象征游戏的高峰期,象征不再局限于物品、角色,而且游戏的情境进一步丰富。他们能够自己选择主题,自行分工、扮演角色等。由于表征水平的提高,出现了用替代物进行游戏的行为。另外,儿童建构游戏的水平也逐步提高,能进行主题构造活动,还喜欢看图构造。在这一阶段,要根据幼儿的需要提供丰富的游戏材料,促进游戏深化。注意观察幼儿可能因为角色分配、材料使用等方面产生的冲突,指导幼儿在游戏中学会解决问题,掌握与同伴交往的技能。

4. 5—6岁儿童的游戏发展水平

5—6岁儿童摆脱了实物的束缚,语言更加丰富,游戏的合作性增加。此阶段的儿童处于象征游戏的高水平阶段,他们已经摆脱了实物直观相似性的束缚,语言描述和动作表象起主导作用。儿童会自行策划游戏,讨论游戏主题,构思情节,分配角色,创设环境,积极主动地进行游戏。因此,这一阶段合作游戏出现的频率最高。另外,这一时期的儿童也开始喜欢有一定难度的棋牌类和富有挑战性的体育竞赛类的规则游戏。在这一阶段,鼓励幼儿在游戏前进行讨论,自主选择游戏主题,做好游戏计划和分工;支持幼儿创造性使用游戏材料,自主探索游戏规则和玩法,增强独立思考和解决问题的能力。

### 三、根据不同的游戏主题指导游戏

儿童在玩游戏时,游戏的主题不同,其所使用的游戏材料、遵守的游戏规则、游戏的活动范围就会表现出不同的特点,所以教师对游戏的指导还应考虑到游戏的类型。比如,角色游戏和结构游戏都是幼儿对其生活的反映,但角色游戏主要反映的是幼儿周围的社会生活,而结构游戏则是幼儿对物体造型的一种反映,因此,两类游戏从丰富生活、提供材料、场地布置、指导策略上都会有所差异。又如角色游戏和表演游戏都要扮演角色,但角色游戏的角色来源于幼儿的生活,而表演游戏的角色来源于某一文学作品,显然二者的指导过程、指导方法也会有很大的差异。角色游戏的重点是丰富幼儿的社会生活经验,提供适合的场所、设备及丰富的游戏材料,对于游戏情节和语言没有固定的要求。表演游戏则对表情和语言都有一定的规范要求。

#### (一)角色游戏的指导

1. 生活经验是角色游戏的基础

角色游戏是幼儿对现实生活的一种积极主动的再现活动,游戏的主题、结构、情节及使用的材料均与社会生活有关。幼儿以自己对社会生活的种种印象设计和安排游戏的情节,并按照自己的愿望、兴趣和能力来进行游戏。幼儿个人的生活经验越丰富,角色游戏的水平也就越高,因此,教师应当注意丰富幼儿的生活经验。

2. 儿童的兴趣需求是游戏主题的来源

由于生活经验和年龄特征的不同,幼儿的游戏兴趣和水平也呈现出一定的差异性。要发挥好角色游戏对不同年龄段幼儿的促进价值,教师应关注幼儿的兴趣和需求,通过观察和与幼儿交流,发现幼儿感兴趣的话题和活动,从中生成游戏主题。儿童的游戏以儿童的兴趣、需要、经验为原点,就容易引发儿童主动参与,而不是被动甚至是被要求完成任务的参与。

### （二）表演游戏的指导

**1. 作品内容的理解是表演游戏的基础**

表演游戏是一种带有"演出"性质的游戏，是幼儿根据故事或童话等文学作品的内容和情节，通过扮演角色、运用语言、动作和表情进行表演的一种游戏形式。表演游戏"表演性"的特点要求幼儿通过运用包括语言、表情、动作姿势等在内的手段来再现特定的故事，这种表演性再现的方法和过程对于幼儿来说是多种能力的学习与锻炼，也是幼儿获得有益的知识与学习经验的过程。因此在游戏中，幼儿需要理解作品内容，体验角色心理，并用适当的语言、动作、表情再现人物形象及情节发展。教师为幼儿选择的文学作品要易于被幼儿理解，故事情节生动，语言生动有趣。

**2. 游戏性大于表演性是表演游戏的指导原则**

当我们把幼儿园表演游戏的性质定位于"游戏"而不是"表演"，并以促进幼儿的主体性发展作为组织幼儿开展表演游戏的指导思想，用符合游戏活动本质特点的方法来组织幼儿的表演游戏时，表演游戏就呈现出不同于"戏剧表演"的面貌。表演游戏与戏剧表演的根本区别在于，表演游戏是幼儿自己"自娱自乐"的活动，幼儿只是因为"有趣好玩"而在"玩"，他们并不是在为"观众"表演。如果缺乏"游戏性"，表演游戏就将失去其作为游戏活动的本质。

### （三）结构游戏的指导

**1. 观察是建构游戏的保障**

生活是创造的源泉，为了促进幼儿建构技能的提升，教师需要引导幼儿注意观察日常生活中的建筑，通过观察建筑各部位的名称、形状、结构特征等加深幼儿对空间结构的理解。也可以通过家园合作等方式，使幼儿通过参观、欣赏、收集资料等各种形式，加深儿童对搭建内容的了解。如幼儿在进行"美丽的公园"主题搭建时，教师带领幼儿到附近公园进行实地观察，引导幼儿对公园的建筑物和景物进行有目的、有顺序的观察，观察公园里都有什么，是什么形状的，是如何组成的，有什么特点，环境是如何布置的等等，就能够引发幼儿的深度搭建与学习。

**2. 材料的熟悉是建构游戏的基础**

游戏材料是幼儿建构活动的基础，不同的材料对幼儿能力的发展可以起到不同的作用，丰富的、有效的材料可以提升幼儿的学习兴趣。教师所投放材料的丰富程度可直接关系到幼儿活动质量，能使幼儿尽兴尽情地"研究"他们的世界。教师应依据对幼儿活动的观察，加强材料投放的针对性、目的性和科学性，进行定期更换与补充。如某教师在指导幼儿搭建立交桥的时候，引导幼儿对区域的材料进行讨论，哪些材料可以搭建路面，哪些可以搭建桥的拐弯处，哪些材料可以搭建路灯，不仅促进了幼儿对材料的高度利用，而且使立交桥的搭建非常形象逼真。

## 四、在恰当的时机干预游戏

游戏是儿童自由开展的活动，但不意味着教师放任儿童的游戏。相反，只有在教师正确的支持指导下,游戏才能发挥出更加的价值。在游戏材料的提供中,教师是协助者与组织者;在游戏过程中,教师是观察者与参与者;在活动出现问题时,教师是启发者与引导者。所以,教师既不能完全掌控游戏,也不能放任儿童游戏,而是要适时介入游戏,引导儿童在游戏中充分发展,那么在什么时候教师可以介入游戏中呢?

1. 当儿童遇到挫折想放弃游戏的时候

当儿童在游戏中遇到瓶颈,游戏不能开展下去,想要放弃游戏的时候,教师可以以同伴的身份,平行介入儿童的游戏之中,丰富儿童的游戏情节,还可以扮演其中的角色,自然而然地加入游戏之中。

 案例

老师发现宁宁独自坐在娃娃家发呆,而旁边服装店的几个幼儿游戏玩得十分精彩。于是老师也抱着一个娃娃,走到宁宁面前说,:"宝宝妈妈,你的宝宝衣服穿得太少了,孩子会着凉生病的,你最好带他去服装店买件衣服。"于是这个游戏的主题又可以延伸下去。

2. 儿童在游戏中遇到困难,需要帮助的时候

当儿童在游戏中遇到困难时,我们应给予他们足够的关注和支持。通过倾听、引导、鼓励和反思,帮助幼儿克服困难,培养他们的自信心和解决问题的能力,让他们在游戏中不断成长和进步。

 案例

欢欢一直想加入明明几个人玩的娃娃家,但是都以人够了被拒绝了。欢欢很委屈。这时候,老师去花店买了一束花,"当当当"敲了敲娃娃家的门,里面的人问:"谁啊?"老师回答说:"我是你们孩子的老师,来家访。"里面的孩子欣然接受了新的成员。欢欢在旁边看到了,于是也给自己想了一个角色,扮演快递员送货上门,从而被娃娃家的成员接纳到游戏中。

3. 当游戏中发生冲突的时候

游戏在为儿童提供与同伴交往合作机会的同时,也不可避免儿童与同伴发生冲突。他们往往由于缺乏解决冲突的能力而陷入无助状态,甚至形成心理障碍。因此,教师要引导儿童正确处理冲突,使冲突双方的关系不受严重影响,加强合作交往。比如娃娃家中,大家都想当妈妈,怎么办? 教师可以引导幼儿设立规则,比如轮流当,或者用"石头剪刀布"来决定等,学会彼此妥协与合作。

4. 当游戏出现安全问题或者消极内容的时候

如在手工活动中,有孩子不小心拿剪刀划到了另外一个小朋友的手,被划到的小

朋友大哭起来,不小心划到别人的孩子吓得脸都白了,呆呆地站在一边。这个时候,教师既要安抚哭的孩子,也要开导害怕的孩子。当个别孩子出现不文明的语言或行为的时候,或者攻击同伴的时候,教师也需要适时地制止这些行为。

**五、注重游戏中的个别教育**

儿童具有不同的个性特点,无论在体力、知识、能力、行为表现、性格等方面都有差异。游戏是按儿童的意愿进行活动,他们在其中可以充分地、真实地表现自己,教师只要善于观察儿童的活动,便可以了解每个儿童的特点和表现,通过游戏教育他们。比如,一个总爱充当主要角色的儿童,他的主意多,也会支配别人做事情,有组织活动的能力,但对人态度不够和气。教师了解此情况后,一方面继续发扬他的长处,另一方面帮助他克服缺点,教师以游戏的口吻提醒他:"这个商店的经理真能干,要是说话再和气一点,来你们商店的顾客就更多了。"扮演经理的儿童意识到了自己的毛病,为了使自己更像"经理",他说话的态度有了明显的转变。又如,一个儿童胆小、孤僻,很少参加游戏,只是自己拿个小玩具,时而摆弄玩具,时而看着别人玩,教师观察到这些表现以后,便带领他去参加其他儿童的游戏活动,开始和他一起当顾客到"商店"买东西,当客人到"娃娃家"里去做客,渐渐地,他能和其他儿童接近了,教师鼓励他,并提醒他说话声音再大一点,之后又建议他到"娃娃家"当妹妹、当妈妈、做理发员等。通过参加集体游戏,充当角色,这个儿童的胆子变大了,情绪积极了,也爱发言了。

游戏是儿童最基本的活动,是儿童自由参加的活动,但这并不意味着游戏不受任何控制,无拘无束,它只有在教师正确的支持与指导下才可以发挥出最大的作用。所以,教师在游戏中要树立这样的观念:尊重儿童的权利,相信儿童的潜力;尊重儿童的发现,相信儿童的创造;尊重儿童的个性,注重儿童的情感。既不能完全地掌握游戏,也不能放任儿童游戏,而是要适时介入游戏,引导儿童在游戏中充分发展。

1. 简述幼儿游戏的特点。
2. 游戏的种类有哪些?游戏对儿童发展的价值体现在哪些方面?
3. 教师应该如何为儿童游戏创造条件?
4. 你认为对幼儿园游戏重点要观察哪些方面?

某幼儿园教师在班级创设精美的环境,制定了游戏规则,并尽心尽力地指导幼儿去玩,但是快到结束的时候,一个幼儿兴冲冲地跑来问:"老师,可以开始玩了吗?"

某班幼儿在扮演角色游戏时玩起了搓麻将,教师发现后,明确告诉孩子搓麻将是

# 第七章 幼儿园游戏活动

不文明的现象,并引导幼儿讨论:和朋友在一起,玩哪些游戏既文明又有趣?

请联系以上案例,谈一谈教师如何指导儿童游戏。

## 推荐阅读

1. [美]约翰逊,等.游戏与儿童早期发展[M].华爱华,郭力平,译校.上海:华东师范大学出版社,2006.

2. 黄进.游戏精神与幼儿教育[M].南京:江苏教育出版社,2006.

3. 刘晓东.儿童文化与儿童教育[M].北京:教育科学出版社,2006.

4. 石中英.教育哲学[M].北京:北京师范大学出版社,2007.

5. 彭丹.如何以游戏评价促进幼儿发展[J].教育导刊(下半月),2015(09).

6. 华爱华.我所认识的"安吉游戏"[J].学前教育,2019(05).

7. 秦元东.活动区与材料区:游戏空间规划的来"龙"与去"脉"[J].学前教育研究,2022(10).

8. 黄英杰,井莉.本真游戏的遮蔽和回归[J].教育理论与实践,2022(04).

# 第八章　幼儿园教学活动

## 学习目标

1. 了解幼儿园教学活动的内涵、特点及组织形式，掌握幼儿园教学活动设计的一般结构。

2. 了解幼儿园领域活动的概念及特征，理解领域活动的价值，掌握领域活动的设计与实施。

3. 了解幼儿园主题活动的概念及特征，理解主题活动的价值，掌握主题活动的设计与实施。

4. 了解幼儿园区域活动的概念以及特征，理解区域活动的价值，掌握区域活动的设计与实施。

## 内容结构图

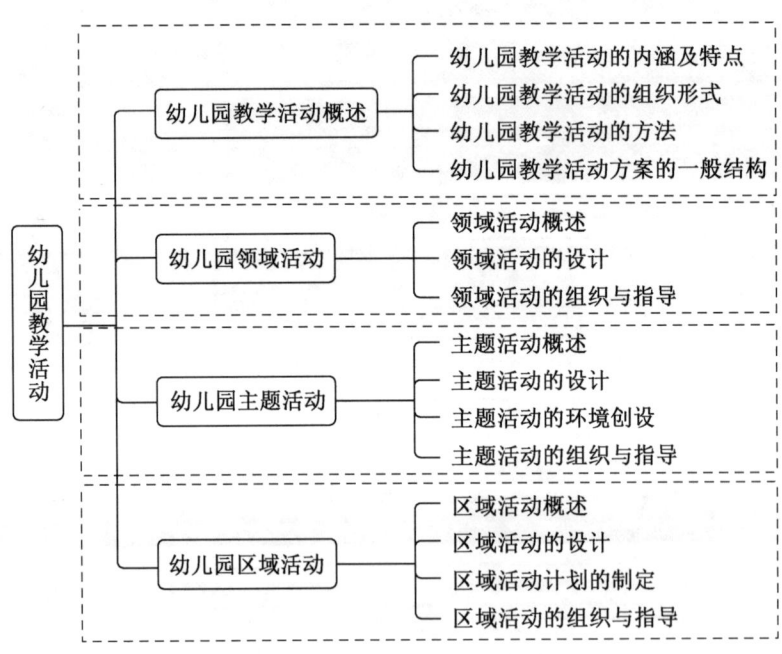

幼儿园的张老师设计了"认识蔬菜"的活动,按照常规进行教学设计,教师只需搜集各种蔬菜的实物和图片,在活动中让幼儿看一看、说一说、尝一尝。但这位老师改变了以往的教学方法,带领幼儿走出幼儿园,来到幼儿园附近的一个蔬果采摘园。幼儿在教师的指导启发下辨认着各种蔬菜,兴奋地边看边交流:"这个大大的、绿绿的是西兰花。""这个小小的、绿绿的长大了是西红柿。"教师还请工作人员向幼儿介绍一些不常见的蔬菜。幼儿非常开心,在离园时纷纷把这个新鲜事告诉了家长。

结合这个案例,你认为幼儿园的教学活动具有什么特点?

## 第一节 幼儿园教学活动概述

### 一、幼儿园教学活动的内涵及特点

#### (一)幼儿园教学活动的内涵

幼儿园教学活动是指教师根据学前教育的总目标和任务,结合社会的需求和学前儿童身心发展规律而专门设计的、多种形式的,有目的、有计划地引导学前儿童主动学习,以帮助他们获得有利于其身心发展经验的活动,它是学前儿童全面发展的重要手段。

幼儿园教学活动可以是教师以集体教学形式,按教育领域分为健康、社会、语言、科学、艺术五大领域的教学活动,也可以以"单元主题"或者"整合课程"的形式开展教学活动,也可以以间接教学方式分小组或个人开展,即教师精心创设学习情境,提供操作材料,引发儿童主动学习,如活动区中幼儿自发的个人学习活动或小组学习活动。

无论是哪一种形式的教学活动,它都强调对学前儿童学习的主动性、积极性、创造性的开发,强调对学前儿童学习过程、探索过程的重视和关注。在教学活动中要重视儿童的体验式学习过程,强调儿童的探究、操作、游戏等实践活动,让儿童在活动中获得认知、经验、情感、技能的发展,促进其健康成长。

#### (二)幼儿园教学活动的特点

幼儿园教学活动由于受儿童身心发展的制约,有它自身的特点。

**1. 直接经验性**

学前儿童通过亲自摆弄、操作、观看、触摸、倾听等感知客观事物,从不同角度认识事物的外部特征,发现事物的变化和关系,从而获取感性经验。因此,让儿童通过亲自体验与感知,直接接触周围世界,在与环境、物体相互作用的过程中去认识事物和现象,这是幼儿园教学活动的特点之一。在幼儿园教学活动中,应创造机会让儿童进行实践活动,也就是创造让儿童与客观事物接触的机会,创造让儿童对客观事物进行深入探索的机会,创造让儿童综合发挥其能力的机会,创造使儿童的潜力得到发展的机会。

2. 生活性

幼儿园的教学活动中,幼儿是通过实际活动获得直接的、具体的感性经验来认识客观事物和理解概念的,这些直接的、具体的经验是学习和理解科学概念必不可少的条件。脱离幼儿实际生活的学习,是抽象的学习,不符合学前儿童的具体形象思维。因此,幼儿园教学活动的内容和途径都需要贴近幼儿的实际生活,教学活动的设计以及方式、方法等需要符合幼儿的实际需要,所以生活中的花草树木、节日、季节等都是幼儿园教学活动中经常涉及的内容。同时,这种学习应渗透在一日生活之中,如让幼儿在吃饭的过程中感知蔬菜的味道,认识蔬菜的价值;在散步的过程中认识树叶的颜色和形状;站队时,与同伴相互比较高矮。让幼儿在生活中学习,在直接感知和实践中体验。

3. 整合性

一方面,幼儿园的教学活动促进了幼儿身体、认知、情感、社会性等各方面的发展,而不是某一方面孤立地发展。幼儿园教学活动是以综合全面的整合性内容来促进幼儿的全面和谐发展。另一方面,虽然幼儿园的教学内容涉及五大领域,但并意味五大领域之间的学习是割裂,而是互相融合、互相渗透,共同促进幼儿的整体发展。因为学前儿童的生活和发展都是整体的,外界环境的作用也是以整体的方式对儿童产生影响的,所以为儿童设计的课程也必须是整个的、互相联系的,而不能是相互割裂的。

4. 启蒙性

学前教育是基础教育的奠基阶段,幼儿园是对幼儿进行启蒙教育的机构。加之幼儿以具体形象思维为主,抽象逻辑思维还不够完善,认知发展水平低。因此,学前教育的地位以及幼儿的思维和认知特点决定了幼儿园教学活动应具有启蒙性。虽然学前儿童主要掌握的是有关周围生活的粗浅的知识经验,内容比较浅显,但是这些内容的学习为儿童以后的发展奠定了良好的基础。如"认识我的家乡"的活动,有助于幼儿建立基本的地理概念和文化自信;"图形宝宝"的学习为以后的数学学习奠定了基础。

5. 游戏性

游戏符合幼儿的年龄特征,能够满足幼儿的各种身心需要,是幼儿园的基本活动。幼儿园的教学活动要体现游戏化的特征,激发幼儿学习的兴趣。对于儿童来说,游戏是最快乐的,有了游戏就有了愉快情绪的保证;游戏是最生动的,有了游戏就有了认知和审美的环境条件;游戏是最丰富的,有了游戏就有了探究、操作的机会。因此,在设计幼儿园教学活动时,应从儿童年龄特点出发,选择新颖多样的游戏材料,开发游戏的多功能性和可变性,在尊重儿童选择游戏的前提下,确保提供多样性的游戏活动。

## 二、幼儿园教学活动的组织形式

### (一)集体教学活动

集体教学活动是学前儿童在同一时间、同一地点以同样方式学习同样内容的组织形式,是幼儿园教学活动中常见的活动形式之一。这种活动来源于班级授课制,是一种高效的教学组织形式。不过集体教学活动容易导致教师仅仅关注全班儿童的平均水平,而忽视个体差异。

### (二)小组教学活动

小组教学活动是教师根据教学需要,或者学前儿童的不同水平、不同兴趣,把全班儿童分为不同的组,根据各组特点分别开展的教学活动。相较于集体教学活动,小组教学活动更加灵活,能在全面照顾的前提下关注儿童学习的差异性,满足他们不同的兴趣需要,也有利于培养儿童之间的交往能力、合作意识及合作能力。

### (三)个别教学活动

个别教学活动是教师通过一对一、一对二的形式,根据学前儿童的个体兴趣需要、不同能力水平展开的有针对性的教学活动。个别教学活动建立在个体差异之上,有利于教师关注到个别能力强或能力弱的儿童,制定个别化教学方案,促进不同发展水平儿童的进步。

## 三、幼儿园教学活动的方法

### (一)以操作为主的方法

1. 游戏法

游戏法是指教师采用游戏或以游戏的口吻进行的教育教学方法,它是幼儿园教学活动的显著特点,也是学前教育机构教学活动的主要方法。运用游戏的方法来组织教学,能够激发儿童的学习兴趣,集中儿童的注意力,能充分调动儿童学习的主动性、积极性,让儿童在玩中学,乐中学。

运用游戏法时应注意:

(1)根据具体的教学目的、任务、内容设计合适的游戏化教学模式,其目的在于以游戏的方式让儿童积极参与,完成一定的教学任务,这种形式可以组织全体儿童进行,也可以是小组或个别儿童的活动。

(2)教学活动中采用游戏法是指教师在教学活动中创设游戏的场景,采用游戏的口吻教学,以达到一定的教学目的,它与平时的游戏活动是有区别的,平时的游戏活动的主要目的是让儿童自主参与获得快乐,不特别强调完成一定的教学目的。

(3)在教学中,对各年龄儿童运用游戏化教学的比重应有所不同。年龄越小,宜多采用游戏法,随着儿童年龄的增长、知识经验的丰富、语言和智力的发展,可以适当减少游戏法的比重。

2. 操作法

操作法是提供给幼儿足够的实物材料,创设一定的环境,引导他们按一定的要求和程序,通过自身的动手操作进行学习的方法。儿童的认知在相当程度上还要依靠自觉行动,他们获得数、形的初步认识不能靠成人灌输,而是靠他们自身的操作活动。同时,双手操作活动也促进了儿童大脑的积极思维。这种方法符合学前儿童的认知特点,能有效地改变"教师讲,幼儿听;教师演示,幼儿看"的弊端,使学前儿童在操作摆弄实物和材料中发现问题、解决问题,成为活动的主体。因而,操作法在发展儿童智力方面是一种有效方法。

运用操作法时应注意以下几点:

(1)在操作中,要引导儿童运用多种感官去获取经验,如通过摸、看、闻、尝、听等方法,获取对事物的认识。例如,在科学活动"有趣的石头"中,为了让幼儿了解石头的种类、形状、颜色,教师请每个幼儿拿着自己采集的石头看一看、摸一摸、掂一掂、碰一碰,通过比较获得有关石头的感性经验。

(2)应为每个儿童提供充分操作材料的机会,让他们自己发现问题,并引导他们解决问题。

(3)增强操作活动的有意性,让儿童带着问题有目的地进行操作。操作后要引导儿童讨论,让他们把自己在操作中的发现告诉同伴,在讨论的基础上,教师帮助他们总结提升经验。

(4)在操作活动中注意培养儿童的创造性,鼓励他们的新发现、新想法、新做法。

3. 实验法

实验法是教师提供一定的材料设备,鼓励儿童通过亲自动手操作进行尝试和探索的教学方法。

运用实验法要注意以下几点:

(1)实验的安全性。实验所用的材料必须符合安全、卫生的原则,实验程序确实是儿童在教师的指导下可以独立操作的。

(2)教师预先操作实验,设计周全的实验指导过程,在过程中提供帮助,促使儿童在实验过程中获得成功感。

(3)实验法强调儿童亲自动手,所以在实验过程中,教师应注意让每个幼儿都有操作的机会。实验结束后,注意引导儿童自己寻找和归纳实验结果。

(二)以直接感知为主的方法

1. 观察法

观察法是指教师有目的、有计划地引导幼儿运用视觉、听觉、味觉、嗅觉等多种感官去感知所选定的客观事物与现象,使之获得感性经验,并在此基础上逐步形成概念的方法。

运用观察法时应注意以下几点：

（1）做好观察前的准备，确定观察目的，选择观察对象，拟定观察计划，创设观察的环境条件。

（2）观察开始时，教师要向儿童提出观察目的，用设疑等方法引起幼儿观察的兴趣，先让儿童自由观察，允许他们相互交谈，并鼓励他们发现问题、提出问题。

（3）观察过程中，教师要充分发挥语言、手势的指导作用，从儿童的兴趣点切入，启发儿童从不同方面感知并用语言描述观察对象，学习观察方法。

（4）观察结束时，要总结观察的印象，让儿童将观察到的知识进一步提炼和巩固。

2. 演示示范法

演示示范法分为演示和示范。演示是指教师向儿童展示各种实物、直观教具，引导儿童按一定顺序注意物体的各个方面和各种特征。示范是指教师通过自己的表演，为儿童提供榜样。示范分语言示范和动作示范两种。

运用演示示范法时应注意：

第一，演示和示范要结合起来进行。

第二，演示的直观教具和实物要形象生动、色彩鲜艳，实验过程要清楚可见，便于儿童观察。

第三，教师的示范要富有情趣，要能引起儿童的兴趣，而且力求化繁为简，突出难点重点。

### （三）以语言为主的方法

1. 讲授法

讲授是教师通过口头语言叙述事实材料或描绘所讲的对象。讲授的语言要生动形象、清晰准确、浅显易懂、简明扼要，儿童愿意听、听得懂。讲授要尽量与演示、示范结合，或辅以适当的肢体语言，做到形神兼备，利于儿童理解。提问时要考虑提问的艺术，提问应围绕主题，由浅入深，具体明确，富有启发性和逻辑性。教师要多提一些启发性、开放性的问题，让儿童展开想象，运用已有经验大胆思考。

2. 谈话法

谈话是教师和儿童围绕某一个问题或主题，自由地发表自己的感受和体验。教师和儿童的谈话也是一种相互交流和沟通的方式。

在运用谈话法时需要注意以下几点：

（1）为幼儿创设自由、宽松的语言交往环境，鼓励和支持幼儿与教师、同伴交流，让幼儿想说、敢说、喜欢说并能得到积极回应。语言交流是相互的，倾听与表达构成了交流的两方面，给予幼儿自主表达的机会，有听有说，幼儿的思维方式才不会是教师思维方式的迁移。

（2）为幼儿提供有效的语言示范。蒙台梭利指出，幼儿具有吸收性心智。教师的语言习惯以及体态语言都是儿童模仿学习的对象。幼儿的学习很大部分是在模

仿。因此,教师要加强自身的语言修养,提高自身的语言表达能力,做到语音正确、语法规范、语句通顺,从而在潜移默化中提高儿童的语言表达能力。

第三,耐心倾听儿童谈话,及时鼓励和引导。教师在教学过程中鼓励儿童大胆说出自己的想法,鼓励幼儿同伴之间进行表达并耐心倾听,尤其是要鼓励平时不怎么善于表达的儿童,让儿童在自由表达中,寻找问题的解决方法。谈论的主题应在儿童的认知经验范围内,属于儿童感兴趣的内容,有利于儿童丰富认知经验,发展语言表达能力。

### 四、幼儿园教学活动方案的一般结构

#### (一) 教学活动的名称及设计意图

教学活动的课题名称应包括年龄班、活动内容与活动名称,如"中班语言活动:三只蝴蝶"。设计意图主要谈谈为什么选择这个活动,针对学前儿童的问题、兴趣及身心发展水平阐述活动的价值。

#### (二) 教学活动的目标

教学活动目标是灵魂,拟定时要以阶段教育目标为导向,挖掘教学内容的教育价值,充分考虑儿童年龄特点及现有的发展水平和已有经验,以确保活动的设计以引导儿童发展为目的,以尊重儿童发展为前提。

1. 教学活动的目标要适合儿童的认知水平

设计教学活动目标时,应以《纲要》和《指南》为依据,制定适合幼儿认知水平的目标,既不能过难也不能过易。如小班教学活动目标:"自主体验与其他小朋友一起合作染纸的乐趣",这个目标设计就超越了小班幼儿的发展水平,因为小班幼儿还没有学会与人合作。大班健康活动"我爱刷牙"的目标为"学习正确的刷牙方法",这样的目标要求偏低,明显滞后于大班幼儿的发展水平。

2. 教学活动的目标既要面向全体儿童,又要适应个别需要

在教学活动中,幼儿的学习经验和学习能力之间存在着各种各样的差异,制定一个适合全班幼儿水平的目标几乎是不可能的,但是作为班级的集体教学活动又必须围绕着一个统一的教学目标进行,因此在确定教学目标时要有一定的弹性。首先要使幼儿明确完成目标的最低标准,即教学的下限,使他们了解要达到怎样的水平才基本合格。制定最低标准有助于保证儿童的学习质量。必要时也可规定达到目标的上限,以鼓励学有余力的幼儿精益求精,使他们的学习潜力得以充分发挥。例如,中班美术活动"火箭升空",可以设定教育目标的最低限是"幼儿能勾勒火箭的轮廓",中班幼儿在成人的指导下基本能模仿并勾勒出简单的物体轮廓,在规定的时间内较好地完成作品的人数比例在65%左右,还有一部分幼儿不仅能在规定时间内能较好地完成作品,还能对作品进行简单的装饰,这就是目标的上限,即"对火箭进行简单装饰"。这样使得全体幼儿在同一次活动中能力都得到了不同的发展。

 **案例**

中班健康活动"过河摘果子",刚开始教师设计的目标为"能跨跳过宽 50 厘米的小河,不掉进河里"。这个目标并不是所有中班幼儿都能做到的。因此,教师将目标改为"根据自己的能力和水平选择适宜的宽度过河,不掉进河里",然后将活动中准备的平行的小河改为"K"字形小河。

3. 活动目标的制定要因时因地

由于地域的不同,其气候条件、地理环境、风俗文化等都有很大的不同。教学活动目标要根据本地的气候与文化资源来制定,不能简单地跟随教材,如大班语言活动"家乡的冬天",北方冬天最显著的标志是雪花飞舞,而南方有的是鲜花盛开;由于气温的不同,南北方穿着也有所不同。因此,其教学内容应是不一样的,在制定目标时,就要根据本地的具体情况来制定。

(三) 教学活动的重难点

教学重点是教学活动重要目标的体现,难点是对儿童学习过程可能出现的困难的估计,并考虑提供适宜的帮助措施。在教学活动中,一般从认知方面说,难点往往集中在重点部分,有些活动中重点也是难点。从其他方面说,儿童难以理解的动作、操作练习的方法、游戏的规则,甚至部分教材的内容等方面,都有可能成为活动过程中的难点。教师要分析儿童的发展,找准重难点,以达到突出重点、突破难点的目的。

(四) 教学活动的准备

教学活动准备包括儿童活动中必需的知识经验、技能准备和情感、心理准备,以及教具等物质准备,如儿童操作材料的准备、活动场地的准备、环境布置等。

(五) 教学活动的形式与方法

教学活动形式包括教学活动中具体采用集体、小组、个人哪种形式,先后顺序如何,以什么形式为主,采用哪些教学方法。教师应根据需要合理安排,因地制宜,灵活地运用各种教学形式和方法。

(1) 应依据教学目标、教学内容的性质和特征选用适宜的教学方法。教学方法是实现教学目标的手段,教学方法的选用要依据目标,为实现目标服务,与内容相匹配、相适应。如观察活动,其主要目标是发展儿童的观察能力,观察法就是其主要的方法。

(2) 选用教学方法要尊重儿童年龄特点和发展差异。学前儿童不同的年龄、个性、兴趣、能力、习惯等要求教师采用不同的教学方法,年龄越小的儿童,教学方法越要采用游戏法、直观法,如语言活动中,中大班儿童多采用观察法、谈话法等,小班则宜采用游戏法、情境表演法。

(3) 教学活动要满足儿童丰富多样的教学需要,综合运用多种方法,做到有主有辅、辩证统一、有机结合,以提高整体教学效果。通常在教育活动中使用的方法不是单一的某种方法,而是多种方法按一定顺序和关系配置结合在一起的,构成一个最佳组合方案。教师应针对每一种方法的特点和独特的作用，结合儿童的实际情况灵活选择、恰当运用，以达到最佳的教育效果。

### （六）教学活动的过程

教学活动过程通常包括活动导入、活动展开、活动结束三个基本部分。

活动导入是将幼儿的注意力转移到学习的内容上，吸引和激发幼儿对学习内容的兴趣。导入方法丰富多样，比如谜语导入、游戏导入、情境导入等，但时间不宜过长，一般控制在三分钟以内。

活动展开是活动过程的主要部分，在此环节教师呈现教学内容，注重吸引幼儿的兴趣，引导幼儿通过观察、操作、感知等直接体验的方式获得经验，并及时恰当地对幼儿做出回应。教师需做到：教学策略、教学方法和教学组织形式的选择要基于对幼儿的了解，注重自主、合作、探究、体验等学习方式；教学内容重点突出且符合各个阶段幼儿的年龄特征；结合多种教学手段，利用现代多媒体技术的优势，通过多种教学方法保持幼儿参与活动的积极性；活动展开一般包含三到四个环节，各环节呈现递进性。

活动结束可以是对学习内容进行归纳总结，也可以是教师对儿童的学习结果与儿童在活动中的表现做出评价，还可以引出新的学习课题，延伸幼儿的经验。不能对刚经历的学习过程做抽象化的精练，避免用成人的思维方式传授儿童不能理解的知识。

### （七）教学活动的延伸

教学活动延伸既是对前面教学活动的巩固，也是继续开展下一个活动的铺垫，起着承上启下的作用，教师要设计好延伸的具体活动及其指导要点。

### （八）教学活动的反思

活动反思包括教师对本次教学活动内容的总结，也包括对活动中儿童行为表现的总结。教师可以通过活动反思，自我诊断，通过对儿童活动情况的分析，找到自己设计或组织过程中的优势或不足，以便及时调整和改进工作，促进每一个儿童的发展，提高教学质量。

## 第二节　幼儿园领域活动

### 一、领域活动概述

#### （一）领域活动的内涵

领域活动是按儿童学习领域划分教育内容的一种课程类型，它将学科体系改造为儿童的经验体系，使之既贴近儿童的生活实际，又不失系统性。幼儿园教育的各领域不只是一个知识系列，它还是不同年龄阶段儿童发展特点和学习特点的经验系列。幼儿园教育的内容是全面的、启蒙性的，可以相对划为健康、语言、社会、科学、艺术等五个领域。

可以从以下几方面理解领域活动:其一,领域是对抽象的学科知识体系进行重构与拓展的过程。尽管学前教育的领域概念与其他阶段教育的学科体系有所不同,但它本质上是在这些核心要素的基础上进行了更为广泛和灵活的整合,从而展现出综合性和渗透性的显著特点。其二,以领域建构幼儿园的课程,有利于教师更好地选择适合儿童发展的内容,服务于儿童身心发展需要。其三,各领域知识的性质不同,儿童的经验体系不同,其学习方式、发展规律和教育规律都各不相同,因而决定着不同领域教育内容的教学方法也不尽相同,所以在教育过程中重视领域活动组织的特殊性显得尤为必要。其四,领域活动课程扬弃了学科课程重知识传授、轻儿童生活的弊病,以儿童的学习领域取代过去的学科划分,使之更贴近儿童的生活实际,又不失系统性。

## (二) 领域活动的特点

### 1. 领域活动中的知识经验有较强的系统性

领域活动中的知识主要是以表象或初级概念为基础和核心组织起来的经验层次的"前学科"体系。在这样一个系列中,它提供了与儿童生活密切相关的知识和经验,且按照领域进行了相应的划分,在《幼儿园教育指导纲要(试行)》中对健康、语言、社会、科学、艺术五大领域的目标、内容和要求以及组织和实施、评价等都做了系统的归纳和阐述。

### 2. 领域活动有较强的渗透性

领域活动有较强的渗透性,它包括了领域内内容的渗透和领域间内容的渗透。领域活动虽然也是以学科为中心组织起来的,但是经过改造之后,其知识的分类并不严格和精细,而是把相关的知识包括在一个相对较大的领域之内。相互渗透是领域活动课程发展的高级阶段,它在保证领域完整性的同时,更多地关注儿童发展的完整性和整体性。

### 3. 领域活动重视与儿童生活的联系

直观形象的事物和儿童自身的经验是儿童领域活动的基础,但它又并非儿童生活经验的简单堆积。领域活动在密切联系儿童生活的基础上,以"归纳"为基本方法,通过大量的实例,再在儿童获得直接经验的基础上,帮助他们整理和提升经验,形成一些简单的、粗浅的、系统化的知识经验。领域活动更重视知识经验之间的整合,以贴近儿童的整个生活实际。

### 4. 领域活动着眼于儿童终身可持续发展

《纲要》中各领域活动的目标、内容和要求以及组织、实施和评价等,均一致地将培养幼儿终身学习的基础和动力放在了核心位置,强调领域活动要为"幼儿一生的发展打好基础"。总之,《纲要》中要求领域活动要着眼于儿童终身持续发展所需要的最基本的、最重要的素质,如积极主动的态度、强烈的学习兴趣、有效地与环境互动的能力、初步的合作意识、责任感、科学的精神及方法等,强调促进儿童基本素质的培养,使儿童获得愉快的、真实的、全面的、可持续的发展,而不是获得情感缺失的、表面的、片面的、暂时的知识和技能。

### (三) 领域活动的主要功能

1. 领域活动有利于促进儿童体、智、德、美全面发展

儿童的学习与发展范畴按内在逻辑联系,相对划分为健康、语言、社会、科学和艺术五大学习领域,这是比较成熟的学习内容的分类,是广大教师所熟悉和认可的,实施起来也相对容易。学前教育机构全面组织实施领域教育,有利于儿童体、智、德、美全面发展教育得以贯彻落实。

2. 领域活动便于教师根据各领域不同的知识性质引导儿童学习

领域活动有利于教师根据知识内容的性质选择相应的教育教学方法来组织教育教学活动,也便于教师理解和把握儿童的学习,增强学习效果。例如,社会领域中的知识很多是约定俗成的社会性知识,像社会文化、社会规则等属于陈述型的知识,教师可以通过结合具体事例用语言来传授,并潜移默化地帮助儿童获取。而科学领域中的知识很多属于程序性的知识,靠教师直接教儿童的这种方式是行不通的,它需要教师创设相适应的环境,提供必要的学习材料和支持手段,引导儿童动手、动脑直接体验,儿童才能习得和建构知识经验。因此,领域活动便于教师根据各领域内容的性质特点来设计教学,以提高教学的效果。

3. 领域活动有利于促进儿童知识经验的整理和系统化

只有以一定的方式和结构原则组织起来的完整知识体系才能扩大儿童认识活动的范围,从本质上改造儿童的认知方式,使他们能更深刻地理解知识,更自由地运用知识,并逐渐掌握认识新事物、获得新知识的方式。研究表明,掌握系统化的知识对尚不具备抽象逻辑思维的学前儿童来说不仅是必要的,也是可能的。因为知识体系可以有不同的深度和概括程度,它可以是以科学概念为核心组织起来的理论层次的学科体系,也可以是以表象或初级概念为基础和核心组织起来的经验层次的"前学科"体系。学前儿童能掌握的,并对其心理发展有促进作用的知识体系正是后一种。领域活动中,教师以各领域本身的相对系统性为重点,在儿童自身与外部世界相互作用获得直接经验的基础上,引导和帮助儿童整理已有的生活经验和认知经验,使之系统化,构建起自己的经验层次的认知体系,并促使儿童将其迁移到更广阔的范围里去解决认识上的新问题。

## 二、领域活动的设计

### (一) 确定适合本班儿童实际的领域活动目标

在学习领会了《纲要》的精神,并对本班儿童发展情况和可利用的教育资源进行了综合分析后,就可以此为依据初步确定适合本班儿童的领域活动目标。

《纲要》和《指南》中制定的各大领域的培养目标是领域活动的出发点和归宿。教师要在设计领域活动时,要体现《纲要》和《指南》中各大领域的培养目标,并围绕该培养目标制定出适合本班幼儿的活动目标。

教师在确定领域教育目标时要避免以下几种错误倾向:重知识、技能,轻情感、能力;重传授讲解、训练,轻感知、体验;重已有知识,轻生成性经验;重学科体系,轻领域整合;重教师主导,轻儿童主体。为避免这些错误,在确立目标时要注意教育目标的"一般发展性",即要使学前教育的领域活动服从于儿童的一般发展,要基于素质的提高,不以掌握学科知识和专门技能为主要目的,防止教育的小学化与成人化。

另外,在目标的难易程度上,要难易适中,尽可能使之保持在维果茨基所谓的"最近发展区"内,这样可以充分调动儿童的学习潜能,达到理想的学习效果。

### (二)拟定本班学期或学年领域活动目标

在拟定学期或学年领域目标时,需要对活动序列进行科学的编排,确定先开展什么,后开展什么。要充分考虑领域内各活动和各领域间的联系及渗透,并根据循序渐进的原则进行初步编排。幼儿是学习的主体,幼儿的学习是一个主动建构的过程,教师在领域活动的设计过程中,应尽可能将教育目标和教育内容转化为幼儿内在的需求,让幼儿感受到活动的快乐。

### (三)预设阶段教育活动计划

阶段教育活动计划体现为周教育计划表,周计划是在学期计划的指导下,根据初步编制的课题序号,制定出每周的教育要点,并将教育教学活动安排到周内的每天当中。在周计划中同样要考虑各种领域活动所占比例的平衡性,促进幼儿的全面发展。

## 三、领域活动的组织与指导

### (一)注重活动计划的弹性和活动过程的灵活性

首先,当今课程改革愈来愈主张课程不仅是预成的,而且具有过程性,是复杂的综合活动,是学者、教育者、教育情境相互作用的动态生成。我们的活动设计不是固定不变的,而是有弹性的、灵活的。在活动过程中,教师要根据儿童活动的具体情况和需求及时进行调整,要关注"生成课程",将预设课程与生成课程相结合,最大限度地促进儿童的发展。

其次,在具体的活动过程中,教师应站在儿童的立场思考问题,要具有灵活性。例如,教师引导儿童认识红色,让幼儿在五颜六色的花中选一朵红色的花送给小熊。可是一个小朋友选了一朵黄色的小花,并说:"我就是不喜欢红色!"听了他的话,教师并没有提出反对意见,而是根据他的话判断他已经认识了红色,于是就拿来另外一只小狗,并说:"小狗喜欢黄色的花,把黄花送给小狗,好吗?"从这一例子中可以看出,这位教师灵活地处理了活动过程中的突发情况,而且做到了尊重儿童。教师不仅要尊重儿童的思想感情、兴趣爱好、要求和愿望,还要认识、接纳和尊重儿童在发展水平、

能力、经验、学习方式等方面的个体差异,根据儿童活动的具体情况和需求调整计划。

## (二)充分发挥领域活动的教育功能,增强活动效果

由于各领域活动内容的性质和特点不同,其教育功能也随之不同。从培养儿童的能力来看,每个领域都可提出几个关键经验、关键能力。如健康领域:保健、自我保护、体能;语言领域:倾听与表达能力;科学领域:感知、探索、思维、方法;艺术领域:感知、表现、想象、创造等。这就使得每个领域中的教学方法和活动方式也有所不同。如能充分发挥各领域的教育功能,选择适宜的教学方法和活动方式,就能使领域活动的效果得以增强。

此外,在儿童充分获取直接经验的基础上,教师要引导帮助儿童整理已有经验,使之系统化。如儿童在日常生活中认识了苹果、梨子、西瓜、桃子、橘子、小猫、小狗、狮子、老虎、鸽子、白兔……但这些知识和经验都是凌乱的、不成体系的,教师就应通过教育活动引导儿童梳理日常经验,使之系统化,以表象、初级概念为基础组织其经验层次的"前科学"体系,知道哪些属于水果,哪些属于动物。

## (三)注重内容的联系、渗透与整合

《纲要》指出:"各领域的内容相互渗透,从不同的角度促进幼儿情感、态度、能力、知识、技能等方面的发展",强调实施领域活动课程要加强领域与领域间的相互渗透,方能实现全面的、整体的教育。

一方面要注重前后内容之间的联系,加强现有的学习内容与儿童已有经验的联系,即内容的纵向联系。另一方面要注意不同的、相关内容之间的联系,即内容的横向联系与整合。横向联系和整合的方法形式很多,可以根据具体情况和儿童学习的需要而选择。如可以在实施某一领域活动过程中有意识地引用其他领域的形式。例如,当儿童学习的文学作品涉及科学方面的知识,教师就可以提醒或引导儿童关注其中蕴涵的科学内容,交流对这些内容的认识,这就以隐性的方式巧妙地把科学内容的学习渗透进语言领域,同时又加深了儿童对文学作品的理解。同样,当音乐、美术活动的主题涉及相关科学内容时,教师可适当加以提示,以促进儿童经验的迁移,或鼓励幼儿讲述已有的科学经验,并用艺术手段表现科学经验。此外,还可以通过开展主题活动把各领域中有机联系的内容进行渗透和整合,使儿童获得生活化的整体性认识。也就是可以引进主题活动,使之与领域活动相互补,增强教育的整体性。

## (四)充分发挥领域活动的整体教育功能

儿童一日生活中的各项活动都对他们的发展有重要的价值,应有机地整合各项活动,努力提高各项活动的整体成效。教师可通过资源的充分发掘和利用、环境的创设、多样化的活动设计以及一日生活中各环节教育作用的发挥,使各领域综合地、统整地呈现在儿童的生活和各种活动中。生活活动在儿童的发展中都具有特殊的价值并起着特定的作用,要防止重教学活动轻生活活动,重有组织的活动轻儿童自由活动的倾向。如何把教育目标渗透到各种活动中,或者说,每个活动怎样围绕目标来展开,是实践中应当特别关注的问题。如培养儿童独立性,就需要在生活中逐步培养儿

童自己吃饭、穿衣、如厕等自理能力。在教学活动中，教师要启发儿童独立思考，遇到困难自己多动脑筋想办法解决，教师应根据儿童的实际情况，给予适宜的支持与指导。此外，教师还要注意各类活动之间的有机联系，发挥这些活动的互补作用，做到在生活中学习，在游戏中学习。

学前教育实践过程中有很多因素，如教师、儿童、教育环境、教育方法和手段以及家庭和社区等。教师在实施课程、组织教育活动时，应深入分析这些因素与儿童发展间的关系，充分发挥其有利的方面，使之有效地作用于儿童，使儿童在与之相互作用中获得充分发展。教师应为儿童创设与儿童生活、学习活动相适应的丰富而适宜的良好环境及平等尊重的人际氛围，发掘和利用幼儿园、家庭及社区丰富的教育资源，充分发挥各种教育资源的整体性影响，有机地、灵活地、综合地利用学前教育各种方法、形式和手段，确保教育取得应有的成效。

## 第三节　幼儿园主题活动

### 一、主题活动概述

#### （一）主题活动的内涵

主题活动是指一段时间内，教师和幼儿围绕着贴近儿童生活的某一个中心内容（主题）作为组织课程内容的主线来组织教育教学的活动。主题活动打破了学科领域的界限，根据主题的核心内容确定主题展开的基本线索，再顺着这些基本线索，确定主题的具体内容，并创设相应的教育环境，组织开展一系列的教育教学活动。主题活动强调，儿童生活中的世界是以具体的事物为主，儿童所接触的事物通常自然地包含着多个学科领域，他们需要的是对事物有一个较为全面的、整体的、生活化的认识。所以主题活动所涉及的范围和学科领域很宽泛，教师要充分调动儿童、教师、幼儿园、家庭及社区等多方面资源，创设适合儿童学习的环境，设计活动方案，在实施时还要关注儿童的学习活动情况，调整活动方案，使儿童获得与主题中心内容相联系的较为完整的经验。

#### （二）主题活动的特点

1. 知识的横向联系

主题活动打破了学科领域之间的界限，将各个方面的学习有机地联系起来，这样儿童所获得的经验是完整的。因为主题活动的中心是儿童生活中具体的问题或事件，如水果、天气、动物、植物、食物等，这些事物通常很自然地包含着多个学科领域。从儿童的角度看，儿童也需要对问题有一个较为整体的、生活化的认识，而不是虽然精深但却相互割裂的认识。

### 2. 各种教育资源的整合

主题活动往往整合了幼儿园内外各种与教育内容紧密相关的资源。幼儿园、家庭及社区中有许多丰富的教育资源，都可以充分运用到主题活动中，比如主题活动"夏天到了"就有许多活动是要整合家庭资源的，如"夏天的声音"，需要父母利用周末带领幼儿在生活中感知知了、青蛙等的声音，"夏天的服饰"需要父母与幼儿一起亲子制作。当然，也有一种活动需要整合社区资源。如"荷花朵朵开"就需要带领幼儿去公园等一些地方观看荷花，采摘莲蓬。

### 3. 生活化、游戏化的学习

主题活动涉及面广，多与儿童的生活相联系。主题活动中的许多活动都具有探索性，可以充分激发儿童的探究兴趣。如在主题活动"神奇的水"中，"观察植物生长""多喝水"等都是和幼儿生活密切相关的，活动"玩水球""会航行的船""会变颜色的水"等是儿童十分喜爱的游戏，儿童可以在游戏中不断获得丰富的知识经验。

### 4. 富有弹性的计划

主题活动是建立在对儿童已有经验和学习状况充分了解的基础上。主题活动的计划不是固定的，教师要细致考虑到与主题相关的各种可能性，在活动中捕捉儿童活动的信息，并及时做出反应，调整计划，如果有的活动儿童兴趣非常高，就可以持续时间长一些，并在此基础上产生新的活动。所以主题活动的方案是富有弹性的。

## （三）主题活动的功能

学前儿童的思维是直观具体的，他们对身边的事物充满好奇，他们有无穷的求知欲，想要探索、想要学习的内容是广泛而又互相关联的，而主题活动往往联系着多方面的学习内容。学前儿童又是通过生活及各种活动来学习的，这些活动尤其是生活活动，往往是综合性的，涉及多方面的学习内容，具有促进幼儿多方面发展的价值。主题活动正符合儿童学习时这一需要，其教育功能主要体现在以下几个方面。

### 1. 使儿童获得完整的知识经验

由于主题活动强调知识的横向联系，所以儿童所获得的知识经验是比较完整的，而非割裂的。主题活动在一段时间内围绕一个中心问题展开许多活动，引导儿童学习了解有关这个问题的方方面面，获得的知识是完整的。

### 2. 促使儿童在生活中主动学习

主动学习的儿童发展更全面、更和谐，主题活动会促使儿童在生活中主动学习。许多活动都是在儿童的生活中完成的，如儿童和教师一起布置活动室，在阅读区中写出全班小朋友的名字，在自然区里饲养动物和种植植物，还可以制作灯笼，一起到社区观赏灯会等，这些活动增强了儿童学习的主动性。

### 3. 有利于提高教师的专业化水平

教师的专业化体现在，能从长远角度把握儿童的发展，为儿童设计对发展有持久价值的活动，能从整体协调幼儿园、家庭和社区的资源，为儿童创设宽松、平等、鼓励的开放式教育环境。主题活动能充分体现并提高教师的专业水平和整合家庭、社区资源的能力。

## 二、主题活动的设计

### (一)确定主题

"主题"是主题活动的核心,它既是儿童即将参与的系列活动的导航灯,又是教师拟定活动方案的出发点。因此,主题的选择直接影响活动的效果。那么,我们如何选择主题呢?通常可以依据以下几点:

1. 儿童的生活与兴趣需要

生活是教育的源泉,社会是生动的课堂。因此,主题活动的主题往往来自儿童的生活,如主题活动"有趣的昆虫""快乐的儿童节""保护自己办法多""如何打电话""我爱运动""我要上小学了"都来自儿童的生活,这些内容要么是儿童所熟悉的,更容易激发其活动的兴趣,要么是儿童所需要的,包含着丰富的教育价值。因此,主题的内容比较丰富,活动进展也会比较顺利。常见的主题类型有:

围绕儿童自身开发的主题,如:我的眼睛用处大、会动的小手、小小营养师、我长大了、我喜欢、能干的双手、快乐的我。

围绕自然环境开发的主题,如:海底世界、秋天的树、小雨点、小小气象员、我喜欢的季节、好玩的水、漂亮的沙城堡。

围绕社会生活开发的主题,如:我的家、快乐的幼儿园、超市、家乡小游、中国功夫、民族大家庭。

围绕人类与科技开发的主题,如:妈妈的助手——家电、汽车总动员、神奇的磁铁、手机世界、神奇的电脑。

2. 学前教育目标

强调儿童的兴趣并不否认主题活动的目的性。主题活动毕竟是实现学前教育目标的手段,目的性是课程永远抹不掉的特征。它既包含教育的社会价值(培养社会所需要的人),也包含教育的个人价值(发展每一个人的潜在能力)。因此,我们既要考虑儿童的兴趣和需要,也必须考虑社会的要求;既要满足儿童即时的兴趣和需要,也要促进儿童的长远发展。如果教师只是一味地强调关注儿童当时的兴趣,而没有看到这样做的目的是让儿童更有效地学习,更加健康全面地成长并最终成为社会所需要的人,那么,这样的主题活动只是形式上的活动。

### (二)确定主题活动目标,制作主题网

确定了主题之后,需要遵循《指南》精神,分析主题蕴含的教育价值,在分析幼儿已有经验和发展水平及兴趣需求的基础上,确定主题活动目标,制作主题网。由于主题活动开展的时间较长,涉及多个领域的内容,因此主题活动总目标应该具有全面性和概括性,以促进幼儿的整体发展。在制作主题网的过程中,教师要树立整合的教育观,使同一领域不同方面的内容,不同领域的内容之间相互联系整合,最终让这些

整合的内容体现在主题网中。通常主题网的制作可以分为以下几步：

1. 头脑风暴

教师尽可能围绕主题"放纵"自己的思想，任其不受任何限制地自由驰骋，并在一张张小纸片上写下自己所能想到的任何与主题有关的字词。而且，这些字词要尽可能具体。如果是和同事合作，就应该各自独立进行，不需要相互交流；如果有儿童参与，则需要及时把儿童的不同想法用简明的文字记录下来。

2. 归纳

将记录着不同字词的纸条分类，尽量把性质相同的归为一类。这样做的目的是了解每一组的特殊性质。

3. 命名

选择合适的字词或短语归为每一组，即为每组设计一个主题的名称。

4. 交流

此时可以和幼儿一起讨论交流分享，进一步探索可以延伸、扩展的内容。

5. 连网

最后将这些字词按组使用网状图（如树形、圆形、导图、表格等）连接起来，直观地呈现出主题的各个活动和涉及的领域。

（三）展开主题网，设计系列活动

1. 按活动内容展开

主题可以按活动内容展开，这样教师可以清晰地了解活动之间的关系，有利于活动内容的拓展和生成。

2. 分领域按目标展开

按照领域和目标的脉络将主题活动的网络变成目标系统图，以便清晰地把握活动目的，可以用图的方式，也可以用表格的方式来展示主题活动的网络。

需要注意的是，主题网可以辅助教师完善活动设计，但它只是一个提示，并不是固定不变的，在具体活动中，它将会随着活动的发展而不断调整和充实。

为了更好地开展主题活动，教师可以用表格（见表8-1）来梳理主题活动安排的思路，以便对主题的主要活动及资源的挖掘和利用做到心中有数。

表 8-1 主题活动案例

| | | | |
|---|---|---|---|
| 你好！大树 | 主题一：大树的成长 | 活动一：大树的四季 | 科学、艺术 |
| | | 活动二：年轮的秘密 | 科学、艺术 |
| | | 活动三：大树的名片 | 社会、科学 |
| | 主题二：大树的结构 | 活动四：树叶的秘密 | 科学、艺术 |
| | | 活动五：树皮拓印 | 艺术 |
| | | 活动六：树枝迷宫 | 艺术 |
| | 主题三：树的本领大 | 活动七：一棵树的经历 | 语言 |
| | | 活动八：树上的窝 | 语言、社会 |
| | | 活动九：大树和松鼠 | 语言 |
| | | 活动十：我和大树做游戏 | 健康 |
| | | 活动十一：爱护树木，保护环境 | 社会 |
| | 区域环境创设 | 美工区：树叶线描画<br>科学区：制作树叶书签<br>图书区：投放图书《小树的四季》《种子成长记》 | |
| | 户外游戏活动 | 集体游戏：小树叶找妈妈<br>散步活动：观察幼儿园周围的大树与树叶宝宝 | |
| | 家园合作 | 亲子制作：我给大树做笔记 | |

## 三、主题活动的环境创设

环境是重要的教育资源和儿童发展的重要条件，是教师与儿童之间、儿童与儿童之间、儿童与物体之间互动的关键性因素。《纲要》中明确指出"应通过环境的创设和利用，有效地促进儿童的发展"。学前儿童的认知、情感和社会化的发展始终来自与环境的相互作用，儿童与环境的相处方式直接影响到教育质量，而各类主题活动的目标都以儿童为本，环境是实现目标的具体措施和手段。因此，从活动主题的设计到具体实施，我们都要考虑到环境这一要素。教师应积极创造条件，注重创设与主题活动相适应的环境，挖掘和发挥其所蕴含的教育功能，让儿童在与环境的互动中，对自己的发现进行探索，在探索中不断表现，在表现中不断发展。

### （一）增强环境材料的目的性

主题活动发生在某种特定的环境中，需要某种特定环境的支持，而且环境创设是否合理将会影响主题活动的进行。所以一旦选定主题后，教师首先要着手创设合适的环境，围绕主题提供相应的材料；其次，师幼要共同设计作品，布置相关的版面，投放半成品材料让儿童操作；最后，教师要利用废旧物品进行立体墙面布置，充分利用家长资源收集有用的资料。

### （二）增强环境创设的动态性

环境的动态性是指环境的创设要根据主题和儿童发展需要不断发展变化,并且在不断更新环境的过程中,为儿童提供更多参与活动和表现自我的机会。主题环境并不是一开始就全部完成,而是随着主题的深入而逐渐丰富起来的,儿童可以从环境的变化中感受到主题的逐渐深入,环境的变化就像一条线索把主题的进程串联起来,显示出主题内容的不断变化,环境应随着主题的深入不断丰富,教师可以抓住这些新的教育契机不断引导儿童探究学习。

### （三）利用环境生成主题

主题并不是凭空产生的,环境不仅是帮助主题活动实施的要素,也是主题活动产生的要素。儿童通过对环境的观察和探索,不仅能发现许多有趣的现象,更能产生出许多有价值的点子,因此教师要善于发现和捕捉,思考儿童究竟对周围的哪些环境产生了兴趣,是否可以从中产生一个新的活动主题,主题活动的进行中需要哪些新的环境设置,以利于主题的不断延伸,形成一个良性循环过程。

## 四、主题活动的组织与指导

主题活动要以儿童自主的探究学习为主要方式,通过儿童对周围世界的深入观察、主动探索、尝试体验、大胆创造等实践活动,促进自身的全面发展。

### （一）活动的发起及准备阶段

活动的发起,也就是主题的产生。在这一阶段,教师的任务是做好经验准备,一方面是深入分析主题,制作"主题网";另一方面充分了解、调动儿童与主题相关的原有经验。如教师可以发动儿童用绘画、象征性游戏、语言讨论等方式来表达自己对主题的理解。

### （二）活动的进行与发展阶段

在充分地表达经验做出假设和完成初步的计划之后,实际的活动就可以正式开始了。这一阶段的主要任务在于通过组织丰富多彩的活动让儿童获得新的直接经验,在活动中一步步地进入主题变化或情节发展的高潮,儿童在其中验证自己的假设,探讨问题和事实的真相。

对儿童而言,该阶段主要是实际操作和探索的活动,以全面了解主题本身或发现其背后的规律。然后,根据观察所得的东西或活动结果进行各种形式的再表达。对教师而言,这一阶段的任务在于提供丰富而适宜的资源,如提供材料、暗示和建议等,同时,要让儿童感受到教师是他们随时可以提供帮助的资源,儿童在需要时可以随时求助。

### （三）活动的高潮与总结阶段

主题活动最后还需要一个全程的、系统的反思和总结的过程,这往往也是主题活动的高潮。活动反思和总结的方式是多种多样的。教师可以让个别儿童讲述自己整个活动的历程,也可以由儿童在教师及同伴的帮助下整理自己在这项活动过程中所创作的作品,将其中所获得的发现介绍给家长、客人、本班或别班的儿童,还可以由全班儿童集体办一个面向全园的作品展示会等。

从总体上讲,这三个阶段只是反映了主题活动的一般流程,它们并不是固定不变的,教师要依据主题的性质、儿童的反应灵活地加以运用。

## 第四节 幼儿园区域活动

### 一、区域活动概述

#### (一)区域活动的内涵

区域活动指的是教师以教育目标、儿童感兴趣的活动材料和活动类型为依据,将机构内可利用的空间(如活动室、睡眠室、走廊、室外场地等)相对划分为不同区域,吸引儿童自主选择并在活动区中通过与材料、同伴等的充分互动而获得学习与发展的活动。需要明确的是,近年来随着区域活动备受关注,区域的数量和规模在逐渐扩大,教师已经不再局限于设置一些班级活动室内的常见区域(如语言区、手工区、数学区、娃娃家等),区域由室内走向室外,教师充分利用走廊(如故事走廊、艺术走廊、鲜花走廊等)、门厅(如图书角、涂鸦区等)、户外(如种植区、大型建构区等)等可以利用的空间为幼儿开辟了更多的活动区域。不仅如此,区域的使用范围也逐渐多样化,除了各班的专有区域外,许多幼儿园还设置了全园共用的区域,如大型的沙水区、科学发现室、饲养角等。这些丰富多样的区域的设置不仅能够更加充分地满足幼儿的兴趣和需要,也使区域活动发挥了更大的价值。

#### (二)区域活动的特点

1. 自由自主性

区域活动中教师为儿童营造了一个轻松自由的氛围,使儿童拥有了更多按照自己的兴趣和能力进行活动的机会。在这样的环境中,幼儿可以自由地选择喜欢的区域、材料和玩伴,自主地参与活动,操作材料,拥有充分的自由自主权。也正因如此,每个幼儿在活动中都可以根据自己的能力水平选择擅长的或对自己具有挑战性的项目,进而通过操作体会到成功感和喜悦感。

2. 发展个性化

由于教师所创设的区域类型多样,材料丰富,以小组活动为主,所以每个幼儿都能在区域中找到适合自己兴趣和发展水平的活动,在与环境相互作用的过程中获得不同程度的个性化发展。

3. 指导间接性

在区域活动中,以幼儿自由自主活动为主,教师一般不干涉幼儿的活动,他们的指导更多体现在环境的创设及对幼儿的观察上,是一种间接的、隐形的指导。如在区域活动中,希望幼儿知道小球的滚动速度与坡度大小及表面粗糙程度之间的关系,教师不会直接给幼儿讲解,而是在科学区提供小球、坡度大小及表面粗糙程度不同的斜坡,让幼儿通过自己的探索获取相关的经验。

### (三) 区域活动与其他活动之间的关系

#### 1. 区域活动与集中教学活动之间的关系

集体教学活动强调目的性、计划性,以教师的直接指导为主,区域活动强调与材料、同伴的互动,以教师间接指导为主,但它们并不是对立的,而是相辅相成的。为了将区域与教学有效融合起来,教师要善于在区域活动中引导幼儿复习、巩固已有的知识经验,如在开展语言活动"小蝌蚪找妈妈"之前,教师在语言区为幼儿投放了各种图文并茂的书籍,准备好了录音机等。幼儿自由地听录音学故事,玩根据图片找文字或根据文字找图片、连线等游戏。活动结束之后,幼儿来到美工区自由地发挥着他们的想象进行创作。教师则来到幼儿中间,及时给予他们支持,引导帮助幼儿把图画装订成书,并加上封面。在这个语言活动中,教师灵活地利用了区域活动,并把它作为集体教学活动的有力补充。

教师在开展集体教学活动的时候,也要努力创设与活动相适宜的区域和游戏环境,力求让幼儿在游戏的情境和丰富的活动材料中获得与教学活动有关的知识经验和情感体验。同时,针对一些幼儿在活动区中出现的普遍问题,教师也可开展集体教学活动共同解决。比如上述案例中教师通过观察发现了幼儿在区域中表现出一些共性问题,如涂色不大胆、想象力不够丰富、语音不够清晰、表述的词汇比较匮乏等,教师可针对这些问题随即调整有关美术和语言领域的教育目标,并在之后的语言和美术集体教学活动中解决这些问题。

可见,区域活动和集体教学活动之间是互为补充的关系。区域丰富了幼儿的经验,是顺利开展集体教学活动的"温床";集体教学活动提升和巩固了幼儿的知识经验,是成功开展区域活动的"有力武器"。当然,教师在发挥区域活动这种补充作用的同时,千万不要忽略区域活动自身的特点。那种一味强调区域的学习功能,忽视幼儿主动性的做法也是不可取了。

#### 2. 区域活动与主题活动之间的关系

区域活动能极大地丰富和拓展主题的空间,在幼儿的自主活动中,许多原来被主题网忽略的问题被重新发现,由此拓展了主题活动的范围,甚至生成新的主题。所以,教师要充分发挥两者的优势,让主题活动和区域活动成为"形影不离"的伙伴。比如,幼儿在操作区玩石磨的时候,磨出了许多花生粉、芝麻粉、绿豆粉,有的幼儿还将这些粉混合起来调制成"饮料"拿到"商店"中去卖,于是,"魔法食物"这一主题就应运而生。

另外,我们也可以围绕主题活动的主题创设或新增区域。区域活动是实现主题教育目标的重要途径。教师积极创始适宜的区域环境,会让主题活动的开展更加富有弹性,也会让主题活动的目标更容易达成。而且主题活动的开展也不是一成不变的,随着主题的深入,幼儿和教师也可能发现新的问题,及时调整活动方案,增加新的区域。如在主题活动"超市"中,教师根据幼儿的兴趣,以购物活动为切入点,活动自然延伸到了"我爱吃的食物"方面。为了让幼儿对食物的认识和感知更加全面,教师又创设了一个新的区域"娃娃厨房",幼儿可以自己动手制作一些简单常见的食物,如煮玉米、蒸白薯、制作水果拼盘、做蛋花汤等。

可见,区域活动是主题活动的延伸与补充,而主题活动则可以使区域活动更有探究性,所以,区域活动与主题活动之间是互相整合的关系。教师要充分发挥两者的优势,使他们称为形影不离的好搭档。

3. 区域活动与游戏活动之间的关系

走进幼儿园的活动室中,我们会发现,儿童的许多游戏活动是在区域中展开的,如结构游戏、角色游戏、表演游戏等很多时候都在建构区、表演区之中开展。而区域活动在很多时候也是很有趣的游戏。在幼儿园中我们经常把游戏和区域活动结合起来,称为"区域游戏",其目的就是充分体现区域活动和游戏活动中幼儿的自主性,让幼儿在快乐中学习。游戏符合幼儿的心理特征,深得幼儿喜爱,而区域活动则让幼儿在自主的探索和小组合作中学习,两者相得益彰。

可见,区域中蕴藏着丰富的游戏,游戏的开展往往要借助区域的环境。因此,我们不必太执着于区分两者的界限,将两者进行融合反而会发挥更大的教育功能。如针对"磁铁"这一内容,教师在科学区中投放了磁铁以及铁、纸、塑料、布等制品,让幼儿在一段时间内自由地操作、观察、思考、分类,在这个过程中,幼儿通过"钓鱼比赛""送小娃娃回家"等游戏,逐渐领悟到"为什么有的鱼钓起来了,有的钓不起来","为什么有的小娃娃能回家而别的小娃娃却回不了家",从而了解了磁铁的性能和用途。此时的区域活动实际上就是探索性的游戏,教师引导幼儿将两者融合在一起,使得区域活动游戏化,游戏活动区域化,这也与当前幼儿园课程改革的大趋势相吻合。

## 二、区域活动的设计

区域活动的本质是幼儿在教师创设的环境中自由地活动,因此,严格地说,区域活动设计的不是具体的教育活动而是活动的材料、环境。将教育意图或目标转化为活动材料和环境,通过创设环境来影响幼儿的活动,再通过幼儿的活动达到预期的发展。以下是区域活动设计的基本思路。

### (一)确定活动区的数量和规模

我们要根据幼儿人数与活动室面积来决定活动区的数量和规模。一般来说,幼儿园的每个活动区的最佳容纳量为5—7人,如果活动室面积为60平方米,那么30名幼儿就需要设置5—6个活动区。活动室的结构也影响到活动区的数量和规模,比如,有的活动室的面积较大,但是如果结构不合理,就会影响活动区的设置。

### (二)决定活动区的种类并命名

一般来说,教师应该根据幼儿的兴趣和发展需要来决定活动区的种类,应尽量满足幼儿认知、情感、社会性、语言、动作技能等多方面的发展需要。这就要求教师既要对各类活动区的功能有清楚的认识,也要准确了解本班幼儿的兴趣、水平和需要。如教师发现本班幼儿在语言和社会性方面发展不足,同时又发现幼儿在动手操作方面十分感兴趣,就可以依此设定图书区、积木区、科学区、美工区等活动区。当然,教师也可随时根据幼儿的特殊兴趣和需要,调整区域活动的内容和规模。

确定活动区的种类后,教师还应给各活动区命名。需要注意的是,活动区的名称是为了便于分类和记录而确立的,只是一个代号,没有绝对的标准,主要视教育功能而定。比如投放剪刀、纸张、树叶、水等材料的区域,如果是以探索为主要目的,我们可以命名为"探索区";如果是以发展美术能力为主要目标,我们可以命名为"美工区";如果是以发展动手操作能力为主要目的,我们可以命名为"操作区"。

拓展阅读

### 幼儿园区域的类型

1. 常规区域:建构区、美工区、表演区、角色游戏区、阅读区、益智区、语言区、科学区、感官操作区、沙水区、运动区等。

2. 特色区域:与别的幼儿园不同的、比较独特的区域。这种特色可以是地域特色,也可以是园本、班本特色的体现。

3. 主题区域:伴随主题教学活动的开展,建构主题环境。主题区域即主题目标、主题活动内容物化在区域材料当中,引导幼儿在区域的自主活动中实现主题目标。

### (三)确定各区的空间位置

幼儿一天中的大部分时间是在幼儿园室内度过的,因此班级活动区域的布局和设计是十分重要的。合理的游戏区域布局有利于幼儿的学习、交流与情绪情感需要的满足。因此,教师要根据本班活动空间的面积和结构,依据活动区的设置原则,为每个活动区寻找一个最理想的位置。教师在规划布局活动区域的空间位置时通常需要遵循如下原则:

1. 干湿分区

美工区、科学区要用水,而图书角不需要水,应该分开。

2. 动静分区

建构区、表演区、音乐区等属于热闹的"动"区,而图书区、数学区等区域幼儿活动量较小,需要安静,这两类区域最好离得远些,以免相互干扰。

3. 就近原则

自然角需要阳光,可设置在向阳的地方;运动区常需要将活动延伸到户外场地,可设置在接近户外的一面;科学区需要用水,可接近水源。

#### 4. 方便通畅

教师要合理利用活动室的每个角落,充分发挥活动室内设施的作用,保证活动室内的"交通"畅通无阻。如活动室的中央和各个门口最好不要设置区域,以免影响儿童的日常活动。

#### 5. 相对封闭性

如果各区域界限不明晰,会导致儿童无目的地"乱窜"。所以教师要利用各种玩具柜、书架、地毯等现有设施作为活动区之间的分界线。不同活动区、不同年龄段对封闭性有不同要求,如图书区的封闭程度要高一些,而美术区、娃娃家则可以开放一些,以便于取水换水和出入方便。小班幼儿因为注意的有意性和稳定性较差,很容易被外界的刺激影响,所以需要封闭程度高的环境,而大班则应加大开放性,以利于活动内容的丰富和区域之间的交流。

总之,丰富的活动区域应该给儿童更大的选择余地,合理的布局应该使整个活动室看上去整洁有序、井井有条、畅通方便。

### (四) 逐一布置各活动区

按规划好的空间,利用玩具柜、椅子、桌子、大型积木等将各区相对隔开,然后逐一进行布置。每个活动区应有醒目的标志,便于幼儿识别。同时,每个活动区的布置还要考虑幼儿的特点,营造一个特殊的心理氛围。在条件允许的情况下,每个区的布置最好分成自上至下的三块:上面是与区域相对应的主题墙饰,中间是与幼儿同等高度的操作墙面或材料展示柜,下面是一个宽敞的可供幼儿活动的区域。当然,在布置各活动区时,材料是活动区的根本,所以各活动区的布置最重要的是材料的提供。在为活动区投放材料时,我们应遵循以下原则:

#### 1. 目的性

目的性即与教育目标的一致性,是指教师在区域中投放的材料应该与我们所要达成的教育目标紧紧相连。因为材料和目标之间并非一一对应的关系:一方面,同一种材料能够实现多个教育目标。如纸张、树叶、剪刀、胶水等材料,放在美工区可以发展幼儿的美术能力,放在操作区可以发展幼儿的动手操作能力,放在科学区则可以发展幼儿的思考探索能力。另一方面,一个目标也可以通过多种材料来实现。比如,想要发展幼儿的精细动作能力,可以让幼儿串珠,也可以借助扣纽扣、捡豆子、拉拉链等方式来完成。所以投放材料时,一定要考虑它的目的性。

#### 2. 层次性

层次性是指教师在投放材料时要为不同发展水平的幼儿提供不同层次的材料,满足不同的学习需要,促使每一个幼儿都能在自身原有水平上获得适宜的发展。例如,同样是发展幼儿的精细动作能力,对于能力较弱的,可以练习用筷子夹报纸团;对于能力较强的,可以练习用筷子夹红枣;对于能力再强一些的,可以用练习用筷子夹玻璃珠子。

### 3. 探索性

实践证明，那些具有固定功能和玩法的高结构材料，虽然看起来漂亮精美，但是它们往往因为缺少探索性不能引起幼儿持久的兴趣。而那些没有固定功能和玩法的低结构材料，像沙子、石头、土壤、泡泡泥等则经久不衰，幼儿却乐此不疲地玩弄着。所以我们在区域中要尽量多为幼儿提供诸如原材料、半成品等低结构的材料，满足幼儿操作探索的需求。

### 4. 动态性

动态性是指区域中的材料应保持更新，如果长期没有任何变化，幼儿会逐渐失去对区域活动的兴趣。不过材料的更替也不能太频繁，要有计划地更新。建议在原有材料的基础上进行适当的增加和删减，这样既能保证区域活动的连贯性，又能对幼儿提出新的挑战。

### 5. 适宜性

适宜性包括两个方面：一方面是指与幼儿的年龄特征相适宜，如小班幼儿喜欢平行游戏，我们在为幼儿提供材料时，材料的种类不需要很多，但是同一种材料的数量要充足；而对于中大班幼儿，他们的好奇心和求知欲不断增强，所以为他们提供的材料数量不需要很多，但是种类要很丰富，以满足幼儿不同的探究愿望。另一方面是指与所处的环境相适宜，如在科学区中，春季我们可以投放各种植物的种子，到了秋季把他们替换为各种果实。

## 三、区域活动计划的制定

区域活动一般为小组活动，是幼儿自主选择参与的活动，具有较强的灵活性。但是，这并不意味着区域活动不要计划，完全任凭幼儿自由玩耍。作为一种常见的教育途径之一，区域活动最终也是为完成学前教育的总目标服务的，因此它的实施依然要依据一定的教育目标，而且要制定一些计划，并且在很大程度上要按计划开展活动，确保目标的实现。通常可以分以下几步进行：

### （一）制定区域活动目标

区域活动是教育的途径之一，与其他活动一起共同促进幼儿的发展，因此，它是班级整体教育的组成部分。教师应该将区域活动与班级的领域活动或主题活动进行有机的结合。根据课程总目标确定学期目标，然后根据本周展开的领域活动或主题活动以及本班幼儿的特点安排相应的区域，制定适宜的目标。当然，对于一些相对稳定和独立的区域活动，教师可以随领域活动的进程制定相对稳定的目标，不必参照主题活动的目标。如阅读区的目标：喜欢看图书，愿意分享看到的内容，提高语言表达能力，丰富词汇等。

### （二）确定区域活动的内容

区域活动的内容与教育目标和幼儿的兴趣是密切相关的，因此，区域活动的内容也应据此展开。

首先，教师要依据近期领域活动内容或开展的主题活动，确定区域活动的内容。丰富多样的区域活动内容满足不同幼儿发展的需要，他们可以根据自己对某一领域的爱好而深入探究下去，从而获得有益于身心发展的经验，这一点恰恰是集体教学所无法满足的。但也不是每一个主题都要有活动区，在实施过程中，我们可以根据领域活动的情况或主题单元的走向、幼儿发展的需求选取不同的活动区，也可以扩大某个活动区或缩小某个活动区。

其次，教师要关注幼儿的兴趣点，生成区域活动的内容。兴趣是幼儿学习的助推器，但是拥有不同性格的幼儿，他们的兴趣点常常会各不相同，而有的兴趣点甚至缺乏教育意义。因此，教师的教育艺术就在于认真分析，合理把关，找到幼儿兴趣和教育要求之间的结合点，引导幼儿的兴趣向符合教育目标的方向发展，衍生出健康而丰富的区域活动内容。只有根据幼儿兴趣与需求创设的活动区，才能更加有效地激发幼儿活动的积极性。

当然，区域活动的内容也不是完全预设的，教师要依据领域活动开展的情况或主题活动的发展，尊重幼儿的需要，及时调整区域活动内容。如幼儿在交流中产生的一些好的想法常常因为没有合适的区域可以尝试而放弃，此时，教师可以专门开辟一个自由创造区，以满足他们创造的欲望。

（三）制定区域活动方案

区域活动的方案不同于集体教学活动的方案，相对比较灵活。可以采用文字形式借鉴其他活动方案的模式，如按标题、目标、过程来写，也可以采用表格的方式来写，还可以结合周、日活动计划来写。总之，区域活动方案没有固定的模式，形式自由灵活，教师可以结合实际情况自由选择，只要能体现适宜的区域目标和内容就可以了。

一般来说，在区域活动方案中主要突出体现三点：一是目标，区域活动虽是幼儿自主参与的活动，但最终的目的是完成教育的总目标，所以教师要明确各区的目标；二是材料的投放，材料是区域活动的根本，所以材料的提供要写清楚；三是指导要点，因为区域活动十分强调幼儿的自主性，所以教师在指导方面要注意分寸，既不要过分强调教师的主导，导致"喧宾夺主"，也不要不作指导，导致"放任自流"。除上述几点外，其他方面可以参考别的活动方案的模式灵活处理，形式也可以丰富多样。

案例

### 某幼儿园区域活动方案

一、区域总目标

1. 学会与人友好相处，相互合作，懂得体谅别人、关心别人，不争抢玩具，爱护玩具。

2. 能在各种材料的吸引下积极参加活动,在活动中感到快乐,知道各种材料的特征和作用,并能较充分、合理地运用各种材料。

3. 活动中能热情主动地和同伴交往,和同伴共同协商解决活动中出现的问题,敢于表达自己的意见和要求。

4. 在活动中,能自觉地遵守活动规则,增强自控能力和责任心。学习独立地、较有秩序地收拾、摆放玩具及活动材料。

5. 喜爱印染活动,在活动中锻炼手、眼、脑的协调能力及各种印染技能,进一步养成做事情有始有终的习惯。

二、月目标

2—3月份：

1. 角色区：正常开展区域活动,明确活动规则。

2. 探索区：对探索活动感兴趣,对自己探索出的物品有成功感。

3. 语言区：有序地阅读图书,形成良好的阅读习惯,会采用问答的方式进行故事讲述。

4. 美工区：结合节日活动制作元宵、小红花,培养创造能力和动手能力。

5. 印染区：对印染作品感兴趣,有动手操作的欲望。

4月份：

1. 角色区：对角色区的活动材料感兴趣,会正确操作和摆弄,乐意开展角色游戏。

2. 探索区：会沿着路线摆一摆回形针,数数各用了几个,量量路有多远。

3. 语言区：能流利地用普通话完整地讲述故事内容和自己想表达的事情,并且愿意阅读图书。

4. 美工区：和同伴一起用点、蘸的方法进行印染活动,发展动手能力。

5. 印染区：在原有印染的基础上,注意染色时手的力度要均匀。

5月份：

1. 角色区：了解和掌握游戏角色间的关系,能正确扮演角色,且能安静地游戏,爱护材料。

2. 探索区："给豆豆搬家",会按从小到大(或从大到小)的顺序给弹珠搬家,体验合作的乐趣。

3. 语言区：学会倾听别人,不随便插话和打断别人的交谈,掌握正确阅读的方法,养成良好的用眼卫生习惯。

4. 美工区：分组学习多种方式装饰扇子,如折扇、画扇、剪扇子等,激发创作兴趣。

5. 印染区：继续学习折四方连续,并学着自己勾画图案,剪出图案。

6月份：

1. 角色区：在活动中感到快乐,能热情主动地和同伴交往,知道各种材料的特征和作用,并能较充分、较合理地运用各种材料。

2. 探索区：不争不抢游戏材料，学会独立地、较有秩序地收拾、摆放玩具及活动材料。

3. 语言区：在教师的指导下运用废旧材料制作自己感兴趣的图书，体验成功的喜悦。

### 四、区域活动的组织与指导

区域活动虽是幼儿自由活动、自主学习的场所，但不等于教师可以撒手不管。从创设活动区到全面开放活动区，最终使幼儿达到自主选择、自主活动、自我教育的水平，是一个较长的过程。这个过程大体分为两个阶段：过渡阶段和自主阶段，教师在这两个阶段的任务和指导方式是不同的。

#### （一）过渡阶段

在过渡阶段，教师一般以介绍材料玩法、建立规则为主。特别是对于没有活动区经验的幼儿而言，这个阶段尤为重要。因为最初进入活动区时，幼儿感到这是一个新鲜刺激的场所，他们很乐意进入活动区，但往往不清楚该怎样做，于是经常出现到处乱窜的现象。因此，教师一开始就要介绍各个活动区的内容、材料和使用方法，帮助幼儿建立活动规则，并促使他们自觉遵守这些规则。通常教师可以从以下方面着手：

1. 介绍、开放活动区

区域活动开始之初应该循序渐进，先介绍后开放，介绍一个区，开放一个区，这样才能增强有序性和区域活动的功能。即使进入了自主阶段，当教师在区域中投放了新材料时，也应遵照这个原则行事。介绍时教师最好将幼儿分为小组对其进行介绍，这样可以提高效率。同时，教师也不要急于求成，如果某区内容很多、操作复杂，还应分层次介绍，集中地介绍会让幼儿比较混乱。教师在介绍时应把重点放在介绍材料的用法上，并引导幼儿在掌握的基础上创造性地运用材料。当然，介绍不是用烦琐的规矩限制幼儿，而是选择最基本的、最主要的内容进行讲解、示范，目的是让孩子学会举一反三。如美工区中刚刚投放了树叶和颜料，教师只需要重点示范颜料的使用方法，幼儿很快就会创造性地进行树叶贴画和树叶印画了。讲解之后教师还应给幼儿提供实际操作的机会。分步或整体介绍结束后让幼儿及时操作练习，以便让幼儿真正了解各种工具和材料的使用方法，教师可在一旁观察并提供帮助。

2. 制定活动区规则

俗话说："没有规矩，不成方圆。"区域活动虽然是幼儿自由自主的活动，但它依然承载着一定的教育任务，所以为了保障活动顺畅有序地开展，同时也为了培养幼儿的规则意识，区域活动应该建立必要的规则。

区域规则一般包括必要的一般性活动规则和各区域的活动细则两大类。一般性规则是各区域都应遵守的规则，如能自选区域活动，积极愉快活动；使用材料先来后到，用完后放回原处；不拿玩具到处走动等。各区活动细则具有特殊性，针对个别区域，如在美工区，使用剪刀注意安全和坐姿；语言区，爱护图书，轻拿轻放，及时归类等。

区域中的规则可以由教师直接交代,也可由教师与幼儿一起讨论、制定,当然更倾向于后者,因为师幼一起讨论制定的规则,更便于幼儿了解"为什么要这样做",增强他们的自主性、秩序感和规则意识,起到事半功倍的效果。在介绍规则时,教师应注意,一次交代的规则不宜过多,幼儿不可能全部吸收。另外,如果因规则没有交代而出现一些争抢玩具等问题时,教师不必急于处理,可以在活动结束时,和幼儿一起讨论并共同制定新规则。

制定规则是为了帮助幼儿更好地活动与游戏,因此规则的展示应该让幼儿在最短时间就能得到提醒,从而规范自身行为。由于幼儿的识字量有限,教师最好以图画或符号等幼儿能看懂的形式展示。这样做就相当于将区域活动的规则蕴涵在环境之中,让"环境说话",让区域中的环境来告诉幼儿规则。比如进区人数的限定问题,就可以可采用进门挂牌、挂项链、控制椅子数、投放适量同类材料等方法来提醒儿童遵守该活动规则。例如,在美工区,通过摆放适量的椅子,要求幼儿发现椅子坐满了就不能再进入了;在自然角,投入一定数量的操作材料,没材料的幼儿就要去别的区角了;在娃娃家入口处粘贴成对摆放正确的左右笑脸脚印,脚印上的鞋子放满则表示人数满额。此外,教师还可将图示法应用于有关操作材料使用和收拾的规则上。如在数学区"给图片分类"活动中,教师在每个分类盒上贴上相应的标记,这样不用教师说,幼儿也会自然明白分类的要求是什么;在收拾玩具材料时,如果每一类都有相应的标志,幼儿就能准确地将不同区域的材料归类摆放,如贴剪刀的图形告诉幼儿这是放剪刀之处,贴着小鱼的筐子表示这是小鱼的家,贴着几何图形表明这是几何图形应放的位置等,这样幼儿在收拾玩具和材料时还可以学习对应和分类。

**(二)自主阶段**

这一阶段,幼儿不再按小组进入活动区,而是按照自己的意愿自由活动。此时,教师的工作重点是观察、指导、评价活动。

1. 观察与分析活动区的情况

幼儿的发展特点及需要是教育的一个基本依据,因此,教师必须首先了解幼儿。区域活动的指导最重要的是以观察为基础,教师要在活动中凭借观察来准确把握幼儿的活动发展水平,在此基础上有目的地、灵活地投放、调整材料并提供适时、适当的指导,以提高幼儿区域活动的水平。

为了更好地实施观察,教师可以设计观察记录表,为每个幼儿的活动情况进行个案记录,观察内容主要包括两大方面:

(1) 活动区设置和材料投放

教师可以从以下方面观察分析活动区的设置和材料投放情况:各活动区的使用频率;目前的设置是否符合儿童的兴趣和需要;是否需要及时调整材料的数量和难易程度,需要如何调整;区域空间是否狭小;规则是否需要调整等。

(2) 儿童的活动参与情况

除环境外,教师还应注意观察幼儿的活动情况,通常可以观察分析如下问题:

① 儿童的兴趣:他们经常选择哪些活动区和材料? ② 活动参与情况:是独立进入还是盲从别人进入活动区? 是坚持玩一段时间还是不停变换活动区和材料? ③ 社会交往水平:是一个人玩还是与他人合作? 合作时处于什么位置(如小领袖、积极分子、服从者等)? 他(她)怎样表达自己的请求和愿望? 会不会与同伴交流分享? 常采用什么方式解决冲突? ④ 认知发展水平:所选材料的复杂程度如何? 是简单模仿还是创造变通? 活动结果如何? 规则遵守情况如何? 是否理解规则? 能否遵守规则?

在观察时,教师要特别注重个案研究。要为每个幼儿建立成长档案,尝试运用成长档案来描述、评价幼儿在区域活动中的创新表现和区域活动中遇到的问题。记录幼儿成长档案可以增强教师观察、了解幼儿的自觉性,为如何指导区域活动提供依据。

**案例**

### 儿童行为观察记录示例

观察对象:小小(大二班)

观察地点:美工区

观察时间:2022年5月12日星期四

观察记录:

在区域活动时间,不少小朋友都选择了绘画活动,对绘画活动表现出很大热情。小小给同伴介绍自己的作品,并且给我也介绍:"我画的是一个兔子公主的家,兔子公主最喜欢粉色,所以它的家也是粉色的,而且因为它是公主,所以它的房子上也长着兔耳朵,门前还有许多小草。"

解读分析:大班幼儿的绘画水平已经步入了图式期,开始真正地用绘画的方法有目的、有意识地再现周围事物和表现自己的经验,此时也是幼儿绘画最充满活力的时期。小小已经可以用流畅熟练的线条描绘物体形象的轮廓,也尝试用一些细节来表现物体特征(如房屋上的兔耳朵)。在使用色彩时较为单一,但色彩的情感把握合理。空间构图基本合理,但还未达到较高水平,构图方法较单一。

支持策略:对于大班幼儿,他们对绘画活动有很大兴趣,应当为他们提供机会加深对生活、对世界的感知和体验,扩大创作与表现的范围和主题。同时,应当为他们提供多种绘画工具材料。作为老师,应当在充分了解图式期儿童的各种表现特征的基础上,用童心去赞美、欣赏幼儿的作品。

2. 评价与调整活动方案

总结评价是区域活动的结束环节,这一环节的目的在于引导幼儿自发自愿地进行交流、讨论,积极表达情感、共享快乐、共解难题、提升经验,同时激发幼儿再次活动的欲望。评价的结果往往会影响到幼儿以后的活动,教师的评价要重视幼儿创造性的发展。

评价的方式有很多,可以全班进行,也可以分组讨论;可让儿童自己评价,也可由教师"指点迷津"。不论何种形式的评价,都不应只侧重于结果,而更应侧重于活动的过程。同时,要注意尊重幼儿的自我评价。幼儿自我评价分为书面评价和语言评价。书面评价可以通过教师为幼儿制定的"自我评价表"来实现。幼儿可以根据自己的活动情况在"自我评价表"上对应的地方做上相应的标记,如笑脸表示玩得好、开心等。

教师也要发挥集体评价的功能,把它作为调整区域活动的契机。集体评价包括教师评价和同伴评价。教师评价即教师总结本次区域活动的情况,包括材料使用及整理情况、区域规则、同伴合作等,还包括组织幼儿讨论与解决问题,为下一次区域活动做准备。同伴评价即同区域的幼儿相互评价,包括区域活动中个别幼儿有创新的玩法、个别幼儿遵守规则的情况、伙伴间的合作等。

教师要鼓励幼儿把自己在活动中的感受体验表达出来,与同伴交流分享;要抓住幼儿的闪光点进行重点讲评,加以鼓励,或指出幼儿应努力的方向;也可就活动过程中出现的问题或困难进行讨论,让幼儿大胆发表自己的见解,并商量解决。评价不仅能增强幼儿对游戏的兴趣,同时也使幼儿在交流中共同提高。

评价可从多角度进行,从幼儿的活动方面进行评价,教师要以鼓励性言语来引导幼儿评价,如:"你搭建的楼房可真高,可以给大家介绍一下你的搭建经验吗?""你游戏玩得很开心,把你游戏中最快乐、最有趣的事情讲给大家听好吗?"这样既能增强幼儿的自信心,又能激起幼儿想说的愿望,以便更好地介绍或展示各种成功的经验。也可以请幼儿主动评价,如:"我有快乐的事要和大家分享,我发现了……""我觉得××玩得好,××遇到了困难。""今天××玩区域活动时声音小,×组小朋友收拾玩具最快。""我发现有的小朋友在更换区域的时候,没有将原来的玩具收拾好就到另一个区域去,下次活动中不能再出现这种情况了。"

通过集体和个人、自评和他评的形式,让幼儿清楚了解自己与同伴遵守规则和活动能力等情况,互相交流好在哪里,还有哪些不足,使幼儿在评价环节中得到共同进步。

1. 什么是幼儿园领域活动?幼儿园领域活动的特点是什么?
2. 什么是幼儿园主题活动?幼儿园主题活动的特点是什么?
3. 什么是幼儿园区域活动?幼儿园区域活动的功能是什么?
4. 举例说明如何组织幼儿园区域活动。

根据自己感兴趣的主题制作主题网络图。

## 推荐阅读

1. 王春燕.幼儿园课程概论[M].北京:高等教育出版社,2014.
2. 王鉴.课程与教学基本原理[M].北京:人民教育出版社,2014.
3. 李晓文,原晋霞.儿童视角下的幼儿园区域活动[J].学前教育研究,2019(02).
4. 刘巧茹.幼儿园区域活动中教师的观察与指导[J].学前教育研究,2021(05).
5. 张爱玲,李淑婷.深度学习视角下的幼儿教师提问研究——以科学教育活动为例[J].中国教育学刊,2022(11).

# 第九章　幼儿园教育的衔接与合作

1. 了解幼儿园与小学衔接、与家庭和社区合作的意义。
2. 掌握幼儿园与小学衔接、与家庭和社区合作的方法。
3. 能够结合实践,制定幼儿园与小学衔接、与家庭和社区合作的方案。

**内容结构图**

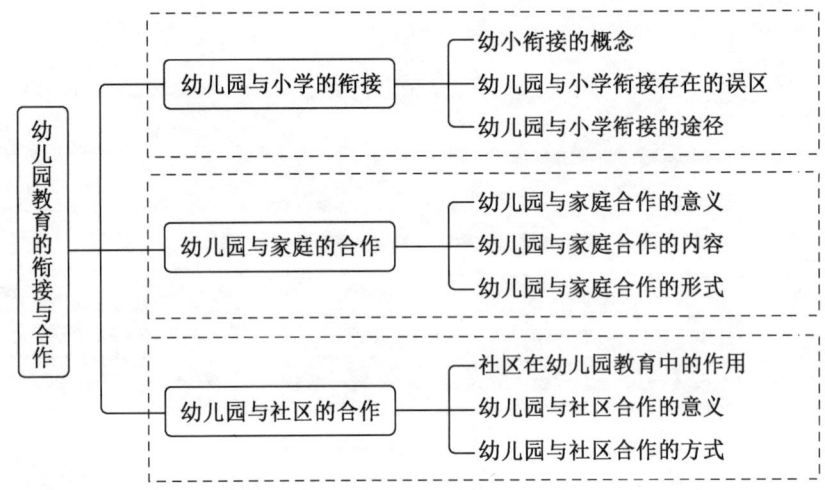

**问题导入**

为了促进幼小衔接工作的开展,某幼儿园非常关注大班幼儿"智"的发展,加强大班小朋友认汉字、学拼音、做算术题。将教室布置成小学的样子,学习方式主要是集体授课,时间为35分钟。

你认为案例中幼儿园的做法有什么问题?案例中幼儿园的做法对孩子有什么影响?

第九章　幼儿园教育的衔接与合作

# 第一节　幼儿园与小学的衔接

《幼儿园教育指导纲要(试行)》明确指出"幼儿园应与家庭、社区密切合作,与小学相互衔接",综合利用各种教育资源,共同为幼儿的发展创造良好的条件。幼儿园与小学是前后相邻的教育阶段,从幼儿园进入小学,幼儿生活和发展的外部条件会发生变化:一是作为"更为正规"的教育场所,小学对幼儿来说是与幼儿园存在较大差异的新的教育环境;二是作为新的更高一级的教育阶段,小学对儿童提出了比幼儿园更高、更严格的教育要求。因此,为了使幼儿能顺利从幼儿园过渡到小学,幼小衔接工作尤为重要。

**拓展阅读**

2021年4月,教育部印发《教育部关于大力推进幼儿园与小学科学衔接的指导意见》,首次提出了幼儿园与小学的"双向衔接",要求"强化衔接意识,幼儿园与小学协同合作,科学做好入学准备和入学适应,促进儿童顺利过渡"。

2021年7月,中共中央办公厅、国务院办公厅印发《关于进一步减轻义务教育阶段学生作业负担和校外培训负担的意见》,积极推进幼小衔接,坚持小学零起点教学。

2022年4月,教育部印发《义务教育课程方案与课程标准(2022版)》,基于对学生在健康、语言、社会、科学、艺术领域发展水平的评估,合理设计小学一至二年级课程,注重活动化、游戏化、生活化的学习设计。

2022年我国第十一个学前教育宣传月活动主题为:幼小衔接,我们在行动。探索幼儿身心准备、生活准备、社会准备和学习准备四个方面的衔接途径。

## 一、幼小衔接的概念

幼小衔接指学前教育机构和小学根据幼儿身心发展的阶段性和连续性规律及儿童可持续发展的需要,做好两个阶段的衔接工作,使幼儿尽快地适应新的学习生活,避免或减少因两个学习阶段间存在的差异给幼儿身心发展带来的负面影响,为其入小学后的发展及终身发展打好基础。

做好幼儿园与小学的衔接工作,有助于儿童更好地适应小学生活,促进儿童在童年期的发展。从幼儿园到小学,儿童的学习和生活环境有了较大变化,教育要求也逐渐提高。具体来说,在学习和生活环境方面,小学教室的环境一般不像幼儿园布置得那样生动、美观,也没有了各种玩具、图书等;班级人数也较多;小学对儿童有了更严格的行为规范要求;小学教师也不会像幼儿教师那样对幼儿的生活全面照顾和关心,他们关心的更多是学生的学习;小学的课间休息、游戏和午睡时间都较短,不像幼儿园的多数时间都是幼儿的游戏时间,午睡时间也很充足。在教育要求方面,儿童由原先的以游戏活动为主转变为以学习为主,一天中的大量时间都在上课中度过,学习成为儿童的责任;学习内容的数量增加,程度加深;学习要达到一定的质量要求,并要接受严格的学业成绩考查与评价。这些变化对儿童来说意味着新的挑战,需要儿童积极适应新环境和新要求。如果不重视衔接工作,幼儿没能做好入小学的充分准备,就会出现一系列的入学适应困难现象,如对完成学习任务的要求不适应,对严格而又繁多的纪律约束不适应,对缺乏关怀和照顾不适应,对新的人际关系不适应,等等。这些不适应都会直接影响儿童在小学一年级的学习生活,进而影响以后更高年级的学习生活。

## 二、幼儿园与小学衔接存在的误区

《幼儿园工作规程》明确指出:"幼儿园和小学应密切联系,互相配合,注意两个阶段教育的相互衔接。"我国从20世纪90年代起,幼儿教育工作者对幼小衔接问题开展了大量的研究并取得了许多成果。但是现实中的幼小衔接工作中也存在不少的误区,主要集中在以下五个方面。

### (一) 片面衔接

在德、智、体、美四育中,重视"智"的衔接,忽视德、体、美的衔接,特别是忽视社会适应能力的衔接。在智育中,重视知识,特别是数学、语文知识的衔接,忽视学习兴趣、学习能力、学习习惯的衔接和生活经验的积累。个别幼儿园甚至提早使用小学的教材,照小学的样子排出课程表,形成幼儿园教育的"小学化"。这种做法非但不能提高儿童入学的适应能力,反而造成了种种弊端:儿童刚入学时,确实感到轻松,自以为教师教的知识都学过了,已经会了,就不认真听课,从而养成不专心的不良习惯;当进入新的知识学习阶段,"储备"用完时,以往的知识优势没有了,又缺乏积极思考问题、主动获得知识的能力,缺乏认真学习的习惯,这时就会出现适应困难、学习"没后劲"等问题。同时,由于幼儿教师没有经过小学教育的专门训练,对小学教学要求不甚了解,所教知识和技能有时不够规范,使儿童养成不正确的习惯,如书写汉字的笔顺错误、读拼音不能"直呼"等,致使儿童刚入学就首先面临纠正错误的问题,阻碍了儿童应有的发展。

### (二) 形式上的衔接

幼儿园与小学双方的衔接不能只是对外部的环境和条件的改变,如在桌椅摆放形式、课时数量、课节时间、午睡时间、游戏时间的增减等方面下工夫,而应注重培养儿童的适应力、意志力、自制力、注意的持久性、学习的主动性和积极性等具有真正改变意义的方面。小学和幼儿教师的相互交流不能只是吸取对方在教学方法、课堂组织形式方面的经验,而要在教育观念、师生关系等方面多沟通交流。

### （三）突击衔接

一些幼儿园在儿童将要入学的前半年才做衔接工作，带幼儿去参观小学，请小学教师来园介绍等，这些做法是必要的，但远远不够。儿童三四岁刚入园时就应加以自理能力、交往能力、规则意识的培养，而不是在最后时期进行强化训练，忽视了日积月累。急于求成会使儿童在生理、心理各方面压力骤然加大，难以适应，这样不但教育效果不佳，而且使儿童对小学和未来的学习产生畏难情绪。

### （四）单向衔接

在不少地区，幼儿园积极开展幼儿的入学准备工作，主动向小学靠拢，在教育要求、教学内容、教学方法等方面尽量接近小学。但小学很少考虑初入学儿童的特点，不能主动与幼儿园对接，形成衔接上的一边倒。

幼小衔接中存在的这些误区，表明幼小衔接工作在当前还需要高度重视，需要从儿童的长远发展考虑，真正实现儿童发展的连续性和阶段性的有机统一。

## 三、幼儿园与小学衔接的途径

有效的幼小衔接取决于幼儿园、小学、家庭等多方的共同配合与密切协作。幼儿园要为儿童入小学做好准备，小学要为儿童做好入学准备，家庭也要为儿童做好入学准备，多方准备才是解决幼小衔接问题的必由之路。

### （一）幼儿园为儿童入小学做好准备

幼儿教育是小学教育的基础，儿童在小学阶段的发展是建立在幼儿园阶段发展的基础之上的。幼儿教育如何促使幼儿在体、智、德、美各方面都得到充分发展，对于儿童适应小学的学习和生活有着重要作用。

对幼儿园来说，幼儿园与小学的衔接工作就是幼儿园为幼儿入小学做好准备工作。幼儿园的入学准备，广义上是从幼儿入园就开始的，贯穿于幼儿园的全部教育过程之中；狭义上是指对大班幼儿进行的专门的准备工作。因此，幼儿园为幼儿入小学所要做的准备工作包括两个方面：一是在整个幼儿园教育过程中促使幼儿在体、智、德、美各方面得到全面发展；二是对大班幼儿做好有针对性的适应小学一年级学习和生活的工作。

1. 全面的入学准备工作

幼儿园教育是面向幼儿实施的全面发展的启蒙教育。幼儿园教育自始至终都是在为幼儿接受小学教育做准备。因此，全面的入学准备工作是幼儿园为幼儿做好入学准备的最基本、最经常的环节，它渗透于幼儿园的整个教育工作中，为幼儿进入小学做全方位的准备。

（1）促进幼儿身体和动作的发展

健康的身体是幼儿生活和学习的物质前提。幼儿园要保证幼儿有充足的营养和休息，注意防治疾病，使幼儿身体健康；要重视体育活动，积极开展各种形式的体育锻炼活动，发展幼儿体能，增强体质；要保护和训练幼儿的各种感官，特别是视觉和听觉器官,充分锻炼幼儿小肌肉的动作能力。

(2) 培养幼儿的学习兴趣和求知欲

学习兴趣和求知欲是幼儿持续学习的内在动力。幼儿园要重视激发幼儿的学习兴趣,使其喜爱学习。可以用生动形象、富有趣味的内容或灵活多样的形式来吸引幼儿,使幼儿从学习中得到满足和愉悦,产生学习的主动性和积极性。

(3) 促进幼儿学习能力的发展

幼儿学习能力的发展主要是指幼儿的观察力、记忆力、思维能力、想象力、注意力等的发展。观察是幼儿认识事物的重要途径,要培养幼儿运用各种感官去了解事物的形状、大小、颜色、声音、气味、空间方位等属性。培养幼儿的有意注意能力,使幼儿能根据一定的目的集中自己的注意,并随年龄增长而适当延长有意注意的时间,如小班5分钟,中班10分钟,大班15分钟,逐步发展注意的有意性和稳定性。在思维能力方面,培养幼儿对常见事物进行初步的分析、归类、比较,以形成简单的概念,遇到事情能独立思考,能提出自己的解决问题的办法。同时要注意发展幼儿的语言能力,训练幼儿在集体场合勇于发言,正确发音,清楚表达。培养幼儿动手操作的能力,使幼儿在教师的指导下,学会使用一些简单的工具和文具,如铅笔、尺子、剪刀、刷子、铲子等。

(4) 培养幼儿良好的个性和道德品质

幼儿时期是个性和品德形成发展的关键时期,幼儿园应该重视培养幼儿良好的个性和道德品质,主要包括:养成活泼开朗、热情大方的性格特征;学会经常保持愉快乐观的情绪,能控制自己的坏脾气;能在遇到困难时想办法克服困难,做事情有坚持性;形成初步的自我控制能力,能适当控制自己的不合理行为;懂得关心他人和集体,互相帮助;养成良好的生活习惯和文明行为。

2. 对大班幼儿进行的有针对性的准备工作

大班幼儿是小学生的后备力量,对大班幼儿应当进行更直接、更集中的入学准备教育,做好身体、智力、品德等各方面的准备。

(1) 培养大班幼儿向往小学的情感,激发幼儿良好的入学动机和学习态度

大班幼儿往往盼望自己能快点长大,成为一名小学生,他们羡慕小学生能背新书包、有新课本、穿校服、戴红领巾等,但这些都是小学生的外部特征,教师应当保护幼儿的这种可贵的入学愿望,因势利导,鼓励幼儿好好努力,要做一名优秀的小学生。

主要可从如下几个方面着手:① 向幼儿讲述有关小学和小学生学习生活的情况。教师要有计划地向幼儿介绍小学生的学习、生活情况以及各种行为规范,帮助幼儿明白小学生的主要任务是学习等。② 组织幼儿参观小学。通过幼儿亲自观察了解小学的环境、课堂教学情况、课外活动情况,使他们对小学的环境和学习有一些感性的认识。③ 组织幼儿与小学生一起参加一些活动。如组织大班幼儿和小学生一起春游、开联欢会、举办少先队活动或进行其他活动,增进幼儿和小学生的友谊。④ 进行毕业离园教育。可以在临近毕业时邀请小学一年级的学生、教师与大班幼儿见面,或者在六一节赠送文具、举行毕业告别会等,让幼儿带着理想与嘱托,充满欢乐

和希望地离开幼儿园,去迎接新的生活。

(2) 提高大班幼儿的学习能力,形成良好的学习习惯

提高大班幼儿的学习能力,一是倾听的能力。要让幼儿能注意力高度集中和安静地听;对教师、同伴的话能听得清楚、准确;能记住所听内容,并复述出来。倾听能力训练可以采用绕口令、传通知、打电话等游戏进行,在训练中可以要求幼儿有意记忆,培养听觉的敏锐性,或提出问题以启发幼儿的思维。二是说的能力。要让幼儿能准确、清楚、流利地表达自己的想法,可以通过看图说话、讲故事、讨论等方式来培养幼儿的说话能力。三是读的能力。要有计划地指导儿童阅读,使他们学会从左向右、从上到下有顺序地阅读书籍,掌握正确的拿书姿势,能认真、专心阅读,能在阅读中提出问题和思考,培养幼儿的阅读兴趣。四是写的能力。幼儿手腕和手指的骨化过程还没有完成,小肌肉发育成熟较迟,平时使用手指操作活动的机会也不多,因此写字成了一年级学生感觉最困难的活动,写字慢而吃力。这就要求教师在大班要注意创造条件,开展灵活多样的活动,促进儿童手的精细动作的发展,如画画、折纸、制作玩具、扣纽扣等,来提高幼儿手指活动的灵活性和耐受力。

学习习惯是学习活动中较稳定的行为方式。良好学习习惯的养成有助于儿童提高学习效率。教师应该有目的地培养大班幼儿养成上课专心听讲、勇于发言的习惯,爱思考、爱提问的习惯,看书、写字姿势正确的习惯,爱护学习用品及保持书籍、作业本干净整洁的习惯等。

(3) 锻炼大班幼儿的意志力,培养大班幼儿的责任感

幼儿入学后要进行专心的学习,需要长时间集中注意力,需要控制自己在上课时不做小动作、不说闲话,这就要求有较强的自制力,因此在大班培养幼儿的自制力非常重要。除此之外,坚持性、独立性的培养也很重要。教师要注意发现幼儿身上存在的依赖、易受暗示、畏惧困难、半途而废等问题,及时帮助改正;通过让幼儿独立完成自己的事情,如准备餐具、分发学习用品、分发食物、打扫教室卫生等,来培养幼儿的责任感。

**(二) 小学为儿童做好入学适应**

做好幼儿园与小学的衔接工作,需要小学与幼儿园的共同努力。"儿童要为入学做好准备,学校要为儿童做好准备。"从目前积累的有关经验来看,小学在幼小衔接工作中可以采取以下做法。

1. 合理调整低年级的作息时间

小学低年级儿童的上课注意力集中的时间一般是 15—20 分钟,而小学一般每节课的时间是 40 分钟,这对低年级儿童来说是不科学的。因此,应专门为小学低年级儿童设计作息时间表,合理安排他们一天的学习,如第一学期每节课 30 分钟,并且要注重动静结合。

2. 创设良好的班级环境

在小学一年级的教室环境布置上,应创设一个既充满童趣又能体现小学生学习

环境的小天地,创设一个使儿童感到既熟悉又美好、既宽松又愉快的学习和生活环境。教师要多与儿童交往,关心儿童,鼓励儿童与同学交往,形成融洽的人际关系。

3. 教学中重视运用直观教具和游戏方法,采取灵活多样的教学形式

小学低年级教师应多了解儿童的年龄和心理特点,并在教学中顺应他们的特点。根据儿童思维形象、具体的特点和儿童喜爱游戏的天性,教师在教学中要注重形象、直观的教具的使用,善于将游戏引入课堂,采用游戏、表演、音乐、讨论、实验等多种形式,使学生主动参与学习中,主动建构知识。

4. 小学教师应该加强对幼儿园的访问活动

小学一年级的教师应定期去幼儿园访问,深入了解大班幼儿德、智、体、美等方面的发展情况,了解幼儿园大班教育教学工作和幼儿园生活制度的特点,以便采取适当的措施,使入学儿童适应小学时期的生活环境,尽快度过不适应期。

**(三) 家长为儿童做好入学准备**

幼小衔接工作,不仅是幼儿园与小学的责任,也需要家长的积极参与。家长可以从心理上、学习上、生活上、物质上等四个方面帮助幼儿做好入学前的准备工作。具体包括:尽快让孩子在心理上"断乳";培养孩子良好的学习习惯和学习态度;生活上培养孩子的自理能力,养成自己的事情自己做的生活习惯;物质上主要是为孩子准备好必要的学习用品。

家长也可以从以下方面入手:一是认识幼儿园教育和小学教育的差异,了解大班幼儿和小学一年级学生的差异,为儿童入小学做好准备。二是积极参加幼儿园的各种教育活动。如按时参加幼儿园的各种家长活动,主动参加幼儿园组织的参观小学活动,愉快地参加幼儿园的毕业典礼活动。三是寻找和把握家庭教育的契机。如在家庭生活中,抓住机会培养孩子迫切的入学心情,激发孩子浓厚的学习兴趣,养成孩子良好的学习习惯,提高孩子的独立生活能力。

## 第二节 幼儿园与家庭的合作

对学前儿童而言,家庭教育与其他教育形式相比占据着重要的地位。可以说,家庭教育直接关系到整个学前教育的质量和进程。家庭是学前儿童成长最自然的生态环境,担负着养育子女的重大责任。尤其对于学前儿童来说,他们大部分时间都是在家庭这一环境中度过的,他们需要与父母共同生活,从家庭中获取最初的生理需求和安全需求的满足。也是在家庭中,儿童开始学习最基本的做人、做事,可以说,家庭是儿童成长与发展的第一所学校。而儿童进入幼儿园阶段的教育是在家庭教育的基础上进行的,它们相互联系、相互制约、相互促进。所以,家长是幼儿园重要的教育力量。

## 一、幼儿园与家庭合作的意义

幼儿园与家庭合作是指幼儿园和家庭相互配合、相互支持,共同促进学前儿童的身心发展。《幼儿园教育指导纲要(试行)》中指出:"家庭是幼儿园重要的合作伙伴。应本着尊重、平等、合作的原则,争取家长的理解、支持和主动参与,并积极支持、帮助家长提高教育能力。"因此幼儿园与家庭的合作,既有利于幼儿的成长与发展,也有利于幼儿园的教育工作,同时对幼儿的家庭教育也有积极的意义。

**(一)幼儿园与家庭的合作有利于学前儿童身心健康发展**

幼儿园和家庭是学前儿童生活和学习的两个重要场所。如果教育影响在方向上不一致,那么就会减弱和抵消各自的教育影响,幼儿园与家庭是幼儿的两个最重要的生活场所,是制约幼儿成长的最直接、最微观的环境因素。它们在幼儿的成长过程中发挥着各自特定的作用,如果家庭与幼儿园教育影响在方向上相一致,那么就可以相互支持;如果这两方面的教育力量不进行整合,就有可能出现各自为政的局面,甚至可能产生教育效应上的相互干扰、相互抵消的现象,从而阻碍幼儿的健康成长。因此,为了幼儿更好地成长和发展,幼儿园与家庭必须加强沟通,大力合作,协调一致,形成家园合力,向着共同的方向前进。

**(二)幼儿园与家庭合作有利于家庭教育质量的提高**

目前的家庭教育存在一些误区,比如望子成龙意识增强,对幼儿过度保护等。如何改变家庭教育中的误区,需要专业人员的科学指导。《幼儿园工作程》明确规定:"幼儿园应主动与幼儿家庭配合,帮助家长创设良好的家庭教育环境,向家长宣传科学保育、教育幼儿的知识,共同担负教育幼儿的任务。"在家园合作中,幼儿园可以通过向家长讲解幼儿教育的目标,帮助家长树立正确的培养目标;通过向家长介绍家庭教育的作用、特点、内容、方法等家庭教育知识,以及幼儿身心发展的知识,组织开展一些教育训练活动等,来增强家长教育孩子的责任感,端正家长的教育观念,提高家长的教育能力,并为家长改进家庭教育中的现有问题,采用更理智的态度和适合的方式教育幼儿,促进幼儿的全面发展等奠定基础。

**(三)幼儿园与家庭合作有利于幼儿园教育教学工作的开展**

幼儿园教育工作的对象是一个个生活在不同家庭环境中的幼儿,他们无时无刻不受来自家庭环境的熏陶,他们的思想观念和行为表现都深深地刻上了各自家庭的印迹。这些已经形成的观念和行为方式影响着他们在幼儿园的言行举止及生活、学习、活动。没有家庭教育的学校教育和没有学校教育的家庭教育,都不可能完成培养人这一极其细微而复杂的任务。幼儿园教育建立在一定的家庭教育基础之上,幼儿园只有积极主动地与家长交流沟通,借助家长的力量,才能深入了解不同儿童的特点,才有可能科学合理地制定教育的目标,选择合适的教育方法,进行因材施教,提高幼儿园教育工作的效果。

良好的家园合作能使家长了解幼儿园教育的内容,理解幼儿园教育的原则和方法,有利于理解与支持幼儿园的保教工作。如有些教师抱怨家长经常对幼儿园教学活动施加压力,要求幼儿园增加识字、计算等教学内容。如果借助家园合作,使家长明确幼儿园的工作要求,幼儿园就能顺利开展工作并取得良好的教育效果。

### 案例

#### 妈妈的转变

自从幼儿园开展家园共育以来,我产生了两个转变:一是教育观念的转变。过去,我"望女成凤",总想让女儿在幼儿园多学一些文化知识,像识字、拼音等,为将来打下好的基础。后来,老师所说的"学会做人、学会生活、学会学习比知识更重要"的观念逐渐被我接受,我不再强求孩子学这学那,而是把注意力放在对孩子个性品质等非智力因素的培养上。二是方式方法的转变。以前我教育孩子要么是"哄"要么是"训",方法简单粗暴,现在我学会了许多教育孩子的方法,如怎样面对孩子挑食、如何面对孩子任性等。

通过上面案例我们可以看出,家园合作提高了家庭教育质量,也保证了幼儿园工作的顺利开展,有利于儿童更好地发展。

## 二、幼儿园与家庭合作的内容

促进幼儿的全面发展是幼儿园和家庭的共同责任。家园合作的目的在于充分利用家长资源,实现家园互动共育,促进幼儿全面发展,这是家园合作的出发点和归宿。幼儿园和家庭只有相互支持、相互配合,采取协调一致的行动,才能获得幼儿教育的最佳效果。幼儿园是承担幼儿教育的专门机构,有受过专业训练的教师,因此在教育儿童的过程中应发挥主导作用。

幼儿园与家庭合作的内容主要有:争取家长对教师专业能力的认同,了解幼儿在家庭中的表现,向家长介绍幼儿园的办园宗旨与各项工作,向家长宣传学前教育的相关知识,向家长传授科学的教育观念和方法,聘请家长协助幼儿园的各项工作等。

## 三、幼儿园与家庭合作的形式

幼儿园与家庭合作的形式总体上可以分为两类:集体形式和个别形式。集体形式包括家长委员会、家长学校、家长开放日、家长会议、家长园地、家长教育经验交流会等。个别形式有家庭访问、家园联系册、个别谈与咨询、电话与网络沟通等。无论采用哪种形式,幼儿园在与家庭合作的时候,要把家长看作平等的合作伙伴,尊重家长作为教育者的主体地位和人格尊严,不能居高临下地把家长当作教育对象和教师工作的助手,要与家长一起促进儿童的健康成长。

### (一) 幼儿园与家庭合作的集体形式

#### 1. 家长委员会

幼儿园家长委员会是由教育经验丰富、关心幼儿园教育的家长代表构成的组织。家长委员会一般由各班推选 1—2 位家长代表或全体家长大会选举家长代表组成。家长代表的任务是：代表家长利益，参加幼儿园的管理工作；协助幼儿园与家长进行联系，传达幼儿园对家长的建议与要求，反映家长对幼儿园工作的意见和建议；监督幼儿园的财务和卫生保健工作；动员家长力量，参加幼儿园的环境设施的建设等。家长代表要根据任务，制订工作计划，分工协作，并在期末进行工作总结，向家长汇报。家长委员会在幼儿园和家庭中间架起了一座桥梁，可以协助幼儿园加强与家长的联系，保证幼儿园家长工作的顺利进行。

#### 2. 家长学校

家长学校是普及家教知识的有效渠道，是幼儿园开展家长工作的重要平台。幼儿园可以聘请儿童保健专家、幼儿心理专家和教育专家，有目的、有计划地向家长传授儿童保健和教育方面的知识及技能，对家长关心的问题和家庭教育中的误区进行辅导。例如，针对家庭教育中重视幼儿知识学习和智力开发而轻视品德培养的问题，就可以开展"家庭的品德培养"的专题讲座。家长学校可以采用讲座的形式，也可采用报告会的形式；可以是定期的讲课，也可是不定期的活动，各幼儿园可以根据自己的实际情况灵活组织。

#### 3. 家长开放日

家长开放日是幼儿园向家长开放的形式。幼儿园可以定期邀请家长来园参观，参加幼儿园的活动，如日常教学活动、体育运动会、联欢会等。这样能够增进家长对幼儿园的感性认识，使家长能够了解幼儿园的教育内容和教育方法，尊重幼儿教师，学会正确对待孩子。同时，家长还可以观察幼儿在幼儿园的活动，对比同一年龄儿童的行为表现，从不同侧面更好地认识自己的孩子，发现孩子的优点和不足，以进一步改进家庭教育，帮助孩子扬长补短，不断进步。幼儿园也可以不定期对家长开放，让家长根据自己的时间和需要，做出选择和安排，再与带班教师进行预约，但前提是不干扰班级正常的教育教学活动。

#### 4. 家长会议

家长会议是幼儿园开展家长工作的重要集体形式，可以分为班级家长会、全体家长会和小组家长会。

班级家长会是以班级为单位，由本班教师召集全班幼儿家长开会。一般由教师先介绍情况，家长讨论议题，最后小结。讨论的议题多种多样，教师可以把每个幼儿的具体情况穿插到各个议题当中。在召开班级家长会时，可以在教室里陈列儿童的各种作品、有关家庭教育的书籍资料等，还可以邀请几位家长进行发言。会议结束后，还应该留出一定时间，让个别家长询问有关自己孩子的问题。

全体家长会是由园长、家长代表、教师代表共同策划,召集全体幼儿家长参加的会议。其任务是与家长共同探讨幼儿园的建设,如幼儿园的发展规划、幼儿园的学期工作计划、幼儿园的规章制度及重大活动等,一般每学期一次。

小组家长会是把全体或全班幼儿家长按照一定标准分成不同小组来开会。如按照幼儿的兴趣爱好或特长分组,或按照幼儿的发展状况分组,这样便于分类指导幼儿家长。

家长会议可以在不同时间举行,一般在开学前、学期中、学期结束时。开学前的家长会,一般是在开学前两周左右,面向新入园的幼儿家长召开,介绍幼儿园的教育任务、教育内容、教育形式以及生活常规,讲解幼儿入园时可能出现的一些问题,希望家长能一起做好幼儿入园的准备。学期中的家长会议是在每学期的中间时段召开,一般是向家长介绍幼儿园开学以来所做的工作、幼儿所取得的成绩及存在的问题、后半学期工作重点和要开展的活动等。学期结束时的家长会议,主要是向家长汇报整个学期,特别是后半学期幼儿园的各项工作情况、幼儿的发展情况,并对支持幼儿园工作的家长表示肯定和感谢。

5. 家长园地

幼儿园可以设置宣传栏、黑板报、展览台、陈列室等,展示对家长有益的教育书籍资料,公布幼儿园的作息时间、每周食谱、收费标准、集体活动要求等,陈列幼儿创作的各种作品,介绍优秀教师的教育经验,推荐儿童书籍、玩具、服装等,让家长能够根据自己和孩子的情况,有选择地观看和学习。教师也可以在各自班级教室内外开辟一个空间作为家长园地,向家长介绍日常教育活动的目标、内容、方法,如一日的教学活动情况,这样家长可以及时了解幼儿园的教育工作,从而更好地配合教师帮助幼儿在家庭的学习。在家长园地,还可以向家长宣传一些新的教育理念,如育儿知识、生活常识、安全知识等,以及操作性较强的新教育方法、一周的工作目标等。家长园地可以打破由教师控制的格局,注重家长的参与,让他们用不同的方式讲述孩子的成长、变化和进步,可以是文字,也可以用照片。

6. 家庭教育经验交流会

家庭教育经验交流会是利用家长教育家长及推广家庭教育经验的重要形式。有些家长积累了丰富的家庭教育成功经验,幼儿园应该重视并充分发挥他们的资源,以此来带动更多的家长相互沟通和学习,提高自身教育素养。家庭教育经验交流会在组织时可以班级为单位,也可以小组为单位,人数不宜过多,以免影响交流效果。

(二) 幼儿园与家庭合作的个别形式

1. 家庭访问

家庭访问即家访,是教师走出幼儿园,走进幼儿家庭访问的家园合作形式。家访可以使教师深入了解幼儿在家的真实情况,家长对幼儿教育的认识、态度与方法,家庭环境及其对幼儿身心的影响,针对幼儿的表现与家长共同商讨教育对策。教师还可以通过家访收集更多的关于幼儿及其家庭方面的信息,为设计教育活动奠定基础。

家访也能够使家长更加及时细致地了解自己孩子的情况。这种形式虽然花费时间较多但效果更佳,可以给家长更为有效的帮助。

家访通常在以下情况时进行:① 对新入园幼儿的家访。可以幼儿在入园前先认识教师,建立初步的感情,产生入园的良好愿望。② 对偶发疾病或意外事故、有严重行为问题的幼儿的家访。教师应向家长说明真实情况,稳定家长情绪,和家长一起讨论,寻求解决问题的方法。③ 对有显著进步的幼儿的家访,教师可以和家长总结经验,并进行推广。④ 对家庭发生重大变故或长期缺课的幼儿的家访。教师要对前者给予安慰和帮助,对后者要了解原因。⑤ 对家长教养态度和方式不当的幼儿的家访。教师要查明缘由,并帮助改进。

家访时教师要明确家访目的,事先做好家访计划,选择恰当的时间,有礼貌地与家长讨论幼儿的教育问题,并及时征求家长的各种意见。

2. 家园联系册

家园联系册是教师采用书面形式进行家园合作,可以向家长报告幼儿在幼儿园的情况,征求他们的意见,还可以了解幼儿在家的情况,以共同教育好孩子。

家园联系手册的内容一般包括:幼儿园的基本情况,如幼儿园的教育目标、作息制度、主要活动安排等;幼儿在园的表现;幼儿家庭基本情况;幼儿在家的表现。每个幼儿的家园联系手册,可以每星期反馈一次,周五下午由家长带回,以了解孩子一周内的在园表现及下一周的教育教学计划;周一早上交还教师,以了解幼儿在家的表现,以及家长对幼儿园工作的意见与要求,从而实现教师和家长之间及时性的相互联系。

3. 个别访谈与咨询

个别访谈与咨询是由教师或幼儿教育专业人员针对家长在实践中碰到的疑难困惑进行交谈,并给予解答,这是一种帮助家长释疑解惑的有效途径。在进行访谈与咨询时,可以现场咨询,也可以电话咨询,或采用信件、电子邮件等形式。访谈与咨询可以定期开展,也可以不定期地根据家长需要随时进行。访谈与咨询重在帮助家长分析孩子身上存在的问题,弄清问题背后的原因,提出一些简单易行的教育建议。必要时可和家长进行多次交流与沟通,拟定个别教育计划,并指导与督促家长实施,以达到有效解决问题的目的。个别访谈与咨询的内容应该进行记录,以便为幼儿教育工作提供有价值的资料。

4. 电话与网络沟通

伴随现代通信技术和信息技术的发展,手机已成为现代家庭中较为普遍使用的通信工具,电脑也成为许多家庭的必备生活用品。因此,电话和网络也成为幼儿园和家长之间密切联系、合作共育的一种重要形式。尤其是在同步的上下班时间,家长和教师缺少沟通机会,接送时交流机会有限等情况下,电话和网络的便捷、不受时空限制等优势更为凸显,成为当前家园合作的新形式。这是一个既适应现代生活节奏,又能被大多数家长所接受,还能随时引导家长积极关注并主动参与幼儿园教育活动的有效形式。

运用电话进行沟通时,教师应该主动地把自己的电话号码告诉家长,以方便家长有事联系。同时,教师应该把全班幼儿家长的电话号码记录下来,以便及时与家长沟通。在电话沟通时教师可以把幼儿当天发生的一些重要事情告诉家长,这些事情可能是在家长接送时来不及讲的事情,也可能是教师不太方便当面讲的事情,或者是需要向特定身份的家长讲的事情。

网络沟通是一种新型的沟通方式,利用网络平台进行家园沟通时,要注意加强网络平台的建设,科学合理地编排网站内容,以便与家长进行沟通和交流。同时,幼儿园还可以开展大型的宣传活动以及幼教咨询、家教讲座、家长会等活动提醒家长登录网站关注幼儿园。幼儿园要及时把新的信息在网络上进行公布,如每天的教学活动、近期的活动通知、幼儿活动的照片等,家长一打开电脑,就能了解到幼儿园的方方面面。此外,还可以在网站上开设留言板,公开园长邮箱、教师邮箱等。

幼儿园与家庭的合作在当前还涌现出了许多新形式。例如在我国香港地区就产生了"亲子平行小组"的家园合作形式。所谓亲子平行小组,是指幼儿和家长共同参与小组活动,被分成两个小组,即幼儿组和家长组。两个小组虽然分开,但活动是在同一时间进行的,且小组活动主题也是一致的,只是小组活动地点不同。通过幼儿组和家长组之间互相配合的小组活动内容、活动进度以及跨小组联合活动等,借由幼儿和家长的积极体验,既促进幼儿的发展,又让家长有所收益,学习并掌握了亲子互动以及家庭教养方面的技巧。

幼儿园的家长资源丰富而宝贵,只有让家长真正认识到自己肩负的义务与责任,明确家长资源在幼儿教育中的重要作用与价值,才能激发起家长参与幼儿园教育的热情;家长资源的开发和利用要以尊重、了解为基础,让家长自觉自愿、积极主动地参与幼儿园活动中,才能发挥教育合力,共同促进幼儿的健康成长和全面发展。

## 第三节 幼儿园与社区的合作

幼儿教育事业的发展需要广泛动员社会各方面的力量,幼儿园教育本身的发展也离不开社会力量的支持。《幼儿园工作规程》明确规定:"幼儿园应密切同社区的联系与合作。宣传幼儿教育的知识,支持社区开展有益的文化教育活动,争取社区支持和参与幼儿园建设。"

### 一、社区在幼儿园教育中的作用

社区是由居住在一定区域范围内的人们所结成的文化生活共同体。在我国城市,社区的构成以"街道"或"委员会"为基础;在农村,一般以乡或村为依托。幼儿园作为社区的一个组成部分,是社区的小环境。社区是社会大环境中与幼儿园关系最密切、对幼儿影响最大的一部分。

### （一）社区环境对儿童产生潜移默化的影响

社区环境或多或少地影响着儿童，一个自然环境优美的社区会让儿童产生美好的情感，和谐积极的社区人文环境会给儿童一种良好的情绪体验。具体而言，社区中的邻里关系、同伴关系、风土人情以及社区的建筑、活动设施、人文景观等都会对儿童产生各种各样的影响。可以说社区中的一人一景一物都具有一定的教育意义。将幼儿园教育扩展到社区的大背景下进行，充分利用社区中富有教育意义的自然环境和人文环境资源，可以拓展幼儿的生活和学习空间，增长幼儿的见识，促进幼儿的成长和发展。社区的积极参与使幼儿园教育由封闭走向开放，教育的空间扩大，教育的内容丰富和深化，教育变得更生动，更富有生活和时代气息。

幼儿园可以组织幼儿参观生活中常常会接触到的公共场所，如机场、银行、消防队、邮局等，让幼儿实地观察不同工作性质的岗位，了解他们工作的特点和要求，满足幼儿的好奇心和求知欲。此外，为了让幼儿体会到自己的幸福生活，懂得珍惜和感恩，幼儿园也可以组织幼儿到社区的养老院、福利院、特殊幼儿学校、贫困幼儿家庭去实地体验了解他们的生活和艰辛，开展手拉手结对帮扶活动，让幼儿了解生活中还有许多需要关心和帮助的特殊人群，教育幼儿尊老爱幼、扶弱助残，激发幼儿的同情心和爱心，进行情感方面的体验和熏陶。

### （二）社区文化是一种现存的教育资源

优秀的社区文化是幼儿园教育的宝贵资源。这种文化无形地影响着幼儿园教育，也是幼儿园教育的重要资源。如有的幼儿园将社区的历史、风俗、革命传统等引入幼儿园课程，使幼儿园教育内容丰富而有特色。又如，一些少数民族地区的幼儿园会有意识地让地区文化渗透到幼儿园，赋予幼儿园不同的民族特色，无论是幼儿园的环境布置、教师的服饰，还是幼儿园的生活、课程、人际交往方式等，都反映出当地民族文化对幼儿园教育的影响。

可以说，社区的文化氛围、精神文明也是幼儿园教育不可或缺的宝贵财富，幼儿园应当积极地吸取优秀的社区文化，利用社区精神文明的成果，将之转变为幼儿园自身的无形资产。

## 二、幼儿园与社区合作的意义

幼儿园与社区合作是指幼儿园与其所处的社区、与幼儿家庭所处的社区密切结合，共同为幼儿的健康成长服务。幼儿园与社区合作对于幼儿园和社区都具有十分重要的意义。

### （一）幼儿园可以利用社区资源，提高幼儿园教育质量

社区是一个生产功能、生活功能、文化功能兼备的社会单元，能为幼儿园提供教育所需要的人力、物力、财力等多方面的资源支持。不少幼儿园在与社区的合作中，直接利用社区丰富的教育资源，让幼儿走进社会的大课堂中。如让幼儿参观社区中的各种机构（如社区的超市、医院、银行、邮局、书店等），邀请社区的劳动模范、解放军

战士、医务人员、警察叔叔等与幼儿共同活动,慰问敬老院的爷爷、奶奶,看望福利院的小朋友等,这些都丰富了幼儿园的教育教学活动,使幼儿的学习打破了空间的限制。

### (二)幼儿园可以参与社区精神文明建设,优化社区生活环境

社会更多地参与学校,学校更多地参与社会,这是21世纪教育发展的一个重要趋势。幼儿园教育需要社区的配合,社区发展也需要幼儿园的支持。

幼儿园是社区的一个组成部分,幼儿园自身的文明程度是优化社区的文明质量的一个方面,如绿化和美化幼儿园环境,提高幼儿园教师和工作人员的素质,培养幼儿养成良好的文明行为习惯等。所以一个好的幼儿园可以成为社区精神文明的标志,对社区的精神文明建设起示范推动作用。如幼儿园可以成立家长学校,组织社区内的儿童家长学习幼儿教育知识,使家长掌握必要的家庭教育知识与方法;定期为社区家长举办卫生保健、科学育儿等免费咨询与讲座;或者组织家长相互交流家庭教育经验,提高家长的教育素质,为社区的精神文明建设服务。

## 三、幼儿园与社区合作的方式

### (一)通过社区教育委员会,沟通幼儿园和社区的联系

社区幼儿教育的开展,涉及社区内部各种教育机构及与教育有密切关系的职能部门和经济实体。因此,必须建立一个能统筹、协调社区内各种教育因素的组织和机构,这就是社区教育委员会。一般来说,社区都设有社区教育委员会。社区教育委员会有两种形式:一是以幼儿园为中心,联系社区其他部门成立社区教育委员会。这种形式适用于师资力量强、教育质量高、物质条件雄厚的地区,可以以幼儿园带动整个社区的幼儿教育。二是以社区为中心,由城市的街道办事处或农村的乡政府牵头,将社区内的一切教育机构和其他部门组成社区教育委员会。这种形式适用于社区教育机构少且条件差的地区,以社区带动各教育机构,共同搞好社区的幼儿教育。

### (二)与社区内各种机构、组织建立联系

幼儿园与社区进行合作,必然要依靠社区内的各种机构组织的力量,因此幼儿园必须加强与各种机构组织的联系。每个社区内都拥有一定的机构、组织,如工厂、学校、医院、图书馆、文化馆、艺术馆、科技馆、超市、机场、银行、消防队、水厂、邮局、居委会等,这些其实都可为幼儿园教育提供极为有利的资源。例如,有的幼儿园充分挖掘社区资源为幼儿园的教育服务,不仅充分利用坐落在小区周围的医院、商店、邮局等社会生活服务机构,还请来社区退休的老教育工作者每周来园给幼儿讲述小萝卜头、刘胡兰、董存瑞等英雄人物的故事,向幼儿进行革命传统教育;请文艺工作者为幼儿表演京剧、书画、木偶戏等,培养幼儿感受民族艺术美的情趣。此外,还可与社区办事处、文教科干部、居委会主任、派出所民警及家长代表一起组成"家教领导小组",共商育儿大计。

### （三）通过家庭推动幼儿园与社区合作

家庭是社区的"细胞"。幼儿园对社区教育资源的开发利用，最直接的桥梁便是幼儿家长。幼儿园可以利用家长的宣传作用，提高社区人员对学前教育工作的认识和重视，有利于幼儿园在对社区教育资源进行开发时得到更多的关注和支持。如为了对幼儿进行消防安全教育，让幼儿了解与学习逃生的方法，培养幼儿自我保护、自我救助的能力。幼儿园从消防支队请来一位家长来幼儿园举办讲座，并组织指导现场演习，给幼儿们讲解火灾对人类生活造成的危害和损失，介绍消防员的工作性质，并演示灭火器的用法，还制造火灾模拟现场，组织幼儿有序地自救和逃生。整个活动真实生动，幼儿非常投入，对相关的知识记忆深刻，终身受益。

1. 幼儿园如何帮助幼儿做好入小学的准备？
2. 为什么幼儿园要与家庭合作共育？
3. 幼儿园与家庭合作的形式有哪些？

选择你身边的一所幼儿园，对其幼小衔接、家园合作工作进行评析。

1. 邹强.中国当代家庭教育变迁研究[M].天津：天津大学出版社.2011.
2. 刘源,程伟,董吉贺.我国幼小衔接教育政策的演变与反思——基于对1949—2019年相关政策文本的分析[J].学前教育研究,2021(01).
3. 黄茜.幼小双向衔接的视角转换与实践策略[J].学前教育研究,2023(08).

# 第十章　幼儿园环境

1. 了解幼儿园环境的概念与类型，掌握幼儿园环境创设的基本原则。
2. 掌握良好的幼儿园环境的特征，能够对幼儿园环境进行评价分析。
3. 理解环境在幼儿园教育中的重要价值。

**内容结构图**

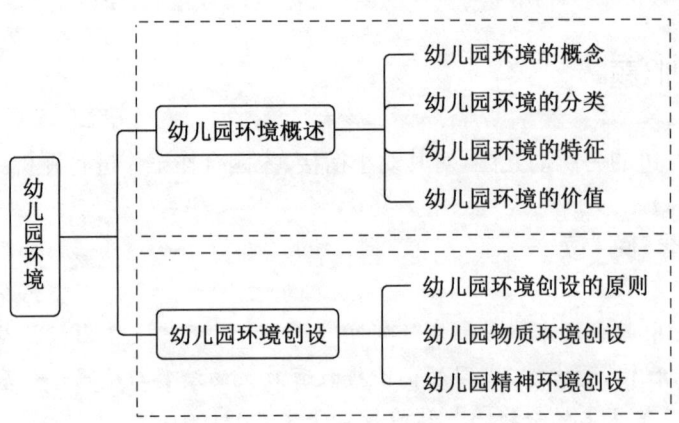

**问题导入**

某教师在班上创设表演区，把环境布置得很漂亮，利用废旧材料制作了各种精美的乐器，并告诉幼儿要爱惜乐器，不能弄坏。两个幼儿进到表演区后，摆弄了一会儿乐器，发现没有声音，于是就走了，之后这个区域一直很少有孩子进入。你认为本区域的环境创设存在什么问题？

# 第一节 幼儿园环境概述

在影响儿童发展的众多因素中,环境起着非常重要的作用。因此重视儿童的学习和生活环境,积极开发和利用环境因素对学前儿童成长、发展的巨大潜力,也是当今学前教育发展的一大趋势。《幼儿园教育指导纲要(试行)》中提出:"幼儿园应为幼儿提供健康、丰富的生活和活动环境,满足他们多方面发展的需要,使他们在快乐的童年生活中获得有益于身心发展的经验。"那么,什么是幼儿园环境呢?

## 一、幼儿园环境的概念

环境是指一定范围内围绕个体,并影响个体的一切外部条件的总和。环境既包括人们赖以生存的自然条件,也包括社会生活条件和社会关系。幼儿园环境是环境的一个下位概念,是一种特殊的环境。广义的幼儿园环境是指幼儿园教育活动赖以进行的一切条件的总和。它既包括幼儿园内部小环境,也包括与幼儿园教育有关的家庭、社会、自然、文化等大环境,这些环境虽然存在于幼儿园"围墙之外",但始终对幼儿园教育活动产生重要影响作用。如家庭的经济水平、教育水平,家长的职业和地位不仅影响家长自身教养理念和方式,还会影响他们在幼儿园的交流与合作,从而影响学前儿童的在园活动。再如国家的教育政策、社会对学前教育和幼儿教师工作的认识,就会影响学前教育的发展,影响着幼儿园教育活动的进行。狭义的幼儿园环境专指在幼儿园中,对学前儿童身心发展产生影响的物质与精神条件的总和。它不仅包含幼儿园的教师、学前儿童、幼儿园房舍、设备设施、空间布局等有形要素,还包括信息、规章制度、观念和文化传统等无形要素。

## 二、幼儿园环境的分类

幼儿园环境是一个非常复杂的体系,可以从多个维度来进行分类。

从幼儿园的工作内容来分,可以将幼儿园环境分为保育环境和教育环境;从幼儿园一日生活的主要类型来分,可以分为生活活动环境、游戏活动环境和学习活动环境;从幼儿园空间角度可以分为室内环境和室外环境;从幼儿园环境性质的角度可分为物质环境和精神环境。在此,我们主要从幼儿园环境性质的角度来对幼儿园环境进行分析。

### (一)幼儿园的物质环境

幼儿园的物质环境是指幼儿园内对幼儿发展有影响作用的各种物质要素的总和。它包括园舍建筑、园内装饰、场所布置、设备条件、物理空间的设计与利用等,总体上可以分为户外环境和室内环境两个方面。

《幼儿园工作规程》中明确提出,"幼儿园应有与其规模相适应的户外活动场地,配备必要的游戏和体育活动设施,并创造条件开辟沙地、动物饲养角和种植园地,应根据幼儿园的特点,绿化美化园地。"因此,幼儿园需要高度重视户外环境的创设,为幼儿创设一个明朗、愉快、富有教育意义的户外环境。

室内环境主要是指幼儿园主体建筑物的内部环境。它具体包括室内公共部分和专用空间部分。室内公共环境包括门厅、走廊、过道、楼梯等。专用空间包括活动室、生活区、办公室、会议室、接待室等。其中,活动室是幼儿在室内游戏、进餐、集体教育活动的用房,是幼儿园园舍的主体。

### (二) 幼儿园的精神环境

幼儿园的精神环境指幼儿园内对幼儿发展产生影响的一切精神因素的总和。它主要包括教师的教育观念与行为、幼儿园人际关系、幼儿园文化氛围等。《幼儿园教育指导纲要(试行)》指出:"建立良好的师生、同伴关系,让幼儿在集体生活中感到温暖,心情愉快,形成安全感、信赖感。"因此,构建相互尊重、相互信任、相互平等的师幼关系,能使幼儿感受到安全、温暖、宽松,这不仅有利于幼儿的生活和学习,还有利于教育发挥最大的效益和功能,促进幼儿全面发展。

在传统的幼儿园环境创设中,我们往往重视幼儿园的物质要素,例如幼儿园的建筑面积、游戏设施、游戏材料、场地设计等,忽视了幼儿园的教育理念、教师素质和教师言行等一些精神要素。幼儿园的物质环境和精神环境是相互联系、相辅相成的,二者缺一不可。因此,只有把物质环境和精神环境有机地结合起来,才能最大限度地发挥幼儿园环境的教育作用,使幼儿园真正成为儿童的乐园。

## 三、幼儿园环境的特征

### (一) 教育性

教育性是指教师根据幼儿园培养目标和学前儿童的身心发展特点,在《纲要》指导下有目的、有计划地运用环境中的各种要素调整、创设教育环境,发挥教育作用。在幼儿园教育中,环境不仅是教育的场所,更是教育者实施教育的手段,还是实现教育目的的一种必要途径。如图书角的书摆放整齐,意味着儿童读完书后要整理好并放回原处;教师蹲下来和儿童说话,意味着教师和学前儿童的平等,表示老师对儿童的关爱和尊重;上下楼梯的小脚印告诉大家走楼梯要有秩序,注意安全等。幼儿园环境的创设和调整不是跳跃的、摇摆的、无序的,而是遵循着儿童的学习特点、成长规律和教育内容发展变化的。

### (二) 目的性

在幼儿园环境中,材料的选择、空间的安排、教师的语言和行为都直接或间接地体现了一定的教育意图,反映了教育的要求以及学前儿童的身心发展规律。环境对人的行为具有一定的"暗示性",影响和制约着人的行为。例如整洁干净的环境具有抑制随地乱扔废弃物的功能,脏乱的环境则会助长这种不良行为;陌生的环境使人紧张焦虑,熟悉的环境使人放松。对幼儿的行为施加影响,引发幼儿符合教育目的与要求的行为,是幼儿园环境的基本功能。例如,在"娃娃家"门口贴上 4 双小脚印,意味着这里只能进去 4 个人。当 4 双脚印上放满了鞋子以后,有个小姑娘也很想进去玩。但是,她只是在"娃娃家"门口徘徊、观望,始终没有进去。可见,蕴含在环境之中的规则影响着幼儿的行为。从中可以看出幼儿园教育环境是会"说话"的,可以发出特定的信息,影响着幼儿的行为。

### (三)审美性

与中小学校园环境相比,幼儿园的环境更加丰富,更富有美感特征。幼儿园重视营造具有造型美、色彩美、艺术美和富有童趣的氛围来感染儿童,让儿童不仅在环境中获得身心的愉悦,还能提高感受美、欣赏美、表现美的能力。整个幼儿园环境的设计,不论室内、室外,既要体现人工的美,也要提供自然的美。户外空间充足的话,可设计水池、花园、菜圃以及用鹅卵石铺成的小径,种植树木,还可用植物修建成各种有趣的造型。

## 四、幼儿园环境的价值

### (一)环境是儿童的"第三位老师"

环境既是教育的场所,又是教育的内容,蕴含着丰富的教育信息和资源,对儿童的学习起着促进、激发的作用。《幼儿园教育指导纲要(试行)》指出:"环境是重要的教育资源,应通过环境的创设和利用,有效地促进幼儿的发展。"《3—6 岁儿童学习与发展指南》中提出:"要珍视游戏和生活的独特价值,创设丰富的教育环境,合理安排一日生活,最大限度地支持和满足幼儿通过直接感知、实际操作和亲身体验获取经验的需要。"由此可见,环境作为幼儿的"第三位老师"已深入人心,成为支撑幼儿学习与发展的重要教育资源。

### (二)环境是课程设置和实施的重要组成部分

环境是课程理念得以实施、课程目标得以实现的资源保障。创设良好的环境是幼儿园课程实施的一个重要内容,环境生成课程,课程又创造环境。如某幼儿园创设了种植区,教师带领幼儿种植了不同的蔬菜。幼儿开始讨论哪一种蔬菜先发芽,不同的蔬菜长得什么样。于是教师开始带领幼儿相继开展了"种子的秘密""蔬菜有营养""我们吃蔬菜的什么"等活动,环境引发了课程的实施与延续。同时教师把幼儿的探究过程和观察发现布置在主题墙上,幼儿会经常在墙面前讨论他们的学习过程。

### (三)环境是记录、展示的重要方式

记录和展示无论对儿童、教师还是家长都具有重要作用。对于儿童,记录和展示让他们觉得自己受到成人的重视,会更热情地投入各项活动中。同时,记录和展示也为儿童提供了重新检视、反省和解释的机会,有助于知识的自我整合和整体建构。对于教师,记录是一面镜子,可以再现教师的想法,促进教师自我反省,增加教师之间的经验分享,取长补短。对于家长,不仅了解孩子学习的成果,还可以了解他们学习的每一个过程。此外,记录还为家长之间、家长与老师之间探讨教育提供素材,促进学前教育更好进行。对于幼儿园,环境记录和展示着园内儿童与成人的生活。展示栏

上贴着教师认真挑选的活动记录、活动照片、教师对作品的评价和建议,甚至还有关于活动方案的反思和个性想法,最大程度上发挥了空间展示的作用。

## 第二节 幼儿园环境创设

### 一、幼儿园环境创设的原则

#### (一) 安全性原则

幼儿园实行"保教并重"的原则,保障幼儿安全是最为首要的任务。《纲要》中明确指出:"幼儿园必须把保护幼儿的生命和促进幼儿的健康放在工作的首位。"幼儿园的环境安全主要包括两方面。

一是物质环境安全。幼儿园的建筑及设施(电源插头、电线、餐具等)要符合卫生标准和安全标准;幼儿的户外活动场地、户外活动的大型器具和活动材料等要定期维修检查;幼儿园的桌、椅、门窗等都是圆角设计,防止幼儿撞伤;幼儿园的安全应急通道、指示标志要定期检查;幼儿园还要通过贴环境标志等方式对幼儿进行安全教育,提高幼儿自我保护意识。例如,有的幼儿园会用图片、符号等布置环境,启示幼儿遇到特殊危险情况时的正确做法。

二是精神环境安全。精神环境源于教师建立起来的和谐师幼关系、同伴关系等,教师不能漠视、忽略幼儿,不能体罚、责骂幼儿,否则会给幼儿的心灵带来伤害。

#### (二) 目标性原则

幼儿园环境是幼儿园课程实施的重要途径,为了充分发挥环境的教育功能,在创设幼儿园环境时,必须以教育目标为依据。教师在制订学期计划、月计划、周计划时,要结合相应的教育目标,考虑:什么样的环境能够实现这些目标?哪些环境资源是可以利用的?如何将教育目标渗透到环境中?

如在小班主题活动"我爱新家幼儿园"中,教师为了帮助幼儿适应新的环境,减少入园焦虑,喜欢上幼儿园,在创设环境时,给幼儿提供了毛绒玩具、家庭的照片等,使整个教室的氛围温馨和谐。

#### (三) 参与性原则

在幼儿园环境创设中存在这样一种误区:教师认为幼儿年纪小,什么都不会做,进而全权包办,忽略幼儿的主体性。幼儿园是幼儿和教师共同生活的地方,幼儿对于幼儿园生活的感受与认同,反映了幼儿园教育的质量。在幼儿园生活中,幼儿不应当仅仅作为"客人"被请进教师布置好的环境中。幼儿与教师一样,也是幼儿园生活的主人:他们有权参与和自己生活密切相关的幼儿园环境的创设,发表自己的意见和看法。教育学家陶行知先生曾在《儿童的世界》一文中说:"儿童的世界要自己动手去创造,我们要停止一切束缚,使儿童可以自由地活动,这儿童的世界,才有出现的可能。"

幼儿参与幼儿园环境的创设,不仅可以为幼儿提供学习行使自己权利、表现自己能力的机会,还可以加强幼儿对幼儿园和自己班级的认同感和归属感,使班级真正成为教师与幼儿共同的"家"。幼儿是环境的设计者、布置者和使用者。环境作为一个载体,不仅起着承载知识的作用,更重要的是它还渗透着一种理念,能够让幼儿在平等、和谐、开放的环境下,自由地发展,将学习和发展融入自由、自主的活动中。幼儿本身是环境创设的主体,班级环境的创设应是幼儿不断参与、不断丰富的过程的呈现,更应是幼儿可以自由体验、自主学习的乐园。

另外,幼儿园环境创设还要鼓励家长的参与。家长是重要的教育资源,挖掘家长资源,参与环境创设,也是家园合作的内在要求。教师要激发家长参与的热情,如通过借助主题墙展示幼儿的作品和成长,使家长了解环境的重要作用;通过家园联系栏向家长发起倡议,介绍活动的主题和价值,提出希望家长配合的方面;或邀请家长来园和教师一起讨论环境创设的想法,帮助教师一起收集材料,和幼儿进行亲子制作,共同实现环境的创设。

**(四)经济性原则**

幼儿园的环境创设应本着环保、节约、不浪费的原则,在保证安全、卫生、清洁的基础上实现一物多用,而不是片面追求豪华的设施与材料。对幼儿的发展来说,越是低结构的材料,想是有利于其认知的发展。例如,有的幼儿园给幼儿提供报纸、旧纸盒、塑料瓶、光盘等材料进行手工。幼儿园在环境创设时还应结合本地资源,如沿海城市可结合海洋资源给幼儿提供贝壳;内陆乡村幼儿园可给幼儿提供芦苇、麻绳、树枝等进行区域环境创设,启发幼儿的发散思维,培养想象能力。

**(五)适宜性原则**

适宜性指的是幼儿园环境创设必须遵循幼儿身心发展水平和特点,符合幼儿年龄阶段性和个体差异性,使每个孩子都在其中受益,在原有水平上得到提升。

第一,环境要符合幼儿的整体需求。对于幼儿园环境来说,我们创设环境的出发点是"幼儿",一个好的幼儿园环境首先是幼儿喜欢的环境,能促进幼儿发展的环境,因此,我们在幼儿园环境创设时,要从幼儿的角度出发。

第二,环境要符合幼儿视野。曾有学者做过一个小实验,他将视线调整到和幼儿的视线相同的高度,去欣赏成人创设的墙面布置,结果那些原先看起来绿意盎然、充满生机的图片,从幼儿的视角看过去却是支离破碎、毫无生机。因此幼儿园环境的创设首先应站在幼儿的视角,尤其是活动室的环境要调整到幼儿的视线高度。如很多幼儿园的主题墙设置在离地1.2米以上,幼儿基本需要仰视才能看见墙上的布置,这种主题环境更多是布置给成人看,从而成为一种摆设。因此,主题墙的设置应调整到1.2米以下,符合幼儿视线的高度。在这种范围内,幼儿可以参与环境当中,和环境互动。

第三,环境要符合幼儿心理感受。幼儿园的环境要从儿童心理感受的角度出发,创设舒适、自然和充满童趣的环境,让幼儿在幼儿园环境中拥有安全感。如户外操场,绝大多数的幼儿园喜欢铺上塑胶材质,虽然色彩丰富也便于打理,但其人工痕迹明显,同时也不利于环保,草坪既环保又深受幼儿喜爱,他们可以在草地上奔跑、玩耍、观察动物与植物等。

第四,环境要符合幼儿身体活动。幼儿好奇好动,他们喜欢挑战性的活动空间。如何合理规划活动空间才能充分满足幼儿身体发展的需求呢?首先,需要合理规划幼儿园环境,要根据不同年龄阶段幼儿的需要,设置不同类型的环境区域;其次,要提供各类丰富的、不同层次的体育器械,以满足幼儿不同层次的挑战需求;再次,户外环境应尽可能保持自然性,如创设玩沙、玩水、草坡等幼儿喜欢的区域,既安全又能满足幼儿的天性。

第五,环境要符合幼儿的年龄特征。幼儿的发展既有共性也有特殊性,不同年龄阶段的幼儿在兴趣、能力、认知水平、认知方式等心理特点上具有明显的差异,因此所需要的环境也就不同,教师应该根据不同年龄段儿的特点创设适宜的环境。例如,小班幼儿处于由感知运动阶段向前运算阶段过渡时期,其往往通过感知动作、直观形象认识事物,对具体事物感兴趣,同时小班幼儿喜欢模仿,游戏中独自游戏、平行游戏较为常见。因此,教师为小班幼儿创设环境时,应提供富有情境性的活动环境;提供的同一种类游戏材料的数量应多一些,以满足幼儿之间相互模仿的需求;提供材料的性质也应多为高结构性的模拟玩具,以符合幼儿认知特点。相比小班,大班幼儿思维的有意性逐渐增强,由具体形象思维向抽象逻辑思作过渡,思维更加活跃,社会性交往程度高,幼儿的游戏多为合作游戏。因比,教师为大班幼儿创设环境时应提供具有多层次的活动环境;提供的同一种类游戏材料的数量可以少些,种类要多一些;提供材料的性质多为低结构性的抽象玩具,启发幼儿的想象力和创造力,满足幼儿的探究需要。

#### (六)审美性原则

幼儿园是幼儿生活和学习的场所,幼儿园的环境时刻对幼儿起着潜移默化的影响,因此环境创设应给人以美的享受,让每一面墙壁、每一个角落,都承载着教育的意义,让幼儿在优美的环境中学习,在探索中成长。如墙壁、走廊、大厅的装饰画要形象逼真、色彩鲜艳、富有童趣,培养幼儿的审美情趣。户外环境也要注重绿化和美化,种植各种花草树木,为幼儿打造一个充满自然气息的活动空间,让幼儿在接触自然的过程中,增强探究的欲望和兴趣。另外,幼儿园还可以设置一些具有教育意义的展示区,如展示幼儿手工作品的区域不仅可以让幼儿展示自己的才华和成果,还能让他们在观看和欣赏中,学习到更多的知识和技能。总之,幼儿园的环境创设是一个复杂而细致的过程,需要考虑到幼儿的身心特点和教育需求。通过精心设计和布置,营造一个既美观又富有教育意义的环境。

## 二、幼儿园物质环境创设

物质环境涵盖幼儿园所有室内外的活动设施设备,主要包括园舍建筑、设施设备、活动场地、教学器材、玩具学具、图书声像资料、环境布置、空间布置以及绿化等有形的东西。物质环境包括户外环境和户内环境。

### (一) 幼儿园户外环境的创设

《幼儿园工作规程》中明确提出:"幼儿园应有与其规模相适应的户外活动场地,配备必要的游戏和体育活动设施,并创造条件开辟沙地、动物饲养角和种植园地,应根据幼儿园的特点,绿化美化园地。"因此,幼儿园需要高度重视户外环境的创设,为幼儿创设一个明朗、愉快、富有教育意义的户外环境。幼儿园的户外环境主要包括以下几个方面:

#### 1. 园门及围墙

园门是幼儿园给人的第一印象,往往也是幼儿园对外形象的代表。门面、围墙的设计应该与幼儿园的整体环境和建筑风格相协调,并能体现幼儿园的教育特色。

#### 2. 户外绿化环境

幼儿对环境充满了好奇,喜欢察看、探索、尝试,因此幼儿园户外绿化环境中应布置多样的设施,以满足幼儿们的探索欲望和好奇心。从空间上有平坦的草地、低矮的灌木和高大的乔木。从季节上春有花、夏有荫、秋有果、冬有青,让幼儿园四季都有美丽的景象。春天幼儿园可以组织幼儿进行"找春天"的活动,让他们在大自然中认识初绽的花朵、嫩绿的树叶、忙碌的小动物等;夏天可以让幼儿寻找藏在树丛中的小秘密,并在树荫下游戏和乘凉;秋天可以组织幼儿亲手采摘成熟的果实,感受丰收的喜悦;冬天可以认识寒冷中依然坚韧生长的植物,比如松树、竹子等。幼儿园环境的变化引发了课程的生成,幼儿也学习到了植物生长的过程和季节变化的规律,总之,幼儿园户外绿化环境不仅是幼儿游戏的乐园,更是他们学习自然知识、激发探究欲望的重要场所。我们应该充分利用这一资源,为幼儿打造一个充满生机和活力的户外学习空间。

#### 3. 户外活动场地

幼儿生性活泼好动,创设良好的户外活动环境对于完善幼儿心理,促进幼儿身心健康发展很有意义。幼儿园的户外游戏活动场地按照不同的活动功能可分为若干区域。

除全园共有的室外游戏场地外,还应包括30米跑道、沙坑、洗手池和注水深度不超过0.3米的戏水池等。此外,幼儿园还应该有大型玩具区、种植区、饲养区等,体现户外活动的丰富性。游戏场地应没有任何危及儿童人身安全的隐患,以保证儿童能安然无恙地进行游戏。教师要保证游戏场地的清洁卫生,场内的设备或器械应适合儿童的身高和运动能力,置放牢固,井然有序,做到地面上无铁钉、碎玻璃、破砖瓦,以免儿童的身体受到损伤。同时,场地的设计要尽量利用地形地貌的自然特点,减少不必要的人工装饰,让儿童在接近大自然的环境中愉快地游戏。

### (二) 幼儿园室内环境的创设

室内空间环境主要是指幼儿园主体建筑物的内部环境,具体包括室内公共部分

和专用空间部分。室内公共环境包括门厅、走廊、过道、楼梯、悬挂物等。专用空间包括活动室、生活区、办公室、会议室、接待室等。

1. 室内公共环境的创设

幼儿园门厅要根据幼儿园的教育理念,选择不同的创设重点,可根据主题活动、季节变化或门厅结构进行布置。

走廊的墙面可以设置作品展示区、家园联系栏、一日食谱等信息。宽敞的走廊,还可设置公共活动区,如超市等,让不同年龄幼儿一起活动。

楼梯墙面上可悬挂教师和幼儿作品。应设双面幼儿扶手,楼梯拐角处、楼梯的防护栏、台阶应该配合总体色调刷漆,富有童趣。

2. 班级环境的创设

活动室是提供幼儿室内游戏、进餐、集体教学活动的用房,是幼儿园园舍的主体。活动室按功能分为多功能活动室、专用活动室、班级活动室。多功能活动室是幼儿园里的大型活动室,可供开展音乐、体育、游戏、观摩、集会等活动以及陈列幼儿作品。专用活动室是幼儿园根据教育教学需要而专门设置的有着特定功能的活动室。如美工室、电脑室、图书室等,这类活动室常和幼儿园特色教育活动相联系,一般面积较小、功能单一。班级活动室是幼儿园各年龄班幼儿进行教学和班级室内活动的基本场所。幼儿园班级活动室环境主要考虑空间大小、通风条件、采光条件、声音控制、色彩应用、装修维护等几个方面。

首先,关注活动室的空间大小。活动室是幼儿生活的主要场所。有研究发现,当活动室空间密度过小时,儿童游戏中的社会行为及合作行为就会减少,攻击行为就会增多。幼儿园一般每班一间活动室,供开展室内游戏和各种活动以及幼儿午睡、进餐之用。

其次,关注活动室的通风条件。活动室应以自然通风形式为主。在冬季,为了室内保温,又不使空气污浊,必须保证每小时换气一次,并保证新鲜空气分布均匀;在夏季,应设置变速风扇。如果确需安装空调,要选择能产生自然风和清新空气的空调。即使如此,幼儿园不宜长时间开空调。室内空气要流通,最好对侧设窗,使空气对流;还可以设气窗,便于幼儿迅速通风换气,保持室内空气新鲜。

第三,关注活动室的采光条件。幼儿活动室应布置在当地最好的日照方位,并满足冬至日底层满窗日照不少于 3 小时的要求,以向南或向东、自然采光好的房间为宜。单侧采光的活动室,其进深不宜超过 6.6 米。一楼活动室宜设置室外活动的露台或阳台,但不应遮挡底层生活用房的日照。活动室尽可能采用自然光。

第四,关注活动室的隔音设备。幼儿的听觉器官比较娇嫩,正处在不断发展完善的过程中。因此,要注意室内的声音控制,保持适度的音量,这样不但可以使幼儿集中注意力,减轻精神压力和疲劳,而且可以使幼儿产生愉悦的心情,提高学习的兴趣与效率。幼儿园活动室内允许噪声级不应大于 50 分贝。无论是音乐声还是教师与幼儿的讲话声都不宜过大。特别是应让幼儿从小养成在公共场合轻声说话的习惯。

活动室之间应设隔音设施,如双层砖、防音天花板等。

第五,关注活动室的空间结构。幼儿园班级活动室是幼儿在室内生活、游戏、学习的主要场所。活动室的空间安排要统筹考虑幼儿开展多种活动。要根据活动室的条件对活动室的空间进行整体功能规划,使活动室不但满足幼儿游戏活动的需要,也能满足幼儿生活和学习的需要;不但满足个体活动的需要,也能满足集体活动和小组活动的需要。研究发现,当把一个大的开阔的游戏空间分割成几个小的空间时,儿童意外事故减少,合作行为增多,认知能力增强等。

### 三、幼儿园精神环境创设

《幼儿园教育指导纲要(试行)》指出:"建立良好的师生、同伴关系,让幼儿在集体生活中感到温暖,心情愉快,形成安全感、信赖感。"因此,构建相互尊重、相互信任、相互平等的师幼关系,能使幼儿感受到安全、温暖、宽松,这不仅有利于幼儿的生活和学习,还有利于教育发挥最大的效益和功能,促进幼儿全面发展。

**(一) 构建良好的师幼关系**

教师要构建良好的师幼关系,就必须树立正确的教育观念,树立正确的教师观与儿童观,尊重、理解儿童的独特性,学会倾听儿童的想法和意见,更深入地了解儿童的内心世界,促进儿童的成长。

第一,正确定位教师的角色,树立正确的儿童观。在教育活动中,教师不仅是教育者、保护者、管理者,还是幼儿发展的支持者、参与者、合作者。当然,教师要想正确定位自己的角色,就应该承认幼儿是正在成长中的、处于迅速发展期的、具有自主性和能动性的人。

第二,尊重、关爱幼儿。尊重幼儿就应尊重幼儿的人格,尊重幼儿的兴趣爱好和意愿,尊重幼儿的选择和所做出的决定。而关爱幼儿就是要用自己的心去包容、关怀每一个幼儿,使幼儿保持良好的情绪状态。

第三,建立新型的师幼关系。所谓新型的师幼关系就是和谐、民主、平等、对话的师幼关系。要树立以幼儿为中心的教育理念,关注每一个幼儿的个性差异,尊重他们的兴趣和选择。积极营造一个宽松、和谐、充满爱的教育环境,以平等、民主的态度与幼儿相处,在这样的环境中,幼儿可以自由地表达自己的想法和感受,感受到来自老师和同伴的关心和支持。同时,还要注重与幼儿的沟通与交流。通过倾听他们的心声,了解他们的需求和困惑,给予及时的帮助和指导,为幼儿的良好发展奠定坚实的基础。

**(二) 帮助幼儿建立友好的同伴关系**

在同伴交往中,幼儿能够与同伴一起分享共同的兴趣和快乐,学习有效的交往技能,并在情感上获得良好的发展。为帮助幼儿建立友好的同伴关系,教师可采取以下策略。

第一,为幼儿的同伴交往创设有利条件。通过对幼儿日常生活的观察,我们得知:幼儿与客体的交流较多,而与主体(如教师、父母、同伴等)的交流却不多,这就制约了幼儿社会能力的发展。而幼儿的同伴关系只有在同伴交往过程中才能建立和发展。所以,教师应尽可能增加幼儿交往的机会。

第二,引导幼儿之间互相关心、互相帮助。幼儿在生活或者学习中出现了困难,教师可以引导幼儿之间互相帮助解决。

### (三) 树立良好的榜样

《纲要》指出:"教师的态度和管理方式应有助于形成安全、温馨的心理环境;言行举止应成为幼儿学习的良好榜样。"因此,教师应给幼儿树立良好的榜样。教师间的交往是幼儿发出社会行为的重要榜样。在幼儿园里,教师之间真诚合作、互相尊重的关系是儿童建立友好同伴关系的榜样。同时教师之间友好、和谐的气氛,也为儿童建立了宽松、愉快的心理环境;反之,如果教师之间漠不关心、人情冷淡,那么教师再怎么培养孩子的爱心、同情心,其效果也会大打折扣。所以,在创设幼儿园精神环境时,教师要以良好的自身素质为儿童树立榜样,教师要做到举止大方、语言文明、态度和蔼、行为规范,从而使儿童耳濡目染,学会体察别人的情绪情感,学会正确、适宜的行为方式。

另外,幼儿园的日常规则、一般行为标准也是幼儿园精神环境创设的组成部分。日常规则主要是指幼儿园日常活动与教学中经常要遵守的那些规定,如:教师讲课时要注意听讲,使用玩具时要分享、谦让,接受别人的帮助后要道谢,等等。一般行为标准是指幼儿进行哪种行为会受到同伴的接受、老师的肯定,如:教师在幼儿最初来到幼儿园时就明确向幼儿提出这样的要求,即关心、帮助别人肯定会得到老师的表扬,同伴也会高兴等。这些规则和标准在教育活动中应当作为一种前提输送给幼儿,从一开始就要非常明确,并要一贯地执行下去,使幼儿在真实、具体的交往活动中得到体验和运用。

总之,只有为幼儿提供一个能使他们感到安全、平等、自由,能鼓励他们探索与创造的幼儿园精神环境,幼儿才能积极主动、活泼愉快、充满自信地生活和学习,并获得最佳的发展。当然,我们也应该意识到,幼儿园的物质环境和精神环境是相互联系、相辅相成的,二者缺一不可。因此,只有把物质环境和精神环境有机地结合起来,才能最大限度地发挥幼儿园环境的教育作用,使幼儿园真正成为儿童的乐园。

1. 谈一谈幼儿园环境在幼儿园教育中的价值。
2. 幼儿园环境创设应该秉持哪些原则?
3. 幼儿园环境的创设包括哪些方面?

 实 训 题

1. 请选择身边的一所幼儿园,对其幼儿园户外环境进行分析。

2. 某教师在科学探究区投放"造纸术"的材料,带领幼儿体验造纸。在造纸的过程中,幼儿对"纸上的字"有了浓厚的兴趣,他们想知道印刷术是怎么来的,于是老师在班上创设了"印刷社",带领幼儿亲自实践了活字印刷术。活动结束后,不少幼儿还意犹未尽,沉浸在活动的探究中,于是教师继续带领幼儿通过拓印的创作方式进行作画,满足了孩子们创作欲望。

结合案例谈一谈,幼儿园环境与幼儿园课程的关系。

 推 荐 阅 读

1. 屠美如.向瑞吉欧学什么[M].北京:教育科学出版社,2002.

2. 丁海东.幼儿园区域环境的游戏性缺失与回归[J].学前教育研究,2019(12).

3. 冯鑫.幼儿园开放性游戏环境的创设[J].学前教育研究,2020(10).

4. 卢锦婷.儿童视角下乡村幼儿园环境创设的问题及应对策略[J].教育观察,2023(06).

# 参考文献

1. 教育部基础教育司.幼儿园教育指导纲要(试行)解读[M].南京:江苏教育出版社,2002.
2. 李季湄,冯晓霞.《3-6岁儿童学习与发展指南》解读[M].北京:人民教育出版社,2013.
3. 教育部教师工作司组.《幼儿园教师专业标准(试行)》解读[M].北京:北京师范大学出版社,2012.
4. 唐淑,王雯.学前教育思想史[M].苏州:苏州大学出版社,2004.
5. 刘晓东,卢乐真.学前教育学[M].3版.南京:江苏教育出版社,2009.
6. 李少梅.学前教育原理[M].北京:高等教育出版社,2016.
7. 任文静,张林,张淑利.学前教育学[M].北京:首都师范大学出版社,2019.
8. 郑健成.学前教育学[M].上海:复旦大学出版社,2023.
9. 王海澜.学前教育学[M].上海:上海交通大学出版社,2013.
10. 蒙台梭利.童年的秘密[M].马荣,译.北京:人民教育出版社,2005.
11. 冯建军.生命与教育[M].北京:教育科学出版社,2004.
12. 朱永新.生活与教育[M].北京:商务印书馆,2021.
13. 虞永平.幼儿教育观新论[M].北京:人民教育出版社,2006.
14. 刘晓东.儿童文化与儿童教育[M].北京:教育科学出版社,2006.
15. 姚伟.儿童观及其时代性转换[M].长春:东北师范大学出版社,2014.
16. 石中英.教育哲学[M].北京:北京师范大学出版社,2007.
17. 虞永平.生活化的幼儿园课程[M].北京:高等教育出版社,2010.
18. 王春燕.幼儿园课程概论[M].北京:高等教育出版社,2014.
19. 王鉴.课程与教学基本原理[M].北京:人民教育出版社,2014.
20. 冯晓霞.幼儿园课程[M].北京:北京师范大学出版社,2001.
21. 朱家雄.幼儿园课程[M].上海:华东师范大学出版社,2003.
22. 姜勇.幼儿教师专业发展[M].北京:高等教育出版社,2015.
23. 李晓波.教师专业发展[M].南京:南京大学出版社,2016.
24. 刘义兵.教师专业发展[M].北京:高等教育出版社,2017.
25. 董旭花.幼儿园游戏[M].北京:科学出版社,2012.
26. 屠美茹.向瑞吉欧学什么《儿童的一百种语言》解读[M].北京:教育科学出版社,2002.
27. 王燕.幼儿园环境创设——理论与实践[M].北京:首都师范大学出版

社,2019.

28. 王微丽.幼儿园区域活动——环境创设与活动设计方法[M].北京:中国轻工业出版社,2017.

29. 吴丽珍.幼儿园主题环境创设与活动方案[M].福州:福建大学出版社,2017.

30. 裘指挥,王燕.幼儿园活动设计与经典案例分析[M].天津:南开大学出版社,2015.

31. 刘富利,覃静译.幼儿教师须知的教育理论[M].北京:中国轻工业出版社,2021.

32. 白洁.陈鹤琴"活教育"目的论的思想内蕴与现实启示[J].教育评论,2024(2).

33. 秦元东.活动区与材料区:游戏空间规划的来"龙"与去"脉"[J].学前教育研究,2022(10).

34. 黄英杰,井莉.本真游戏的遮蔽和回归[J].教育理论与实践,2022(04).

35. 李晓文,原晋霞.儿童视角下的幼儿园区域活动[J].学前教育研究,2019(02).

36. 刘巧茹.幼儿园区域活动中教师的观察与指导[J].学前教育研究,2021(05).

37. 黄瑾,熊灿灿.我国"有质量"的学前教育发展内涵与实现进路[J].华东师范大学学报,2021(3).

38. 宋烁琪,刘丽伟."儿童的视角"下幼儿与小学生的衔接困境和需求分析[J].学前教育研究,2022(05).

39. 黄茜.幼小双向衔接的视角转换与实践策略[J].学前教育研究,2023(08).

40. 侯莉敏,刘倩.我国学前教育事业实现高质量发展的时代价值与路径取向[J].学前教育研究,2023(6).